2024年度版

マンション管理士

一問一答セレクト1000

TACマンション
管理士講座 編

TAC出版
TAC PUBLISHING Group

はじめに

　マンション管理士試験は，合格率が7〜11%台前後の難関試験であり，合格には十分な受験対策が必要となります。その際に不可欠となるのが「過去の本試験問題（**過去問**）を十分に**検討すること**」です。

　本書は，当試験の創設以降23年分のすべての過去問から最新の出題傾向に基づいて重要問題を厳選し，簡潔でわかりやすい解説を加え，一問一答形式に編集した問題集です。本書に繰り返し取り組まれることで，本試験の出題範囲や出題レベルを把握し，頻出の出題項目に関する知識を**短期間で効率良くマスター**していただくことができます。

　本書を手にされた皆さんが，合格の栄冠を勝ち取られ，マンション管理士としてご活躍されることを願ってやみません。

2024年4月
TACマンション管理士講座

　本書の執筆は，2024年4月現在施行の法令等に基づいています。**法改正等**については，『法律改正点レジュメ』をWeb登録で無料でご提供いたします（2024年9月上旬頃発送予定）。

【登録方法】お手元に本書をご用意の上，インターネットの「情報会員登録ページ」からご登録ください（要・パスワード）。

| TAC情報会員 | **検索** |

【登録用パスワード】025-2024-0943-25
【登録期限】2024年11月1日まで

1問ごとに4段階で「**重要度**」を表示しています。
- 重要度S★★★ 今年の出題が予想される最重要事項です！
- 重要度A 過去に3回以上の出題実績がある頻出事項，もしくは2回の出題でも絶対押さえておくべき基本事項です。
- 重要度B 過去2回の出題がある，もしくは1回の出題でもきちんと押さえておくべき事項です。
- 重要度C 過去1回のみの出題ですが，今後も出題される可能性のある事項です。

第 **6** 章 マンション管理適正化法

1 総則

重要度 S★★★

問 1
複数の区分所有者が存する建物で人の居住の用に供する専有部分および事務所・店舗の用に供する専有部分がある場合，それら全ての専有部分が賃貸されている場合であっても，その建物はマンションに該当する。

間違ったら必ず「レ」印をつけておきましょう。弱点のチェックと試験直前の補強に役立ちます。

過去23年分（H13～令和5年度）の全出題から頻出かつ重要な1000肢を厳選，インプット学習に便利な○×形式で収録しました。この1冊で合格のための基礎知識は，ばっちりカバーできます。

重要度 S★★★

問 2
人の居住の用に供される専有部分が1戸あるが，他の専有部分は別の区分所有者が事務所として使用している建物は，マンションである。

重要度 S★★★

問 3
適正化法上のマンションとは，2以上の区分所有者がいる建物のことであり，その敷地や附属施設は含まれない。

その章で着目すべき論点を簡潔にまとめています。問題にチャレンジする前に一読すると理解がスムーズです。

「出題年度」を表示しています。

付属の赤シートで正解を隠してチャレンジしましょう。

設問に関連する知識をまとめています。

設問と**対比**させて覚えておきたい**重要ポイント**です。

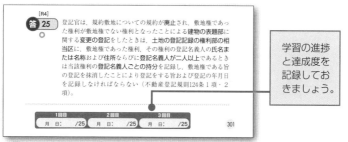

©HECK POINT
ここでの学習では、区分所有法と対比させる視点が重要だ。特に、区分所有法の内容を変更する規定と確認する規定、標準管理規約独自の規定を区別しよう。

[H27]
答 1 規約および**総会の決議**は、区分所有者の包括承継人および特定承継人に対しても、その効力を有する（標準管理規約単棟型5条1項）。したがって、駐輪場使用料に係る説明を受けなかったとしても、特定承継人である買主には、駐輪場使用料についての総会決議の効力が及ぶため、駐輪場使用料を支払わなければならない。

[H13]
答 2 対象物件のうち区分所有権の対象となる専有部分は、「住戸番号を付した住戸」とする（標準管理規約7条1項）。

⚠ ココも注意! 区分所有者は、その専有部分を「専ら住宅として使用」するものとし、他の用途に供してはならない（12条1項）。

[H14]
答 3 窓枠および窓ガラスは、専有部分に**含まれない**（標準管理規約7条2項3号）。したがって、工事費用は、共用部分として其

第3章 マンション標準管理規約

ポイントをしっかりまとめた簡潔な解説です。特に重要なキーワードや暗記すべき数字は赤ゴシックで表記しています。赤シートをかぶせれば、そのまま「穴埋め問題」として利用できます。

[R4]
答 25 登記官は、規約敷地についての規約が廃止され、敷地権であった権利が敷地権でない権利となったことによる建物の表題部に関する変更の登記をしたときは、土地の登記記録の権利部の相当区に、敷地権であった権利、その権利の登記名義人の氏名または名称および住所ならびに登記名義人が二人以上であるときは当該権利の登記名義人ごとの持分を記録し、敷地権である旨の登記を抹消したことにより登記をする旨および登記の年月日を記録しなければならない（不動産登記規則124条1項・2項）。

学習の進捗と達成度を記録しておきましょう。

1回目	2回目	3回目
月 日: /25	月 日: /25	月 日: /25

※図は、いずれもサンプル図です。

目次

第1編　民法等・区分所有法等

Contents

目次

受験ガイダンス

マンション管理士は，専門知識を持って，管理組合の運営や建物の構造にかかる技術的な問題など，さまざまなマンションの管理に関して，**管理組合の管理者等またはマンションの区分所有者等の相談に応じ**，それらに対する助言・指導その他の援助を行うことを業務とする資格です。

マンション管理士として活動を行うには，**マンション管理士試験**に合格し，マンション管理士として登録する必要があります。

■マンション管理士試験の内容

試験内容（分野）	本書の該当章
① マンションの管理に関する法令および実務に関すること 区分所有法，被災マンション法，建替え等円滑化法，民法（取引，契約等マンション管理に関するもの），不動産登記法，マンション標準管理規約，マンション標準管理委託契約書，マンションの管理に関するその他の法律（建築基準法，都市計画法，消防法，品質確保法）等	第1章・第2章・ 第4章・第5章
② 管理組合の運営の円滑化に関すること 管理組合の組織と運営（集会の運営等），管理組合の業務と役割（役員，理事会の役割），管理組合の苦情対応と対策，管理組合の訴訟と判例，管理組合の会計　等	第3章・第7章・ 第8章
③ マンションの建物および附属施設の構造および設備に関すること マンションの構造・設備，長期修繕計画，建物・設備の診断，大規模修繕　等	第9章～第12章
④ マンションの管理の適正化の推進に関する法律に関すること マンション管理適正化法，マンション管理適正化基本方針　等	第6章

■**試験実施時期**　11月26日（日）（令和5年度）
■**受験料**　9,400円（令和5年度）
■**試験機関**　公益財団法人 マンション管理センター
　　　　　　　［TEL］03-3222-1611　　［HP］http://www.mankan.or.jp

■**ここ数年の受験傾向**　受験者数はほぼ1万2,000～1万5,000人，合格点は34～40点（直近の令和5年度は36点），合格率は7～11％前後で，それぞれ推移しています。

［学習のポイント］

　本試験の出題内容は，マンション管理全般にわたりますが，ある程度メリハリをつけて学習することが試験対策として効率的です。

　具体的には，「試験の内容」の表のうち，本書の第1章～第8章に該当する①②④をまず重点的に学習しましょう。特に「区分所有法」と「マンション標準管理規約」を関連付けながらしっかり理解することが必要です。多少面倒でも，できるだけ条文を確認しながら知識を定着させましょう。また，本書の第9章～第12章に該当する③の分野は，出題範囲が広く難問が出題されることもありますが，基本的な論点や過去問レベルの出題も多いのも特徴です。手を広げすぎず過去問演習を繰り返すことで，これらの問題を落とさないようにすることが，ムリなくムダなく，短期間で合格するためのコツといえるでしょう。

［各章の学習方法］

第1章　民法等　民法のみを対象とする出題は例年6問程度ですが，「区分所有法」等の他の法律等との複合問題を含めると，**8問程度の出題**となります。民法はすべての法律の基礎となりますので，その基本的な理解がないと他の法律もマスターすることができません。ある程度時間をかけて学習し，特に頻出の重要テーマ（売買契約，賃貸借契約，不法行為，相続等）については，しっかり習熟しておきましょう。また，近年の改正点にも注意しておく必要があります。

第2章　区分所有法等（建替え等円滑化法・被災マンション法）

「民法」や「マンション標準管理規約」との複合問題も含め，**例年10問程度出題**されています。区分所有法は，「**マンション法**」とも呼ばれ，マンション管理に関する最も基本的な法律であり，合否を分ける科目です。条文を参照しながらのテキストの読み込みと過去問の演習に取り組んでおきましょう。「建替え等円滑化法」は，例年1問，建替組合・権利変換計画・敷地売却決議・敷地分割決議等についての基本事項が出題されます。「被災マンション法」は，ここ10年で見れば，平成26，29，30，令和元，2，3，4年に各1問出題されています。区分所有法の「建替え決議」と比較しながら，基本事項を押さえておきましょう。

第3章　マンション標準管理規約

「民法」や「区分所有法」との複合問題を含めて，**例年9問程度出題**されています。単純な知識を問う問題だけではなく，「区分所有法」の理解を前提とした，より深く考えさせるような問題も出題されています。また，近年の改正点にも注意をしておく必要があります。学習にあたっては，条文を参照しながら「区分所有法」と比較しつつ，関係コメントも熟読しておきましょう。

第4章　不動産登記法

例年1問出題されています。専門的で奥が深く，難問が出題されることもありますが，受験対策としては，登記の基本（仕組みと手続）を理解した上で，頻出事項である区分所有建物の登記の特徴を押さえておきましょう。

第5章　宅地建物取引業法・住宅品質確保法

数年に1問程度の出題頻度です。「民法」の契約不適合責任の知識を前提として，その上で，「宅地建物取引業法」および「住宅品質確保法」について，それぞれ過去に問われた内容をきちんと押さえておきましょう。

第6章　マンション管理適正化法

例年5問出題されます。適正化法から4問，適正化基本方針から1問出題されることが多いです。網羅的な学習が必要で，**個数問題**も多く，しっかりとした学習が必要となります。

第7章　マンション標準管理委託契約書

出題されても1問ではあるのですが，マンション管理士としてはきちんと知っておくべき内容です。条文，別表や関係コメントについても読み込みをしてほしいところです。

第8章 管理組合の会計・滞納管理費等の処理　「管理組合の会計」は、例年2問出題されています。また、管理組合の税務について出題されることもありますので、ここ数年の過去問には、必ず目を通しておきましょう。「管理費等の滞納処理」は、「民事訴訟法」等の訴訟関連の知識が問われます。やはり、過去問の範囲をきっちり押さえておきましょう。

第9章 都市計画法　例年1問出題されます。範囲は広いですが、過去問の範囲に絞って学習しましょう。特に地域地区の内容を確認しておきましょう。

第10章 建築基準法等　例年4問程度出題されます。「建築基準法」、「水道法」、「消防法」から各1問ずつ、その他の建築関連法令（「建築物省エネルギー法」「バリアフリー法」「警備業法」等）から1問程度、それぞれ出題されます。詳細な知識が問われることもありますが、まずは過去問の周辺知識を押さえておきましょう。

第11章 設備・構造　例年5問程度の出題です。細かい知識に関する出題が多いものの、基本事項や過去問からの出題もよく見られるため、頻出である「エレベーター設備」「水道法・給水設備」「消防法・消防用設備等」「排水設備」「建築設備の分類等」についての過去問は必ず押さえておきましょう。

第12章 維持・保全　例年5問程度出題されます。マンションの劣化症状やその診断・改修方法、長期修繕計画に関する事項等が主な内容です。技術上の細かい知識が必要とされる出題もありますが、過去問の範囲とその周辺の知識を確実に押さえることが、最も効率的な対策となります。

民法等・
区分所有法等

1 制限行為能力者

重要度 **B**

 問 1

甲マンションの一室に1人で住んでいる区分所有者Aは，精神上の障害により事理を弁識する能力を欠く常況にあり，管理費を滞納している。この場合において，甲マンションの管理組合は，家庭裁判所にAの後見開始の審判を請求することができる。

重要度 **B**

 問 2

甲マンション203号室を所有しているAは，高齢になり判断能力に不安を抱えていたところ，Bとの間で，Bに高額の報酬を支払って同室の内装をリフォームしてもらう旨の請負契約を締結した。本件請負契約を締結した時にAに意思能力がなかった場合には，Aは，意思能力を欠いていたことを理由として，本件請負契約の無効を主張することができる。

重要度 **B**

 問 3

甲マンション203号室を所有しているAは，高齢になり判断能力に不安を抱えていたところ，Bとの間で，Bに高額の報酬を支払って同室の内装をリフォームしてもらう旨の請負契約を締結した。本件請負契約を締結した時に，Aについて後見開始の審判はなされていなかったが，Aが精神上の障害により事理を弁識する能力を欠く常況にあった場合には，Aは，行為能力の制限を理由として，本件請負契約を取り消すことができる。

基本事項を学習した上で，頻出項目（時効，共有，債務不履行，契約不適合責任，不法行為，請負，賃貸借，相続）を事例を通して理解しておこう。

[H20]

答 1 ✕

家庭裁判所は，本人，配偶者，４親等内の親族，未成年後見人，未成年後見監督人，保佐人，保佐監督人，補助人，補助監督人または検察官の請求により，**後見開始の審判**をすることができる（民法７条）。管理組合は，後見開始の審判を請求できる者に含まれていない。

[H30]

答 2 ○

契約を締結するには意思能力が必要であり，**意思能力のない者がした行為**は無効である（民法３条の２）。したがって，Aは，本件請負契約の無効を主張できる。

[H30]

答 3 ✕

後見開始の審判を受けた者（**成年被後見人**）が**した行為**は**取り消すことができる**（民法９条本文）。しかし，**成年被後見人**といえるには，後見開始の審判を受けることが必要であり（８条），後見開始の審判がなされていない者がした行為は，たとえその者が行為の時に精神上の障害により事理を弁識する能力を欠く常況にあったとしても，取り消すことができない。

2 意思表示・代理等

Aは，Bとの間で，甲マンションの1室である202号室をBに売却する旨の売買契約を締結した。Aは，本心では202号室を売却するつもりはなく売買契約を締結した場合において，Bがそのことを知り，または知ることができたときは，売買契約は無効となる。

Aは，Bとの間で，甲マンションの1室である202号室をBに売却する旨の売買契約を締結した。Aは，本心では202号室を売却するつもりはなかったが，借入金の返済が滞り差押えを受ける可能性があったため，Bと相談のうえ，Bに売却したことにして売買契約を締結したときは，売買契約は無効となる。

Aは，Bとの間で，甲マンションの1室である202号室をBに売却する旨の売買契約を締結した。Bは，甲マンションの近くに駅が新設されると考えて202号室を購入したが，そのような事実がなかったときは，Bが駅の新設を理由に購入したことがAに表示されていなくても，Bは売買契約を取り消すことができる。

[R4]

答 4

表意者が真意でないことを**知りながら**意思表示をした場合，その意思表示は**有効**であるが（民法93条1項本文），**相手方**がその意思表示が**表意者の真意ではない**ことを知り，または知ることができたときは無効となる（同ただし書）。したがって，Aは本心では202号室を売却するつもりがないことを，Bが知っていたか，または知ることができたときは，当該売買契約は無効となる。

[R4]

答 5

Aは，本心では202号室を売却する意思がないにもかかわらず，Bと相談のうえ，Bに売却したことにして売買契約を締結している。これは**相手方と通じてした虚偽の意思表示**であるので，売買契約は無効となる（民法94条1項）。

[R4]

答 6

Bは，実際には違うにもかかわらず，甲マンションの近くに新駅ができると考えて202号室を購入しているので，購入の意思表示をした**動機に錯誤**が生じている。このように，意思表示をした動機に錯誤がある場合，表意者は，その**動機が契約をする基礎**となっていることが意思表示の内容として相手方に表示（明示または黙示の表示）されていたときに限り，その意思表示を**取り消すことができる**（民法95条1項2号・2項，判例）。したがって，Bが202号室を購入した動機がAに明示または黙示により表示されていなければ，Bは売買契約を取り消すことはできない。

問 7

甲マンション203号室を所有するAは，Bとの間で，同室をBに売却する旨の契約（この問いにおいて「本件売買契約」という。）を結んだ。本件売買契約の代金は同室の時価をかなり下回るものであった。この場合において，AがBの詐欺によって本件売買契約をする意思表示をしていた場合であっても，Bの詐欺によって意思表示をしたことについてAに過失があったときは，Aは詐欺を理由として自己の意思表示を取り消すことができない。

問 8

甲マンション203号室を所有するAは，Bとの間で，同室をBに売却する旨の契約（この問いにおいて「本件売買契約」という。）を結んだ。本件売買契約の代金は同室の時価をかなり下回るものであった。この場合において，Aが第三者Cの詐欺によって本件売買契約をする意思表示をしていた場合には，Bがその事実を知っていたか，知ることができたときに限り，Aは詐欺を理由として自己の意思表示を取り消すことができる。

問 9

甲マンション203号室を所有するAは，Bとの間で，同室をBに売却する旨の契約（この問いにおいて「本件売買契約」という。）を結んだ。本件売買契約の代金は同室の時価をかなり下回るものであった。この場合において，AがBの強迫によって本件売買契約をする意思表示をしていた場合であっても，Bの強迫によって意思表示をしたことについてAに過失があったときは，Aは強迫を理由として自己の意思表示を取り消すことができない。

詐欺による意思表示は取り消すことができる（民法96条1項）。詐欺にあった者は被害者であるから，詐欺によって意思表示をしたことについて**表意者に過失があったときでも**，取り消すことができる。

相手方に対する意思表示について**第三者が**詐欺を行った場合は，**相手方がその事実を知り，または知ることができたときに限り**，その意思表示を取り消すことができる（民法96条2項）。第三者の詐欺によって意思表示をした場合，これを信じた表意者にも落ち度があるから，**相手方保護のために取消しが制限される**。したがって，本肢のとおりである。

強迫による意思表示は取り消すことができる（民法96条1項）。強迫された者は被害者であるから，強迫によって意思表示をしたことについて**表意者に過失があったときでも**，取り消すことができる。

重要度 A

問 10 甲マンション203号室を所有するAは，Bとの間で，同室をBに売却する旨の契約（この問いにおいて「本件売買契約」という。）を結んだ。本件売買契約の代金は同室の時価をかなり下回るものであった。この場合において，Aが第三者Dの強迫によって本件売買契約をする意思表示をしていた場合には，Bがその事実を知っていたか，知ることができたときに限り，Aは強迫を理由として自己の意思表示を取り消すことができる。

重要度 B

問 11 甲マンション203号室を所有しているAは，高齢になり判断能力に不安を抱えていたところ，Bとの間で，Bに高額の報酬を支払って同室の内装をリフォームしてもらう旨の請負契約を締結した。本件請負契約を締結する際に，Bが，Aの窮迫・軽率・無経験を利用して，相場よりも著しく高額な報酬の支払をAに約束させていた場合には，Aは，公序良俗に違反することを理由として，本件請負契約の無効を主張することができる。

重要度 B

問 12 Aは，その子Bを代理人として，その所有するマンションの一室をCに売却することとした。この場合，Bが未成年者であっても，Aは，Bを代理人とすることができる。

重要度 B

問 13 Aは，認知症となり判断能力を欠く常況にある父親Bから何らの代理権を付与されていないのに，Bの代理人と称してB所有のマンションの一室をCに売却する売買契約を締結した場合，正常な判断能力を有するBの妻が当該売買契約を追認すれば，当該売買契約は，有効となる。

[R3]

答 10
✕

相手方に対する意思表示について**第三者が強迫を行った場合**は，**相手方がその事実を知っていたか，または知ることができたかにかかわらず，その意思表示を取り消すことができる**（民法96条2項反対解釈）。第三者の強迫によって意思表示をした場合は，**表意者に落ち度はないので**，第三者による詐欺の場合と異なり，表意者保護のために，**意思表示を取り消すことに制限はない**。したがって，Aが第三者Dの強迫によって本件売買契約をする意思表示をしていた場合には，Bがその事実を知っていたか，知ることができたかに「かかわらず」，Aは強迫を理由として自己の意思表示を取り消すことができる（同条1項）。

[H30]

答 11
○

相手方の窮迫・軽率・無経験を利用して，相場より著しく高額な報酬を支払うことを約束させる請負契約は，**公序良俗に反する**ものとして無効となる（判例，民法90条）。したがって，Aは，公序良俗に違反することを理由として，本件請負契約の無効を主張できる。

[H15]

答 12
○

任意代理の代理人は，行為能力者でなくてもよい（民法102条参照）。したがって，未成年者，成年被後見人等の**制限行為能力者**であっても，代理人となることができる。

⚠️ **ココも注意！** この場合，本人は代理人の**制限行為能力**を理由に代理行為を取り消すことはできない（102条本文）。

[H17]

答 13
✕

本問の行為は，代理権のない代理人の行為であるので，**無権代理**である。この無権代理行為を追認することができるのは，本人（B）**のみ**である（民法113条1項）。したがって，Bの妻が追認しても，無権代理行為は，有効とはならない。

⚠️ **ココも注意！** 本人が無権代理行為を追認すれば，別段の意思表示がない限り，その行為は契約の時にさかのぼって有効となる（116条本文）。

第1章　民法等

Aは，Bから代理権を与えられていないにもかかわらず，Bの代理人として，Cとの間で，Bの所有する甲マンションの401号室をCに売却する旨の売買契約を締結した。この場合において，表見代理の成立する要件が満たされているときは，Cは，表見代理の主張をせずに，Aに対し，無権代理人としての責任を追及することができない。

重要度 A

Aは，甲マンションの1室を所有し，Aの子Bと同室に居住しているが，BがAから代理権を与えられていないにもかかわらず，Aの実印を押捺した委任状を作成し，Aの代理人と称して同室を第三者Cに売却する契約を締結し，登記も移転した。この場合において，Bが作成したAの委任状を真正なものとCが信じ，かつ信じたことに過失がないときには，当該売買契約は有効である。

重要度 B

Aは，Bから代理権を与えられていないにもかかわらず，Bの代理人として，Cとの間で，Bの所有する甲マンションの401号室をCに売却する旨の売買契約を締結した。売買契約の締結後にBが死亡し，AがBの地位を単独で相続した場合には，Aは，Cからの401号室の所有権移転登記及び引渡しの請求を拒むことができない。

[H27]

答14

×

表見代理が成立する場合であっても，相手方は，無権代理人に対する責任追及権（民法117条１項）**を選択的に行使**することができる（判例）。そしてこの場合，無権代理人は**表見代理**を主張して，自己の責任を免れることができない。

[R2]

答15

×

表見代理の成立には，本人に一定の帰責性が必要とされており，①**代理権授与表示**による表見代理（民法109条１項），②**権限外の行為**の表見代理（110条），③**代理権消滅後**の表見代理（112条１項）に限定される。さらに，**相手方が**（無権）代理人に代理権が与えられていないことを知らず，かつ，知らなかったことについて過失がなかった場合（**善意無過失**）でなければならない。Ａの委任状を真正なものとＣが過失なく信じても，当該委任状はＢが（勝手に）作成したものである以上，Ａに帰責性はなく，表見代理は成立しないため，当該売買契約は無効である。

[H27]

答16

○

無権代理人が本人を単独で相続した場合，無権代理人が相続で承継した本人の追認拒絶権を行使して契約の無効を主張するのは**信義則に反する**ので，本人が自ら契約をしたのと同様の状態が生じ，無権代理行為は**当然に有効な契約**となる（判例）。したがって，無権代理人Ａは，相手方Ｃからの所有権移転登記および引渡しの請求を拒むことができない。

⚠️ **ココも注意！** 逆に，**本人が無権代理人を単独で相続した場合**，相続人たる本人が被相続人の無権代理行為の追認を拒絶することは，何ら**信義則には反しない**ので，本人は，**追認を拒絶することができる**（判例）。

重要度 A

問 17

Aは，甲マンションの1室を所有し，Aの子Bと同室に居住している が，BがAから代理権を与えられていないにもかかわらず，Aの実印を押捺した委任状を作成し，Aの代理人と称して同室を第三者Cに売却する契約を締結し，登記も移転した。この場合において，Cが，マンションの同室をAC間の売買事情を知らないDに転売した場合，DがCの所有権登記を信じ，信じたことに過失もないときは，AはDに自らの権利を主張できない。

重要度 S★★★

問 18

Aは，甲マンションの1室を所有し，Aの子Bと同室に居住している が，BがAから代理権を与えられていないにもかかわらず，Aの実印を押捺した委任状を作成し，Aの代理人と称して同室を第三者Cに売却する契約を締結し，登記も移転した。この場合において，売買契約後にBに代理権がなかったことを知ったCが，Aに対し「7日以内に追認するかどうかを確答して欲しい」旨の催告をしたが，Aがその契約の内容を判断する能力があるにもかかわらず，その期間内に確答しなかったときは，その契約を追認したものとみなされる。

3 時効

重要度 S★★★

問 19

甲マンションの入居時に区分所有者全員で管理費等の滞納が発生したとしても時効を援用しない旨の合意をしていた場合は，当初の購入者である前区分所有者Cから201号室の譲渡を受けたBは，Cの滞納管理費等のうち時効が完成している分につき時効を援用することができない。

[R2]

本問では表見代理が成立せず（**答 15** 参照）Bの行為は無権代理となり，ＡＣ間の売買契約は無効である。不動産登記には公信力がないため，Ｄが登記を過失なく信じても所有権を取得できない（Ｄは保護されない）。したがってＡはＤに自分の権利を主張することができる。

[R2]

無権代理人の**相手方**は，**本人**に対し，相当の期間を定めて，その期間内に追認をするかどうかを確答すべき旨の**催告**ができる。そして，本人がその**期間内**に確答をしないときは，**追認を拒絶**したものとみなされる（民法114条）。

[H17]

時効の利益は，時効完成前に，あらかじめ放棄することが**できない**（民法146条）。したがって，**入居時**に「**滞納管理費等が発生しても時効を援用しない**」旨の合意をしていても，その合意は無効であるので，Ｂは，Ｃの滞納管理費等のうち時効が完成している分について，時効を援用できる。

⚠ **ココも注意！**　時効は，当事者が援用しなければ，裁判所がこれによって裁判をすることができない（145条）。つまり，**時効の効果**は，当事者の援用があってはじめて**確定的に生ずる**。

問 20

管理組合が、管理費を滞納している区分所有者Aに対して、内容証明郵便をもって累積している滞納管理費分の支払の請求をした場合には、6ヵ月間の時効の完成猶予の効力が生じるが、その期間中になされた再度の支払の請求には、時効の完成猶予の効力が生じない。

問 21

夫Aと妻Bは、甲マンションの301号室の区分所有権を各2分の1の持分で共有し、同室で生活をしているが、管理費および修繕積立金を滞納している。この場合、管理費と修繕積立金のいずれも月ごとに支払われるものであるが、その債権の消滅時効期間は管理費については5年、修繕積立金については10年である。

問 22

甲マンションの区分所有者Aが、管理組合（管理者B）に対し、管理費を滞納している場合において、BがAに対し書面で支払の催告を行うときは、内容証明郵便によるものでなければ、時効の完成猶予事由としての催告の効力は生じない。

問 23

夫Aと妻Bは、甲マンションの301号室の区分所有権を各2分の1の持分で共有し、同室で生活をしているが、管理費および修繕積立金を滞納している場合、AおよびBが、滞納している管理費および修繕積立金の支払を「3ヵ月待ってほしい」と、口頭で管理組合に告げていたのみでは、時効は、その時から新たにその進行を始めない。

[R3]

答 20

内容証明郵便による支払いの請求は，催告にあたる。催告があったときは，その時から6ヵ月を経過するまでの間は，時効の完成は猶予**される**（民法150条1項）。しかし，催告によって時効の完成が猶予されている間にされた再度**の催告は，時効の完成猶予の効力を**有しない（同2項）。したがって，内容証明郵便によって滞納管理費の支払いを請求した場合，6ヵ月間の時効の完成猶予の効力が生じるが，その期間中になされた再度の支払いの請求には，時効の完成猶予の効力が生じない。

[H24]

答 21

債権は，債権者が①**権利を行使できることを知った時**から5年間行使しないとき，②**権利を行使できる時**から10年間行使しないときは，**時効によって消滅する**（民法166条1項）。管理費と修繕積立金の履行請求権は，いずれも債権であるので，時効期間に差はない。なお，支払期限（支払日）が定められている管理費・修繕積立金債権や地代・家賃の賃料債権などの一般の債権は，支払期限が到来すれば債権者は権利を行使できることを当然に知っているといえる。したがって，①は「支払期限（支払日）から5年」を指すことになる。

[H29]

答 22

時効の完成猶予事由としての催告を書面で行う場合は，**内容証明郵便によるものでなくても差し支えない**。なお，催告をし，時効の完成猶予をした債権について，さらに時効の完成猶予をして時効の更新をするには，重ねて6ヵ月以内**に裁判上の請求等が必要であり**，この**裁判上の請求等をすれば，時効の完成は**猶予され，**確定判決等により**更新する（民法150条，147条1項1号・2項）。

[H24]

答 23

口頭で支払いの猶予を求めることも，債務の承認に該当するので，**消滅時効は**更新する（民法152条1項）。

問 24

甲マンションの区分所有者Aが，管理組合（管理者B）に対し，管理費を滞納している場合において，Aが自ら破産手続開始の申立てをし，破産手続開始の決定がなされた場合，Bが滞納管理費債権について破産債権として届出をしただけでは，時効の完成は猶予されない。

 問 25

管理費を滞納している区分所有者Aが自ら破産手続開始の申立てをし，破産手続開始の決定がなされた場合，管理組合が滞納管理費債権について破産債権として届出をしただけでは，時効の更新の効力は生じない。

 問 26

甲マンションの区分所有者Aが，管理組合（管理者B）に対し，管理費を滞納している場合において，管理費債権の一部について，すでに消滅時効が完成しているにもかかわらず，Aが時効完成の事実を知らないで，Bに対し，滞納額全額を支払う旨の承認書を差し入れたときは，以後，完成した当該消滅時効の主張は認められない。

 問 27

マンションの区分所有者が管理費を滞納している場合，区分所有者が滞納している管理費の一部を管理組合に弁済しても，残余の管理費についての時効は，更新されない。

[H29]

 答 24 ✗

破産手続参加（破産手続において，破産債権者として**破産債権の届出を行うこと**）をすると，債権の消滅時効は完成を猶予される（民法147条1項4号）。

[R3]

 答 25 ○

区分所有者Aについて破産手続開始の決定がなされた場合に，管理組合が滞納管理費債権について破産債権の届出をすると，**時効の「完成猶予」の効果が生じる**（民法147条1項4号）。しかし，それだけでは**時効の「更新」の効力は生じない**。

[H29]

 答 26 ○

債務者は，債務の消滅時効の**完成後**に債務の承認をしたときは，時効完成の事実を**知らなかった**としても，その完成した**消滅時効を援用することはできない**（判例）。したがって，Aは，Bに対して滞納額全額を支払う旨の承認書を差し入れたときは，時効完成の事実を知らなかったとしても，以後，完成した消滅時効を主張することはできない。

⚠ ココも注意！ 同様に時効完成の事実を知らずに債務を弁済した場合も，以後，消滅時効を援用することができないため，すでに支払った滞納管理費等のうち時効が完成した分の返還を請求することはできない。

[H14]

 答 27 ✗

債務の一部の弁済は，時効更新事由である権利の承認に該当するので，**残債務すべて**について，**時効が更新される**（民法152条1項）。

問 28 管理費を滞納している区分所有者が「滞納管理費支払合意書」により，滞納管理費全額を分割して毎月定額で支払うことを管理組合と合意した場合，そのことによる時効の更新の効力は，区分所有権を譲り受けた特定承継人に及ぶ。

問 29 マンションの区分所有者が管理費を滞納している場合，管理組合が訴えを提起すれば，その訴えを取り下げたとしても，時効は更新される。

問 30 滞納管理費の存在が，確定判決又は確定判決と同一の効力を有するものによって確定した場合には，その時効期間は10年である。

問 31 区分所有者Aは，甲マンション管理組合（管理者B）に対し，管理費（20万円）を滞納したまま死亡した。Aに，妻CならびにAC間の子DおよびEがいる場合，20万円に係る債権の消滅時効は，遺産分割が行われた時から進行する。

[H22]

 答 28

「滞納管理費支払合意書」による合意は，権利の承認に該当し，**時効が更新される**（民法152条1項）。そして，時効の更新は，その事由が生じた当事者およびその承継人の間においてのみ，その効力を有する（153条3項）。滞納管理費債務は，本来の債務者たる区分所有者の特定承継人に承継される（区分所法8条）。したがって，区分所有権を譲り受けた特定承継人にも，時効の更新の効力が及ぶ。

 ココも注意! 時効更新の効力は，**包括承継人である相続人にも当然に及ぶ**ことも押さえておこう。

[H14]

 答 29 ✕

裁判上の請求をしても，**確定判決等で権利が確定せずに中途で終了**（訴えの取下げ等）した場合は，その**終了の時から6ヵ月**を経過するまで，時効の完成が猶予される（民法147条1項1号）。したがって，**時効が更新されるわけではない**。

[R3]

答 30 ○

滞納管理費のような債権の消滅時効期間は，原則として，債権者が権利を行使できることを知った時から5年間，または権利を行使することができる時から10年間である（民法166条1項）。しかし，**確定判決または確定判決と同一の効力を有するものによって確定した権利**については，10年より短い時効期間の定めがあるものであっても，その**時効期間は，10年となる**（169条1項）。

[H19]

答 31 ✕

債権の消滅時効は，債権者が**権利を行使できることを知った時**（＝主観的起算点）から5年，または，**権利を行使することができる時**（＝客観的起算点）から10年で時効が完成する（民法166条1項）。この点，支払期限が定められている**管理費・修繕積立金債権**は，**支払期限が到来**すれば債権者（＝管理組合）は**権利を行使できることを当然に知っている**といえる。したがって，本問の20万円に係る債権の消滅時効は，支払期限（支払日）から進行する。

4 物権変動・共有・抵当権等

甲マンション102号室を所有するAは，Bとの間で，同室を代金1,000万円でBに売却する旨の契約を結んだ。その後，Aは，Cとの間で，同室を代金1,200万円でCに売却する旨の契約を結んだ。この場合において，CがBよりも先に代金1,200万円をAに支払った場合であっても，BがCよりも先にAから102号室の引渡しを受けたときは，Bは同室の所有権の移転登記を備えなくても，Cに対し，同室の所有権を取得したことを対抗することができる。

重要度 A

甲マンション102号室を所有するAは，Bとの間で，同室を代金1,000万円でBに売却する旨の契約を結んだ。その後，Aは，Cとの間で，同室を代金1,200万円でCに売却する旨の契約を結んだ。この場合において，BがCよりも先に代金1,000万円をAに支払い，CがBよりも先に102号室の引渡しを受けたが，両者とも同室の所有権の移転登記を備えていないとき，BもCも互いに，同室の所有権を取得したことを対抗することができない。

重要度 A

Aは，Bとの間で，甲マンションの1室である501号室をBに売却する旨の売買契約を締結した。Aが501号室を退去した後に，居住するための権利を有しないCが同室に居住している場合，AからBへの501号室の区分所有権の移転登記が経由されていないときは，Bは，Cに対して，同室の明渡しを請求することができない。

[R3]

答32 ✕

不動産が二重に売買された場合，第一の買主はその登記をしなければ，所有権を取得したことを第二の買主に対抗できない（民法177条）。第一の買主Bは，102号室の引渡しを受けているが，未だ所有権の移転登記を備えていない。したがって，Bは，第二の買主Cに対して，同室の所有権を取得したことを対抗できない。なお，CがBより先に代金1,200万円をAに支払ったことは，Bが同室の所有権を取得したことをCに対抗できるかどうかとは関係がない。

[R3]

答33 〇

BおよびCのいずれもが102号室の所有権の移転登記を備えていないときは，BもCも互いに，同室の所有権を取得したことを対抗できない（民法177条）。代金の支払いをしたことや102号室の引渡しを受けたことは，BまたはCが相手方に対して，所有権を取得したことを対抗できるかどうかには関係がない。

[R4]

答34 ✕

501号室の所有権は，AB間の売買契約の成立により，Bに移転している（民法176条）。そして，この**物権変動**は，登記をしなければ「**第三者**」に対抗できない（177条）。しかし，501号室に居住しているCは，居住するための権利を有していないので，不法占拠者であるところ，**不法占拠者**は，**177条の「第三者」に該当しない**。したがって，Bは，移転登記を経由していなくても，所有権に基づいて，501号室の**明渡し**をCに対して**請求できる**（判例）。

問 35

Aは，Bとの間で，甲マンションの１室である501号室をBに売却する旨の売買契約を締結した。AからBに501号室の区分所有権の移転登記を経由した後に，AがBの詐欺を理由にＡＢ間の売買契約を取り消したが，その後にBがCに同室を売却する旨の売買契約を締結して，区分所有権の移転登記をBからCに経由し，Cが居住しているときは，Aは，Cに対して，同室の明渡しを求めることができない。

問 36

Aは，甲マンションの508号室を所有しているが，同室及び同室内の壁に飾ってあった風景画（この問いにおいて「絵画」という。）をBに賃貸した。この場合において，Bが死亡し，その後Bを単独で相続した子Cが，絵画をBの所有物であり相続財産に属するものであると過失なく信じて，現実に占有していたときは，Cは，即時取得により所有権を取得するため，AがCに絵画の返還を請求しても認められない。

問 37

Aは，甲マンションの508号室を所有しているが，同室及び同室内の壁に飾ってあった風景画（この問いにおいて「絵画」という。）をBに賃貸した。この場合において，無職のCが，Bが不在の間に508号室に侵入して絵画を盗み，Dに売却したところ，DがCの所有物であると過失なく信じていた場合において，絵画の占有が現実にCからDに移転されたときであっても，Aは，盗難の時から２年以内にFに絵画の返還を請求すれば認められる。

問 38

Aが死亡し，その子B，CおよびDが，各３分の１の割合でAの財産を相続した。Aがマンションの一室の区分所有者であった場合で，Aの死亡前からAと同居していたBがそのままそのマンションに居住しているときには，遺産分割の前でも，CおよびDは共同してBに対して，その明渡しを請求することができる。

答 35

○

ＡＢ間の売買契約がＢの**詐欺を理由に取り消された**後に，Ｂか
らＣに対して501号室が**売却**された場合には，民法**96条３項
の第三者を保護する規定は**適用されず，対抗問題として177
条の適用を認めるのが判例である。したがって，ＣがＢから移
転登記を経由している場合，Ａは，Ｃに対して同室の明渡しを
請求できない。

[R5]

答 36

✕

即時取得（民法192条）は**動産取引の安全を保護**するための制
度であるから，その成立には，動産の**前主との間に有効な取引
行為が存在**しなければならない。Ｃは絵画の占有をＢからの**相
続により承継**しており，**取引行為に基づいて取得したものでは
ない**。したがって，Ｃに即時取得は成立せず，絵画の所有権は
Ａにあるので，Ａの絵画の返還請求は認められる。

[R5]

答 37

○

Ｄは，Ｃが絵画の所有者であると過失なく信じて，売買契約に
より絵画を取得しているので，即時取得が成立する要件を満た
している。しかし，占有を取得した物が**盗品**であるときは，被
害者は，**盗難の時から２年間**占有者に対してその物の回復を請
求できる（193条）。したがって，Ａは，盗難の時から２年以内
にＤに絵画の返還を請求すれば認められる。

[H24]

答 38

✕

相続人が数人あるときは，相続財産は，その共有に属する（民
法898条１項）。そして，各共有者は，共有物の全部について，
その**持分に応じた使用**をすることができる（249条１項）。した
がって，Ｂも共有物の全部を使用する権利を有しているので，
ＣおよびＤは，当然には，明渡しを請求することができない。

重要度 **S**★★★

問 39

夫Ａ及び妻Ｂが，甲マンションの501号室の区分所有権を各2分の1の持分割合で共有している場合，Ａが，501号室の共有持分権をＡＢ間の成人の子であるＣに譲渡する場合は，Ｂの同意を得なければならない。

重要度 **S**★★★

問 40

Ａ，ＢおよびＣは，等しい持分の割合で，甲マンション201号室の区分所有権を共有し，同室をＤに賃貸している場合において，Ｄとの賃貸借契約を解除するためには，Ａ，ＢおよびＣ全員が同意した上で，共同で解除の意思表示をする必要がある。

重要度 **S**★★★

問 41

Ａが死亡し，その子Ｂ，ＣおよびＤが，各3分の1の割合でＡの財産を相続した。Ａがマンションの一室の区分所有者であった場合で，Ｅにそれを賃貸していたが，Ａの死亡前に，ＡＥ間の賃貸借契約が有効に解除され契約が終了していたときには，その後も退去していないＥに対して，Ｃは単独でその明渡しを請求することができる。

重要度 **B**

問 42

夫Ａ及び妻Ｂが，甲マンションの501号室の区分所有権を各2分の1の持分割合で共有している場合，501号室の上階である601号室の所有者Ｃが，不注意により浴室から溢水させ，501号室に損害を与えた場合，Ａ及びＢがＣに損害賠償を求めるときは，それぞれの共有持分の割合に応じて請求しなければならず，自己の持分割合を超えて請求することはできない。

重要度 **B**

問 43

Ａが甲マンションの101号室を購入するに際してＢ銀行から融資を受け，ＡがＢのために同室に抵当権を設定しその登記がなされていた場合，ＡのＢに対する債務が消滅すれば，Ｂの抵当権の登記が抹消されていないときでも，Ａは，当該抵当権の消滅を第三者に対抗することができる。

[H27]

答 39 ✗

共有物について，各共有者はその共有持分を**他の共有者の同意がなくても**自由に**第三者に譲渡**することができる。

[H28]

答 40 ✗

賃貸借契約の解除は，共有物の管理に関する事項（管理行為）に該当する（判例）。そして，共有物の管理行為は，各共有者の持分の価格の過半数で決する（民法252条1項）。したがって，共有者全員の同意は不要である。

[H24]

答 41 〇

相続人が数人あるときは，相続財産は，その共有に属する（民法898条1項）。「ＡＥ間の賃貸借契約が有効に解除され契約が終了していた」ことから，Ｅは**不法占有者**に該当する。**不法占有者**に対する明渡請求は保存行為に当たり，**各共有者が**単独で請求することができる（252条5項，判例）。

[H27]

答 42 〇

共有物の侵害に対する**損害賠償請求**は，各共有者が共有部分の割合に応じてすべきであり，自己の持分割合を超えて請求することはできない（判例）。共有物の侵害は，各共有者にとっては，あくまでも自己の共有持分権に対する侵害だからである。

[H20]

答 43 〇

ＡのＢに対する**債務が消滅**した場合，付従性により**抵当権も当然に消滅する**。登記は，実体上権利が存在する場合には第三者対抗要件になる（民法177条）。しかし，**権利がすでに消滅して存在しない場合**には，登記が抹消されていなくてもその**登記には対抗力がない**。したがって，Ｂの抵当権の登記が抹消されていないときでも，Ａは，抵当権の消滅を第三者に対抗できる。

重要度 B

問 44

Aは甲マンションの201号室を所有しているが，Aは201号室を購入するにあたり，E銀行から融資を受け，同室にはE銀行のために抵当権が設定されその旨登記された。Aが融資金の返済を遅滞したため，E銀行はその抵当権に基づいて同室の競売手続をとった。この手続において，管理組合は，Aの滞納管理費分の金額について抵当権者に優先して配当を受けることができる。

重要度 S★★★

問 45

Aが，弟Bが事業資金500万円の融資をC銀行から受けるに際して，Aが所有し，居住している甲マンションの103号室にC銀行のために抵当権を設定し，その登記もされた場合において，Aが103号室を売却するときは，C銀行の承諾を得なければならない。

重要度 B

問 46

Aが甲マンションの201号室の購入に際してB銀行から融資を受け，これにBの抵当権設定登記がなされた場合，Bが抵当権の被担保債権を第三者に譲渡しても，抵当権は，Aが承諾しない限り，当該第三者に移転しない。

重要度 S★★★

問 47

Aが所有する甲マンション201号室には，AのBに対する債務を担保するためにBの抵当権が設定されている。この場合において，Bの抵当権の効力は，Bの抵当権が設定された当時，既に201号室内に存在していた従物に及ぶ。

重要度 S★★★

問 48

Aが，弟Bが事業資金500万円の融資をC銀行から受けるに際して，Aが所有し，居住している甲マンションの103号室にC銀行のために抵当権を設定し，その登記もされた場合において，C銀行の抵当権の効力は，Aが有する共用部分の共有持分には及ばない。

[H23]

 44 ✗

一般の先取特権は，不動産については登記がなくても**担保を有しない債権者**に対抗することができるが，登記**をした第三者**に対しては対抗することができない（民法336条）。管理組合が有する滞納管理費に関する先取特権は，一般の先取特権であるので（306条1号），E銀行の登記**がある抵当権**には対抗することができない。

[H30]

 45 ✗

物上保証人は，**抵当権者の承諾を**得ることなく，抵当目的物を**売却できる**。抵当権者は，抵当目的物の売却代金に物上代位でき（民法372条，304条），また，抵当権の登記をしておけば，抵当目的物を買い受けた者に対しても，抵当権を対抗できるからである（177条）。

[H14]

 46 ✗

抵当権者Bが，抵当権の被担保債権を**第三者に譲渡**すると，担保物権の随伴性として，抵当権も，抵当権設定者Aの承諾なく，**第三者に移転**する。

[R2]

 47 ○

抵当権設定当時**に存在した従物**については，抵当権の効力が**及ぶ**（判例）。

[H30]

 48 ✗

共用部分に関する共有者の持分は，その有する専有部分の処分に従う（区分所有法15条1項）。したがって，C銀行のA所有の103号室（専有部分）に対する抵当権の効力は，Aが有する共用部分の共有持分にも及ぶ。

問 49 Aが，甲マンションの301号室の購入に際してB銀行から融資を受け，同室にBの抵当権を設定し，その旨の登記がなされた場合，301号室の一部が火災により損傷し，Aが火災保険金を受け取ることができる場合，Bは，当該火災保険金請求権を差し押さえてこれを行使することができる。

 問 50 Aがマンションの購入に際してB銀行から融資を受け，これにBの抵当権を設定した場合，Bは，抵当権の実行をしようとするときは，あらかじめAに通知をしなければならない。

 問 51 Aは，甲マンションの201号室の購入に際してB銀行から融資を受け，令和4年10月1日に，同室にBのために抵当権を設定してその登記をした後，同月15日に，Cに同室を賃貸したが，Aが事業に行き詰まってBに対する返済ができなくなったため，Bの申立てにより同室が競売に付され，令和6年4月25日，Dがその買受人になった。この場合，AC間の賃貸借契約の期間が3年でその登記がされていた場合でも，Cの賃借権は，Dに対抗することができない。

 問 52 Aが甲マンションの101号室の購入に際してB銀行から融資を受け，同室に抵当権の設定登記がされた。Aが101号室に抵当権の設定登記をした後に第三者Dに同室を賃貸した場合において，その抵当権が実行されたときは，Dは，直ちに，買受人に対し同室を明け渡さなければならない。

[H25]

答 49

○

抵当権者は，その目的物の売却，賃貸，滅失または損傷によって債務者が受けるべき金銭その他の物に対しても，その払渡しまたは引渡しの前に差押えをすれば，**抵当権を行使することができる**（**物上代位**，民法372条，304条1項）。そして，火災保険金請求権についても**物上代位**することが認められる。

⚠ **ココも注意!**　**物上代位**の対象となるものとしては，売買契約に基づく売買代金請求権，不法行為に基づく損害賠償請求権，賃貸借契約に基づく賃料請求権等がある。

[H13]

答 50

✕

抵当権者が抵当権を実行しようとする場合において，あらかじめ債務者，抵当権設定者，第三取得者に対して，その旨を**通知する必要はない**。

[H16]

答 51

○

抵当権の設定登記後の賃貸借は，その期間の長短（**建物の3年以内の短期賃貸借であっても**）を問わず，また対抗要件を備えていても，原則として抵当権者や競売による買受人に**対抗できない**。

⚠ **ココも注意!**　この場合でも，**登記された賃借権**であり，賃借権の登記前に**登記したすべての抵当権者**が同意し，その同意の登記をしたときは，その同意した抵当権者や競売による買受人に**対抗することができる**（民法387条1項）。

[H18]

答 52

✕

抵当権の設定登記後の賃貸借は，抵当権者や買受人に対抗できないのが原則であるが，競売手続の開始前から**建物を使用または収益していた者**は，買受人が買い受けた時から**6ヵ月を経過するまでは，その建物を引き渡さなくてもよい**（民法395条1項）。したがって，抵当権設定登記後に101号室を賃借したDは，引渡しが6ヵ月猶予されるので，直ちに明け渡す必要はない。

5 債務不履行等

重要度 A

問 53

Aが所有し，居住する甲マンションの501号室を1,000万円で売り渡す旨の契約をBとの間で締結し，手付金として100万円をBより受領した場合において，Aは，Bが代金支払期日に代金を支払わないため売買契約を解除したときには，Bに対して100万円の手付の返還義務が生じるとともにBの債務不履行により発生した損害全額の賠償を請求することができる。ただし，AB間の売買契約には，手付に関する特約はない。

重要度 S★★★

問 54

甲マンションの101号室を所有するAが管理費を滞納した場合において，甲マンションの管理規約に遅延損害金の利率の定めがない場合，Aが令和6年1月末日を支払期限とする管理費を滞納したときは，Aは，令和6年2月1日から支払済みまで年3％の割合による遅延損害金の支払義務を負う。

重要度 B

問 55

Aは，その所有する甲マンション（管理組合乙）の店舗部分（102号室）において喫茶店を経営しており，その内装改修のため，工事業者Bに内装工事を発注した。工事契約で工期の遅延につき特別の合意をしていない場合に，Bの資材の調達の手違いにより内装工事の完成が約定工期より遅れ，喫茶店の開店が遅れたときは，Aは，Bに対して，開店が遅れたことによる営業上の損害につき損害賠償を請求することができる。

重要度 B

問 56

AとBとの間で，甲マンション707号室を代金2,000万円でAがBに売却する旨の契約が結ばれた。その後，Bは代金全額をAに支払ったが，Aの責めに帰すべき事由によって707号室の引渡しが遅滞している場合において，BがAに対して履行遅滞による損害賠償を請求するには，相当の期間を定めて同室の引渡しを催告しなければならない。

[H25]

答 53 Aは，Bに対して，債務不履行に基づく契約の解除および損害賠償請求をすることができる（民法415条1項，541条，542条）。また，解除の効果としてAは**原状回復義務**を負うから（545条1項），Bに対して100万円の手付の返還義務が生じる。

[R3]

答 54 **金銭債務の不履行**については，その**損害賠償（遅延損害金）の額**は，債務者が遅滞の責任を負った最初の時点における**法定利率**によって定める（民法419条1項本文）。本肢のAが滞納している管理費は令和6年1月末日を支払期限とするものなので，その**法定利率は年3％となる**（404条2項）。したがって，Aは，令和6年2月1日から支払済みまで，年3％の割合による遅延損害金の支払義務を負う。

[H17]

答 55 請負人であるBの資材の調達の手違いという過失により定められた工期が遅れ，喫茶店の開店の遅延にともない損害が発生したのであれば，その損害は，**債務不履行**によって「通常生ずべき損害」に該当する（民法416条1項）。したがって，注文者であるAは，Bに対して，損害賠償を請求することができる（415条1項）。

[H29]

答 56 債務者がその**債務の本旨に従った履行**をしないときは，債権者は，これによって生じた**損害の賠償を請求することができる**（民法415条1項本文）。履行遅滞の場合に原則として**履行の催告**が必要となるのは，契約を解除する場合（541条）であって，損害賠償を請求するにあたっては，**履行の催告は不要**である。

6 不可分債務・債権譲渡・債権の消滅

重要度 B

問 57

Aおよびその弟Bが，甲マンションの301号室の区分所有権を各2分の1の割合で共有している場合において，301号室を共同賃借人であるEおよびFに貸したときは，AおよびBは共同で，Eに対し，賃料の全額を請求することができる。

重要度 B

問 58

Aおよびその弟Bが，甲マンションの301号室の区分所有権を各2分の1の割合で共有している場合において，甲マンションの管理者は，AまたはBのいずれに対しても，301号室の管理費の全額を請求することができる。

重要度 A

問 59

Aは，甲マンション503号室を購入するに当たり，購入資金に充てるための金銭をB銀行から借り受けた。その際，この借入金債務について，Aの姉Cが，Bとの間で，Aと連帯して保証する旨の契約を書面で結んだ。Aの委託を受けないで保証契約を結んだCは，Aの委託がないことを理由に保証契約を取り消すことはできない。

重要度 B

問 60

Aは，甲マンション503号室を購入するに当たり，購入資金に充てるための金銭をB銀行から借り受けた。その際，この借入金債務について，Aの姉Cが，Bとの間で，Aと連帯して保証する旨の契約を書面で結んだ。Bが保証契約に基づいて債務の履行をCに対して請求した場合に，Cは，Aに弁済をする資力があり，かつ，Aの財産に対する執行が容易であることを証明することによって，Bの請求を拒むことができる。

[H20]

「共同賃借人の賃料債務」は，性質上の不可分債務である（民法430条）。賃料は目的物の使用収益という不可分の利益を得ていることの対価であるので，賃料の支払債務も不可分であると考える。したがって，AおよびBは共同で，Eに対し，賃料の**全額を請求することができる**。

 [H20]

「区分所有権を共有する者が負う管理費等の支払債務」は，性質上の不可分債務である（民法430条）。管理費は，マンションの維持管理による不可分の利益を得ていることの対価であるので，その費用である管理費の支払債務も不可分であると考える。また，**管理者**は，その職務に関し**区分所有者**を代理する（区分所有法26条2項）。したがって，甲マンションの管理者は，AまたはBのいずれに対しても，管理費の**全額を請求する**ことができる。

 [H28]

保証契約は，債権者と保証人との間で締結される契約である。したがって，主たる債務者の委託を受けずに保証契約を締結したとしても，**保証契約は有効に成立しており**，保証人は委託がないことを理由に保証契約を**取り消すことはできない**。

 [H28]

債権者が保証人に債務の履行を請求したときは，保証人は，まず**主たる債務者に催告をすべき旨を請求**できる（催告の抗弁権，民法452条）。また，催告の抗弁権を行使した後であっても，保証人が主たる債務者に**弁済をする資力**があり，かつ，**執行が容易であることを証明**したときは，債権者は，先に**主たる債務者の財産について執行をしなければならない**（**検索の抗弁権**，453条）。しかし，連帯保証人には，この**催告の抗弁権・検索の抗弁権**がないため（454条），連帯保証人であるCは，Bの請求を拒むことができない。

問 61 Aがその所有する甲マンションの301号室をBに賃貸し，Cがeの賃料支払債務について連帯保証した場合に関し，AB間の賃貸借契約において賃料債務についての遅延損害金の定めがない場合には，AC間の連帯保証契約において保証債務についてのみ遅延損害金を定めることはできない。

問 62 Aがその所有する甲マンションの301号室をBに賃貸し，CがBの賃料支払債務について連帯保証した場合に関し，Bの賃料支払債務が時効により消滅した場合，Bが時効の利益を放棄しても，Cは自ら賃料支払債務の消滅時効を援用し，保証債務を免れることができる。

問 63 Aがその所有する甲マンションの301号室をBに賃貸し，CがBの賃料支払債務について連帯保証した場合に関し，AがCに対して保証債務の履行を請求し，その時効の更新が生じても，AとBが別段の意思表示をしない限り，Bに対する時効更新の効力は生じない。

[R3]

答 61 ✕

保証人は，その**保証債務についてのみ，違約金又は損害賠償の額を約定**できる（民法447条2項）。このことは，連帯保証においても同じである。したがって，ＡＢ間の賃貸借契約において賃料債務についての遅延損害金の定めがない場合でも，ＡＣ間の連帯保証契約において保証債務についてのみ遅延損害金を定めることが「できる」。

. . . .

[R3]

答 62 ○

主たる債務者が時効の利益を放棄しても，**保証人にその効力を及ぼさない**（判例）。時効の利益の放棄は当事者の意思を尊重するものであるから，その効力も相対的である。そして，このことは連帯保証においても同じである。したがって，Ｂが時効の利益を放棄しても，Ｃは自ら賃料支払債務の消滅時効を援用して，保証債務を免れることができる。

. . . .

[R3]

答 63 ○

保証人について生じた事由は，**主たる債務者にその効力を及ぼさない**。そして，**連帯保証においては連帯債務の絶対効の規定等が準用される**が（民法458条），連帯債務において**履行の請求**は，債権者及び連帯債務者の1人が別段の意思表示をしない限り，**他の連帯債務者に対してその効力を生じない**（相対効）とされている（441条）。したがって，ＡのＣに対する保証債務の履行の請求はＢに対して効力を生じないので，ＡがＣに対して保証債務の履行の請求をしてその時効の更新が生じても（147条1項1号・2項），Ｂに対する時効の更新の効力は生じない。

重要度 B

問 64 甲マンションの管理組合（管理者Ａ）は，区分所有者Ｂが管理費を５ヵ月分滞納していたため，Ｂに対して，何度も支払を督促していたところ，ある日，第三者Ｃから，「Ｂの管理費債務については，滞納分も将来分も，すべて私の方でその支払を引き受けることになりましたので，本日以降は私に請求してください。なお，この文書を受け取った旨を管理組合名で速やかにご通知ください」という内容証明郵便が到着した。この場合，Ａは，滞納管理費についてはＢに対して請求できるが，新たに発生する管理費債権については，Ｃに十分な資力のあるときは，Ｃに対してのみ請求することができる。

重要度 C

問 65 Ａは，その所有する甲マンションの101号室を，敷金を24万円，月額賃料を8万円として，法人であるＢ社に賃貸し引き渡したが，Ｂ社が初めて１ヵ月分の賃料の支払いを失念したため，Ｂ社に対し，相当の期間を定めて１ヵ月分の賃料およびこれに対する遅延損害金の支払いを催告するとともにその支払いがない場合には契約を解除する旨の意思表示をした。Ａの催告後，「相当の期間」が経過する前に，Ｂ社が8万円をＡに支払ったとき，ＡおよびＢ社間において充当についての合意がなく，かつ，両者のいずれからも充当の指定がない場合には，Ｂ社の支払額は，まず遅延損害金に充当され，残額が賃料元本に充当される。

重要度 A

問 66 Ａが，弟Ｂが事業資金500万円の融資をＣ銀行から受けるに際して，Ａが所有し，居住している甲マンションの103号室にＣ銀行のために抵当権を設定し，その登記もされた場合において，Ａは，ＢのＣ銀行に対する債務について，Ｂの意思に反してもＣ銀行に対して，第三者としての弁済をすることができる。

[H21]

答 64 ✕

免責的債務引受とは，引受人は債務者が債権者に対して負担する債務と同一の内容の債務を負担し，**債務者**は自己の債務を免れるものである（民法472条1項）。この免責的債務引受は，**債務者と引受人となる者が契約をしてする場合**には，債権者が引受人となる者に対して承諾をすることによってすることができる（472条3項）。したがって，CがBと債務引受を約し，CがAに通知したにすぎず，Aの承諾のない本問においては，滞納管理費，新たに発生する管理費債権のいずれについても，Aは，Bに請求することができる。

[H28]

答 65 ○

当事者に充当の合意がなく，充当の指定もされていない場合で，弁済者が**債権全額に満たない弁済**をしたときは，その弁済は「（費用→）**利息→元本**」の順に充当しなければならない（民法489条1項）。B社は，1ヵ月分の賃料（8万円）と遅延損害金の支払いを催告されているのに，弁済した金額が8万円のみであるから，この弁済はまず「利息」に含まれる**遅延損害金**に，そして，**残額**が「元本」である賃料に充当される。

[H30]

答 66 ○

金銭債務の弁済は，第三者でもできる（民法474条1項）。ただし，**弁済をする正当な利益を有しない第三者**は，債務者の意思に反して弁済できない（474条2項本文）。Aは，BのC銀行に対する債務の**物上保証人**であるので，Bの債務の弁済について**正当な利益を有する**といえる。したがって，Aは，Bの意思に反しても，C銀行に対して，第三者として弁済ができる。

重要度 **A**

問 67

Aが所有する甲マンションの201号室を賃料月額20万円として Bに賃貸し，ある月の賃料をCがAに対して弁済しようとする場合において，AB間の賃貸借契約において，B以外の第三者の賃料支払を禁止していたときは，Cが弁済をするについて正当な利益を有していても，AはCの弁済を拒絶することができる。

重要度 **A**

問 68

AB間の賃貸借契約において，B以外の第三者の賃料支払を禁止または制限していなかった場合，Cが弁済をするについて正当な利益を有していなくても，Cの弁済がBの意思に反していることをAが知らなかったときは，AはCの弁済を受領することができる。

重要度 **A**

問 69

Aがその所有する甲マンションの101号室を，賃料を月額10万円としてBに賃貸し，これを使用中のBが，Aに対し，5月分の賃料10万円の支払を怠った場合において，AがBに対して悪意による不法行為を行った結果，BがAに対する損害賠償債権30万円を有しているとき，Bは，Aに対し，損害賠償債権30万円のうち10万円と101号室の5月分の賃料10万円とを相殺することはできない。

重要度 **S★★★**

問 70

Aが所有する甲マンションの301号室をBに対して賃貸し，CがBの委託を受けてBのAに対する賃借人の債務についてAとの間で書面によって保証契約を締結した場合に関し，AとCとの保証契約が令和6年5月1日に締結された場合，法人であるCが極度額を当該契約書面に記載せずに保証契約を締結したときは，その契約は無効である。

[R4]

債務の弁済は**第三者もできる**が（民法474条１項），**当事者の意思表示**により，第三者の弁済を**禁止**し，または**制限**等することができる（同４項後段）。したがって，ＡＢ間の賃貸借契約において，Ｂ以外の第三者の賃料支払を禁止していたときは，Ｃが弁済をするについて正当な利益を有していても，ＡはＣの弁済を拒絶できる。

[R4]

弁済をするについて**正当な利益を**有しない**第三者**は，**債務者の意思**に反して**弁済できず**，その意思に反する弁済は無効となる（民法474条２項本文）。もっとも，**債権者が**，その弁済が債務者の意思に**反する**ことを知らなかったときは，当該弁済は有効となる（同ただし書）。

[H30]

悪意による不法行為**に基づく損害賠償請求権**を受働債権**とする相殺はできない**が，**自動債権とする相殺**（被害者Ｂからの相殺）**はできる**（民法509条１号）。本肢は，ＢがＡに対して有する悪意による不法行為に基づく損害賠償請求権30万円を自働債権とする相殺なので，Ｂは，Ａに対し，損害賠償請求権30万円のうちの10万円と，５月分の賃料10万円とを相殺できる。

[R2]

極度額を定めなければ効力を生じない根保証契約は，**保証人が個人**（自然人）**の場合**である（民法465条の２第２項）。したがって，保証人が法人の場合には，極度額の定めがなくとも根保証契約は有効である。

⚠ **ココも注意！** 個人根保証契約の規定の施行日は，**令和２年４月１日であ**り，**それ以前に締結された保証契約には適用されない。**

問 71
□□□

Ａが所有する甲マンションの301号室をＢに対して賃貸し，ＣがＢの委託を受けてＢのＡに対する賃借人の債務についてＡとの間で書面によって保証契約を締結した場合に関し，ＡとＣとの保証契約が令和6年5月1日に締結された場合，法人でないＣが極度額を当該契約書面に記載せずに保証契約を締結したときは，その契約は無効である。

重要度 A

問 72
□□□

Ａが所有する甲マンションの301号室をＢに対して賃貸し，ＣがＢの委託を受けてＢのＡに対する賃借人の債務についてＡとの間で書面によって保証契約を締結した場合に関し，ＡとＣとの保証契約が令和6年5月1日に有効に締結された場合，法人でないＣがＡに対してＢの賃料支払状況に関する情報を求めたときは，Ａは遅滞なくこれをＣに提供しなければならない。

7 売買契約

重要度 B

問 73
□□□

ＡがＢにマンションの一室を売却した場合，ＡＢ間の売買契約がＢの詐欺により締結され，Ｂに登記が移転した場合において，Ａが当該売買契約を取り消したときは，Ｂは，Ａの売買代金の返還と引換えに，Ｂへの所有権移転登記を抹消しなければならない。

[R2]

答 71

保証人が個人（自然人）の場合，根保証契約は，極度額を定めなければ効力を生じない（民法465条の2第2項）。

[R2]

答 72

保証人が主たる債務者の委託を受けて保証をした場合，保証人の請求があったときは，債権者は，保証人に対し，遅滞なく，主たる債務の元本及び主たる債務に関する利息・違約金・損害賠償その他その債務に従たる全てのものについての**不履行の有無並びにこれらの残額**及びそのうち**弁済期が到来しているものの額**に関する情報を提供しなければならない（「主たる債務の履行状況に関する情報の提供義務」，民法458条の2）。

[H15]

答 73

詐欺による意思表示は，取り消すことができ（民法96条1項），**取り消された行為**は，初めから無効であったものとみなされる（121条）。契約が初めからなかったことにするため，取り消された契約の当事者には**原状回復義務**が生じ（121条の2第1項），双方の義務は，同時履行の関係に立つ（533条類推適用，判例）。すなわち，Bは，Aの売買代金の返還と引換えに，Bへの所有権移転登記を抹消しなければならない。

重要度 B

問 74 □□□

Aが所有する甲マンションの301号室を，AがBに2,000万円で売却する契約を締結した場合，Bが売買契約締結時に解約手付として200万円をAに支払った後，中間金として1,000万円を支払った後でも，Aが契約の履行の着手前であれば，Bは200万円の手付を放棄して売買契約を解除し，中間金1,000万円の返還を請求することができる。

重要度 A

問 75 □□□

Aが所有し，居住する甲マンションの101号室をBに3,000万円で売り渡す旨の契約を締結し，Bから手付金として300万円を受領した場合に関し，Aは，Bの債務不履行により売買契約を解除したときは，Bに手付金300万円を返還することなく，Bの債務不履行により生じた損害全額の賠償を請求することができる。

重要度 A

問 76 □□□

Aが所有し，居住する甲マンションの101号室をBに3,000万円で売り渡す旨の契約を締結し，Bから手付金として300万円を受領した場合に関し，Aが履行の着手をする前に，Bが手付金300万円を放棄して売買契約の解除をしたときは，Aは，売買契約の解除によって300万円を超える損害が生じても，Bに対して損害賠償の請求はできない。

重要度 A

問 77 □□□

Aは，Bとの間で，甲マンション401号室を代金1,500万円でBに売却する旨の売買契約（この問いにおいて「本件契約」という。）を締結したが，同室はCの所有するものであった。この場合において，本件契約は，AがCから401号室の所有権を取得した時に，条件が成就して成立する。

[H28]
答 74
○

買主が売主に手付を交付したときは，**相手方が契約の履行に着手するまでは**，買主はその手付を放棄し，売主はその倍額を現実に提供して，**契約の解除ができる**（解約手付，民法557条1項）。そして，この契約の解除の効果として，当事者双方に**原状回復義務**が生ずる（545条1項本文）。したがって，Bが解約手付を支払った後，中間金を支払ったとしても，相手方であるAが**契約の履行の着手前**であれば，Bは手付を放棄して売買契約を解除し，原状回復として中間金の返還を請求することができる。

⚠️ **ココも注意!** 自らが契約の履行に着手していても，相手方が**契約の履行に着手していなければ，解約手付による契約の解除ができる**（557条1項ただし書参照）。

[R5]
答 75
×

手付は，特約がなければ，**解約手付**と推定される（557条1項本文）。本問では手付に関する特約はなく，手付金額の没収を認める違約手付と解することはできないので，Aは，Bの**債務不履行により売買契約を解除**した場合には，Bに**手付金300万円を返還**し（545条1項），**債務不履行により生じた全損害の賠償を請求**するか（415条），**損害賠償額から300万円分を差し引いて請求**することになる（505条1項，415条1項）。

[R5]
答 76
○

手付による解除は約定解除権の行使であるから，債務不履行に基づく解除の場合のように**損害賠償の問題は生じない**（557条2項）。

[R1]
答 77
×

売買契約は**当事者の意思表示の合致**によって成立する（民法555条）。そのため，**他人物売買**であっても，契約は締結した時点から有効に成立している。したがって，「AがCから401号室の所有権を取得した時に，条件が成就して成立する」のではない。

問 78

Aは，Bとの間で，甲マンション401号室を代金1,500万円でBに売却する旨の売買契約（この問いにおいて「本件契約」という。）を締結したが，同室はCの所有するものであった。Bが，本件契約の時に，401号室の所有権がAに属しないことを知っていたときは，AがCから同室の所有権を取得してBに移転することができないときであっても，Bは，本件契約を解除することはできない。

問 79

Aは，Bとの間で，甲マンション401号室を代金1,500万円でBに売却する旨の売買契約（この問いにおいて「本件契約」という。）を締結したが，同室はCの所有するものであった。Aが，本件契約の時に，401号室の所有権が自己に属しないことを知らなかったときは，Aは，Cから同室の所有権を取得してBに移転することができないときでも，Bに対して損害を賠償して本件契約を解除することはできない。

問 80

Aが，Bに対し，中古マンションを売却し，Bが引渡しを受けた後に当該マンションの天井に雨漏りが発見された場合におけるAの責任に関し，Bは，Aに対して，損害賠償請求をすることができ，また，契約の目的を達することができないときは契約解除をすることができるが，雨漏りの補修を請求することはできない。

問 81

Aが，Bに対し，中古マンションを売却し，Bが引渡しを受けた後に当該マンションの天井に雨漏りが発見された場合におけるAの責任に関し，Bが，Aに対して，雨漏りを発見した時から1年以内に損害額及びその根拠を示して損害賠償を請求しないときは，Bは損害賠償請求をすることができない。

[R1]

答 78 ✕

他人の権利を売買の目的としたときは、売主は、その権利を取得して買主に移転する義務を負う（民法561条）。もし**売主が義務を果たさない**ときは、債務不履行の一般規定（損害賠償請求・解除権行使）によって処理されることになる。したがって、買主Bは、解除権の行使にあたり、**Bの責めに帰すべき事由**によるときは解除できないが（543条）、401号室の所有権がAに属しないことを知っていた（**悪意**）としても、契約を解除できる。

[R1]

答 79 〇

上記 **答 78** （民法561条）参照。
売主が、売買契約時に当該権利が自己に属しないことを知らず、当該目的物の所有者から所有権を取得して**買主に移転できなかった**としても、売主が損害を賠償して契約を解除することはできない。なお、本問の状況において、**買主Bが売主Aの債務不履行を理由**として、本件契約を解除することはできる。

[R2]

答 80 ✕

売買契約において引き渡された目的物が品質に関して**契約の内容に適合しない**ものであるときは、買主は、売主に対し、①目的物の修補、**代替物の引渡し**または**不足分の引渡しによる履行の追完請求**、②**代金の減額請求**、③**損害賠償請求**、④**契約解除**ができる（民法562〜564条）。

[R2]

答 81 ✕

売主が品質に関して契約の内容に適合しない目的物を買主に引き渡した場合、買主がその不適合を知った時**から1年以内に**その旨を売主に通知しないときは、買主は、その不適合を理由として、①履行の**追完請求**、②代金の**減額請求**、③**損害賠償請求**、④契約**解除ができない**（民法566条本文）。したがって、Bが損害賠償請求をするには、雨漏りを発見した時から「1年以内」にAに「**通知**」することが必要なのであり、「損害額及びその根拠を示して損害賠償を請求」することまでは必要ない。

問 82 Ａが，Ｂに対し，中古マンションを売却し，Ｂが引渡しを受けた後に当該マンションの天井に雨漏りが発見された場合におけるＡの責任に関し，Ｂが，Ａに対して，相当の期間を定めて雨漏りを補修するよう催告をし，その期間内に補修がされない場合において，雨漏りの範囲や程度が売買契約及び取引上の社会通念に照らして軽微でないときは，Ｂは売買契約の解除をすることができる。

問 83 Ａが，Ｂに対し，中古マンションを売却し，Ｂが引渡しを受けた後に当該マンションの天井に雨漏りが発見された場合におけるＡの責任に関し，Ｂが，Ａに対して，相当の期間を定めて雨漏りの補修の催告をし，その期間内に補修がされないときは，雨漏りについてＡの責めに帰すべき事由がある場合に限り，Ｂは雨漏りの範囲や程度に応じて代金の減額を請求することができる。

問 84 Ａが所有する甲マンションの301号室に，契約の内容に適合しない（以下「契約不適合」という。）排水管の腐食があった場合において，Ｂが民事執行法その他の法律の規定に基づく競売によって取得した301号室の種類又は品質に契約不適合があったときは，Ｂは，Ａに対し，契約不適合について損害賠償の請求をすることはできない。

[R2]

答82

本問の場合，買主が相当の期間を定めてその履行の催告をし，その**期間内に履行がない**ときは，買主は，**契約解除ができる**。ただし，その期間を経過した時における**債務の不履行**がその契約及び取引上の社会通念に照らして軽微であるときは**解除できない**（民法564条，541条）。したがって，雨漏りを補修するよう相当の期間を定めて催告したのに補修されず，その雨漏りの範囲や程度が，売買契約及び取引上の社会通念に照らして軽微でないときには，契約解除ができる。

[R2]

答83

引き渡された目的物が品質に関して契約不適合である場合でも，**買主に帰責事由がある**ときは，買主は，**代金減額請求ができない**（民法563条3項）。しかし，**売主の帰責事由**は，代金減額請求の要件とはされて**いない**。したがって，雨漏りについてAの帰責事由がなくても，Bは雨漏りの範囲や程度に応じて代金減額請求をすることができる。

[H29]

答84

民事執行法その他の法律の規定に基づく**競売における買受人**は，債務者に対し，契約の解除をし，または代金の減額を請求できる（民法568条1項，563条）。また，**債務者が物や権利の不存在を知りながら申し出なかったとき，または債権者がこれを知りながら競売を請求**したときは，**買受人**は，これらの者に対し，損害賠償の請求ができる（568条3項）。しかし，競売の目的物の種類または品質に関する不適合については，担保責任は発生しない（同4項）。したがって，Bが競売によって取得した301号室の種類又は品質に関して契約不適合があった場合，Bは，売主Aに対し，契約不適合について損害賠償の請求はできない。

重要度 S★★★

問 85 AがBに中古マンションを売却した場合において，品質に契約不適合があったときは，Bは，あらかじめAに修補を請求した上でなければ，当該マンションに係る売買契約を解除することができない。

重要度 A

問 86 AがBに中古マンションを売却した場合において，AB間で，「Aは担保責任を負わない」旨の特約をしても，Aが知りながらBに告げなかった事実については，免責されない。

8 各種の契約・借地借家法

重要度 A

問 87 Aが，Cに対し，その所有する甲マンションの101号室を書面によらずに贈与することとして，その所有権をCに移転し，登記したときは，AはCに対する贈与を解除できない。

重要度 A

問 88 Aは，Bとの間で，自己の所有する甲マンションの301号室をAがBに贈与する旨の贈与契約を締結した。この場合において，Aは，301号室をBに引き渡すまでの間，契約その他の債権の発生原因及び取引上の社会通念に照らして定まる善良な管理者の注意をもって同室を保存する義務までは負わず，自己の財産に対するのと同一の注意をもって同室を保存すれば足りる。

[H13]

答 85

✕

引き渡された目的物が**契約不適合**である場合，買主は，「**追完請求権**（民法562条）」・「**代金減額請求権**（563条）」を行使できることに加え，「**債務不履行を理由とする損害賠償請求権**（415条）」・「**契約の解除権**（541条，542条）」も行使できる（564条）。もっとも，あらかじめ売主に追完請求としての修補請求をした後で**なければ**，契約解除をすることが**できない旨**の規定はない。

[H13]

答 86

〇

売主は，担保責任を負わない旨の特約をしても，売主が知りながら**買主に告げなかった事実**については**免責されない**（民法572条）。

[R1]

答 87

〇

書面によらない贈与は，各当事者が解除をすることができる。ただし，履行の終わった部分については，この限りではない（民法550条）。不動産の場合，**登記の移転**が完了したことは，履行が終わったとされるため，以後，贈与を解除することができない（判例）。

[H27]

答 88

✕

債権の目的が特定物の引渡しであるときは，債務者は，その**引渡しをするまで**，契約その他の債権の発生原因および取引上の社会通念に照らして定まる**善良な管理者の注意をもって**，その物を保存しなければならない（民法400条）。したがって，贈与契約においてもこれはあてはまり，Aは，301号室をBに引き渡すまでの間，契約その他の債権の発生原因および取引上の社会通念に照らして定まる善良な管理者の注意をもって同室を保存する義務を負う。

問 89

□□□

Aは，Bとの間で，自己の所有する甲マンションの301号室をAがBに贈与する旨の贈与契約を締結した。契約の際に，Aが老人ホームに入居するための費用をBが負担する旨もあわせて合意されていたにもかかわらず，Bがこの費用を支払わない場合には，Aは，相当の期間を定めてその支払義務の履行をBに催告し，その期間内に履行がなければ，原則として，贈与契約を解除することができる。

問 90

□□□

甲マンションの305号室を所有するAは，同室のキッチンの設備が老朽化したことから，業者Bとの間で，その設備を報酬100万円でリニューアルする旨の請負契約を締結した。この場合において，AB間での請負契約に係る別段の特約のない限り，Aは，Bがリニューアルの工事に着手するのと同時に，報酬100万円をBに支払わなければならない。

問 91

□□□

甲マンションの305号室を所有するAは，同室のキッチンの設備が老朽化したことから，業者Bとの間で，その設備を報酬100万円でリニューアルする旨の請負契約を締結した。この場合において，Bは，リニューアルの工事を完成させるまでの間であれば，いつでもAに生じた損害を賠償して請負契約を解除することができる。

問 92

□□□

甲マンションの305号室を所有するAは，同室のキッチンの設備が老朽化したことから，業者Bとの間で，その設備を報酬100万円でリニューアルする旨の請負契約を締結した。この場合において，Bがリニューアルの工事を完成させるまでの間にAが破産手続開始の決定を受けた場合であっても，Bは，請負契約を解除することができない。

[H27]

答 89 ○

本問のように贈与契約において，**受贈者**に一定の給付義務を負担させる契約を**負担付贈与**という。負担付贈与については，その性質に反しない限り，**双務契約に関する規定が準用**される（民法553条）。そのため，当事者の一方がその債務を履行しない場合，相手方は，**相当の期間**を定めてその履行の催告をし，その期間内に履行がないときは，原則として，契約の解除をすることができる（541条本文）。

[R5]

答 90 ×

注文者は，仕事の目的物の**引渡しと同時**に，**報酬**を支払わなければならない。ただし，**物の引渡しを要しない**ときは，**仕事の完成後**に支払わなければならない（民法633条，624条1項）。いずれにしても，工事に着手するのと同時に報酬を払わなければならないわけではない。

[R1]

答 91 ×

請負人が**仕事を完成しない間**に，いつでも損害を賠償して契約の解除ができるのは，注文者である（民法641条）。したがって，「Bは解除できる」わけではない。

[R1]

答 92 ×

注文者が破産手続開始の決定を受けたときは，請負人または破産管財人は，契約の解除ができる（民法642条1項本文）。ただし，請負人による解除については，仕事を完成した後は，この限りでない（同ただし書）。したがって，請負人Bが仕事を完成させるまでの間に「Bは解除できない」わけではない。

甲マンションの305号室を所有するAは，同室のキッチンの設備が老朽化したことから，業者Bとの間で，その設備を報酬100万円でリニューアルする旨の請負契約を締結した。この場合において，Bはリニューアルの工事を完成させたがその工事の品質に関して契約の内容に適合しない仕事の目的物をAに引き渡したときは，Bがその材料が不適当であることを知りながら告げなかったとき等を除き，Aは，Aの供した材料の性質によって生じた不適合を理由として，履行の追完の請求をすることができない。

Aマンション管理組合が屋上防水の全面改修工事をB工務店に発注する場合，工事が4割程度完成した場合でも，Aは，Bに対して損害賠償をすれば，請負契約を解除することができる。

甲マンションの301号室を所有するAが，長期間入院することとなり，その間の同室の日常的管理を302号室のBに委託した。この委託が準委任に当たるとされる場合において，Bが報酬の特約をして管理を受託したときは，Bは301号室を自己のためにすると同一の注意をもって管理すれば足りる。

[R1]

答 93

請負人が**種類または品質**に関して**契約不適合**な仕事の目的物を注文者に引き渡したとき（引渡しを要しない場合は，仕事終了時に仕事の目的物が種類または品質に関して契約不適合のとき）は，**注文者**は，注文者の供した材料の性質または**注文者の与えた指図**によって**生じた不適合**を理由として，①**履行追完請求**，②**報酬の減額の請求**，③**損害賠償請求**および④**契約解除**ができない。ただし，**請負人**がその材料または指図が不適当であることを知りながら告げなかったときは，各種請求や解除権の行使ができる（民法636条）。

[H14]

答 94

請負人の仕事の完成前であれば，注文者は，いつでも**損害を賠償して**契約の解除をすることができる（民法641条）。したがって，工事が4割程度完成した場合でも，**仕事の完成前であるか**ら，Aは，Bに対して損害賠償をすれば，請負契約を**解除することができる**。

⚖️ 比較しよう！　注文者が**破産手続開始の決定**を受けたときは，請負人または破産管財人は，請負契約を**解除することができる**（642条1項）。

[H30]

答 95

受任者は，委任の本旨に従い，**善良な管理者の注意**をもって，**委任事務を処理**する義務を負う（民法644条）。このことは，委任について**報酬の特約の有無を問わない**。したがって，Bは，301号室を，「自己のためにすると同一の注意」では足りず，善良な管理者の注意をもって管理しなければならない。

重要度 A

 問 96

甲マンションの301号室を所有するAが，長期間入院することとなり，その間の同室の日常的管理を302号室のBに委託した。この委託が準委任に当たるとされる場合において，Bは，Aに不利な時期であってもAB間の委託契約を解除することができ，やむを得ない事由があればAに損害が生じたときでもAの損害を賠償する義務は生じない。

重要度 B

 問 97

甲マンション管理組合のA理事が死亡し，同居する配偶者Bおよび甲マンション以外に居住する子CがAの区分所有権を共同相続した場合，同居していたBは，総会で選任されない限り，Aの相続人としてその地位を引き継ぎ理事になることはない。

重要度 C

 問 98

甲マンションの管理組合は，各戸の専有部分に立ち入り，専用使用権の設定されたベランダを修繕する予定であったが，301号室の区分所有者である一人住まいのAが，工事予定時期に長期に出張することになった。Aは，管理組合と協議し，301号室の鍵を出張期間中管理組合に預けることとした。この場合，Aが出張している間に，Aの友人であるBが管理組合事務所を訪れ，「301号室の鍵を貸してくれ」と言ってきたときは，管理組合は，Aに確認するまでもなく，Bに鍵を貸与しなければならない。

[H30]

答 96

○

委任は，各当事者がいつでも（相手方に不利な時期でも）その**解除**ができる（民法651条1項）。ただし，①**相手方に不利な時期に委任の解除をした場合**，または，②委任者が受任者の利益（専ら報酬を得ることによるものを除く）をも目的とする委任を解除した場合は，**やむを得ない事由があったときを除き**，相手方に生じた**損害を賠償しなければならない**（同2項）。したがって，Bは，Aに不利な時期であってもAB間の委託契約を解除することができ，また，やむを得ない事由があれば，Aに損害が生じたときでも，Aの損害を賠償する義務は生じない。

[H24]

答 97

○

理事と管理組合とは，**民法上の委任の関係**となる。そして，委任者または受任者の**死亡**により**委任は終了する**（民法653条1号）。したがって，A理事が死亡してもその地位は相続されず，同居していた配偶者Bは，総会で選任されない限り，理事となることはない。

[H23]

答 98

✕

寄託契約は，当事者の一方が**ある物を保管**することを相手方に**委託**し，相手方がこれを**承諾**することによって，その**効力**を生ずる（民法657条）。そして，受寄者である管理組合は，寄託者であるAの承諾を得なければ，寄託物を使用することができない（658条1項）。また，受寄者である管理組合は，寄託者であるAの承諾を得たとき，またはやむを得ない事由があるときでなければ，寄託物を第三者に保管させることができない（同2項）。

問 99

甲マンションの管理組合は，各戸の専有部分に立ち入り，専用使用権の設定されたベランダを修繕する予定であったが，301号室の区分所有者である一人住まいのAが，工事予定時期に長期に出張することになった。Aは，管理組合と協議し，301号室の鍵を，出張期間中，管理組合に預けることとした。この場合，ベランダの工事の最中，管理組合は，301号室の鍵を側溝に落とし紛失してしまったが，その鍵を無償で預かっているときは，管理組合は鍵の交換等に要する費用は負担しなくてよい。

問 100

甲マンション202号室を所有しているAは，友人であるBとの間で，同室を無償で貸す旨の使用貸借契約を締結し，Bに引き渡した。この場合において，災害によって202号室が損傷した場合には，Bは，Aに対し，その修繕を請求することができる。

問 101

甲マンション202号室を所有しているAは，友人であるBとの間で，同室を無償で貸す旨の使用貸借契約を締結し，Bに引き渡した。この場合において，使用貸借契約の締結後にBが死亡した場合には，使用貸借契約に基づく借主の地位はBの相続人に相続され，Bの相続人が202号室を無償で使用することができる。

問 102

甲マンション202号室を所有しているAは，友人であるBとの間で，同室を無償で貸す旨の使用貸借契約を締結し，Bに引き渡した。この使用貸借契約において，使用貸借の期間並びに使用及び収益の目的を定めなかったときは，Aは，いつでも使用貸借契約を解除することができる。

[H23]

 答 99 ✕

無報酬の受寄者は，自己の財産に対するのと同一の注意をもって，寄託物を保管する義務を負う（民法659条）。しかし，鍵を側溝に落とし紛失してしまったことは，明らかに**受寄者の過失**に基づく保管義務違反である。したがって，管理組合は，債務不履行責任として鍵の交換等に要する費用を負担すべきである（415条）。

[R5]

 答 100 ✕

使用貸借においては，借主が借用物を**無償**で使用収益できることから，貸主の義務は軽減されており，**貸主**は，借用物について**修繕義務を負わない**。

[R5]

 答 101 ✕

使用貸借は，当事者間の人的な信頼関係に基づくものであるから，**借主の死亡**によって終了する（民法597条3項）。したがって，Bの借主の地位が相続されることはない。

[R5]

 答 102 ○

当事者が使用貸借の期間並びに使用及び収益の**目的を定めなか**ったときは，貸主は，**いつでも使用貸借契約を解除できる**（民法598条2項）。

重要度 B

問 103

Aがその所有する甲マンションの105号室に関し，Bとの間で使用貸借契約を締結し，これを引き渡した。105号室が契約の内容に適合しなかった場合，貸主Aは，貸借の目的である物又は権利を，貸借の目的として特定した時の状態で引き渡し，又は移転することを約したものと推定される。

重要度 B

問 104

Aがその所有するマンションの専有部分をBに賃貸した場合，AB間の賃貸借契約は，書面によらなければ成立しない。ただし，当該賃貸借契約は，定期建物賃貸借契約ではないものとする。

重要度 B

問 105

Aが，契約期間3年間，店舗経営とする約定でBに賃貸している甲マンションの店舗部分（101号室）をCに売却した場合，Bは，Aに対して同室につき支出した有益費の償還を請求することができる。

重要度 B

問 106

Aがその所有するマンションの専有部分をBに賃貸している場合，Bが，Aに対して事前に連絡をしないでその専有部分の修繕に必要な費用を出費したときは，その償還請求をすることができない。

重要度 B

問 107

Aは，その所有する甲マンション1階の店舗部分（101号室）を，Bに対し賃貸し，Bは，引渡しを受けた後に，これをCに転貸し引き渡した。AとBとの賃貸借契約において，あらかじめ第三者に対する転貸をAが承諾していた場合，Aはこれを撤回することはできず，BがCに101号室を転貸するに当たって，改めてAに承諾を求める必要はない。

[H27]

使用貸借契約における貸主は，貸借の目的である物または権利を，貸借の目的として特定した時の状態で**引き渡し**，または**移転**することを**約した**ものと**推定**される（民法596条，551条1項）。

[H13]

賃貸借契約は，当事者の一方が相手方にある物の使用・収益をさせることを約束し，相手方が賃料を払うこと，および引渡しを受けた物を契約が終了したときに返還することを**約束する**ことによって成立する（民法601条）。書面の作成は賃貸借契約の成立要件ではない。

[H17]

建物の有益費を賃借人が支出した後に，建物の所有権の譲渡により**賃貸人が交替した**ときは，特段の事情がない限り，新賃貸人が有益費の償還義務を承継する（民法605条の2第4項，608条2項）。したがって，Bは，Aに対してではなく，新賃貸人であるCに対して償還請求することになる。

[H13]

賃借人が，賃借物について，賃貸人が負担するべき必要費を出費した場合は，賃貸人に対して**直ちにその償還請求**をすることができる（民法608条1項）。賃借人が必要費を出費するにあたって，賃貸人に対する事前連絡は必要とされていない。

[H24]

賃借人は，**賃貸人の承諾**を得なければ，その賃借権を**譲り渡し**，または賃借物を**転貸**することができない（民法612条1項）。そして，この承諾がなされた場合，賃貸人は，承諾**を撤回することができない**（判例）。

第1章 民法等

問 108 Aがその所有する甲マンションの101号室をBに賃貸した場合において，Bが101号室を，Aの承諾を得てCに転貸したとき，Aは，Bに対して賃料の請求をすることができるが，Cに対して直接賃料の請求をすることはできない。

問 109 Aがその所有するマンションの専有部分をBに賃貸した場合，BがAに無断で賃借権を第三者Cに譲渡する契約を締結したとしても，Aは，Cがマンションの使用を開始しない限り，賃貸借契約を解除することができない。

問 110 Aは，その所有する甲マンション1階の店舗部分（101号室）を，Bに対し賃貸し，Bは，引渡しを受けた後に，これをCに転貸し引き渡した。この場合，Aが，Bに対し，Cへの転貸を承諾した後，BがAへの賃料の支払を怠り，AとBとの間の賃貸借契約が有効に解除された場合，BとCとの転貸借契約はAがCに101号室の返還を請求した時に終了する。

問 111 Aがその所有する甲マンションの101号室をBに賃貸した場合において，Bが101号室を，Aの承諾を得てCに転貸したときでも，AとBが賃貸借契約を合意解除すれば，Aは合意解除をもってCに対抗することができる。

[H29]

答 108 ✕

賃貸人の承諾を得て，賃借人が適法に賃借物を転貸したときは，**転借人**は，賃貸人と賃借人との間の賃貸借に基づく賃借人の債務の範囲を限度として，**賃貸人に対して転貸借に基づく債務を直接履行する義務を負う**（民法613条）。この場合，賃貸人Aは，転借人Cに対しても賃借料と転借料の範囲内で，**直接賃料の請求をすることができる**。

[H13]

答 109 ○

賃借人が，**賃貸人の承諾**を得ずに賃借権を第三者に譲渡する契約を締結し，その第三者に賃借物の使用・収益を**開始**させたときは，賃貸人は賃借人との**賃貸借契約を解除**することができる（民法612条1項・2項）。したがって，賃借権を譲り受けた第三者Cがマンションの使用を**開始しない限り**，賃貸人Aは，賃貸借契約を解除することができない。

⚠️ **ココも注意!** 賃借人が賃貸人の承諾なく第三者に目的物を使用・収益をさせた場合でも，「背信的行為と認めるに足らない特段の事情がある場合」には，**解除権は発生しない**（判例）。

[H24]

答 110 ○

賃借人の債務不履行により**賃貸借契約が解除**（法定解除）され終了した場合，**転借人は転借権を賃貸人に対抗できず**，転貸借契約は，原則として，賃貸人が転借人に対して目的物の返還の請求をした時に，**転貸人の転借人に対する債務の履行不能により**，**終了する**（判例）。

[H29]

答 111 ✕

適法に転貸借がなされた場合，賃貸借契約が**賃貸人と賃借人との間で合意解除**されたとしても，賃貸人は，原則として，賃貸借契約の合意解除をもって**転借人に対抗することはできない**（民法613条3項本文）。つまり，**転貸借契約は終了しない**。

重要度 A

問 112

Aは，甲マンション404号室をBから賃借して居住していたが，存続期間の満了によってAB間の賃貸借契約は終了した。この場合に関し，Aの居住中に404号室に損傷が生じた場合であっても，その損傷が通常の使用収益によって生じた損耗に当たるときは，Bは，Aに対し，その損傷を原状に復するよう請求することができない。

重要度 A

問 113

Aは，甲マンション404号室をBから賃借して居住していたが，存続期間の満了によってAB間の賃貸借契約は終了した。この場合に関し，Aが，賃貸借契約終了の2ヵ月前に，404号室に物を附属させていた場合であっても，その物を同室から分離することができないとき又は分離するのに過分の費用を要するときは，Aは，Bに対し，その物を収去する義務を負わない。

重要度 S★★★

問 114

甲マンション707号室を所有するAは，同室をBに賃貸する旨の契約（この問いにおいて「本件賃貸借契約」という。）を結び，同室をBに引き渡すとともに，Bから敷金の交付を受けた。この場合に関して，Bが交付した敷金は，本件賃貸借契約の存続中にBがAに対して負担する未払賃料債務だけでなく，本件賃貸借契約終了後，707号室をAに明け渡すまでにBがAに対して負担する不法占拠を理由とする賃料相当額の損害賠償債務をも担保する。

重要度 S★★★

問 115

甲マンション707号室を所有するAは，同室をBに賃貸する旨の契約（この問いにおいて「本件賃貸借契約」という。）を結び，同室をBに引き渡すとともに，Bから敷金の交付を受けた。この場合において，本件賃貸借契約が終了し，AがBに対して707号室の明渡しを請求したときは，Bは，Aに対し，敷金の返還との同時履行を主張して同室の明渡しを拒むことができる。

賃借人は，賃借物を受け取った後にこれに生じた**損傷（通常の使用および収益によって生じた賃借物の損耗ならびに賃借物の経年変化を除く）**がある場合，**賃貸借が終了したときは，その損傷を原状に復する義務を負う**（民法621条本文）。したがって，404号室の損傷がAの通常の使用収益によって生じた損耗に当たるときは，Bは，Aに対し，その損傷を原状に復するよう請求できない。

[R3]

賃借人は，賃借物を受け取った後にこれに附属させた物がある場合，賃貸借が終了したときは，その**附属させた物を収去する義務を負う**。ただし，賃借物から分離できない**物**または**分離するのに過分の費用を要する物**については，その**義務を負わない**（民法622条，599条1項）。したがって，Aは，404号室に附属させた物を収去する義務を負わない。

[R2]

敷金とは，いかなる**名目**によるかを**問わず**，賃料債務その他の**賃貸借に基づいて生ずる賃借人の賃貸人に対する金銭の給付を目的とする債務を担保**する目的で，**賃借人が賃貸人に交付する金銭**をいう（民法622条の2第1項）。つまり，敷金は，滞納された賃料や，賃借人が目的物を不適切に使用したために賃貸人に対して負担することとなった損害賠償債務など，**賃借人が賃貸人に対して負担する**一切の**債務を担保**するために賃借人から賃貸人に支払われるものである。したがって，本件賃貸借終了後，707号室をAに明け渡すまでにBがAに対して負担する不法占拠を理由とする賃料相当額の損害賠償債務も担保される。

[R2]

敷金返還請求権は，賃貸借契約が終了して目的物の明渡し完了時に，それまでに生じた**賃借人に対する債権を控除した残額について発生する**（民法622条の2第1項1号）。先に**明渡しをする必要がある**ので，「明渡し」と「敷金の返還」は同時履行の関係にはならない。したがって，賃借人は，敷金が返還されないことを理由に目的物の明渡しを拒むことはできない（判例）。

問 116

甲マンション707号室を所有するＡは，同室をＢに賃貸する旨の契約（この問いにおいて「本件賃貸借契約」という。）を結び，同室をＢに引き渡すとともに，Ｂから敷金の交付を受けた。この場合において，Ｂが賃料の支払を怠っていることから，ＡがＢに対してその賃料の支払を請求したときは，Ｂは，Ａに対し，敷金をその賃料の弁済に充てることを請求することができる。

問 117

Ａが所有しＢに賃貸し，かつ，Ｂが居住している甲マンションの301号室を，ＡがＣに2,000万円で売却する契約を締結した場合，Ａとの賃貸借契約に基づき，ＢからＡに差し入れられた敷金の返還債務は，Ｂの同意がなければＣに承継されない。

問 118

Ａが，契約期間３年間，店舗経営とする約定でＢに賃貸している甲マンションの店舗部分（101号室）を解約し，契約期間内に，Ｂに対して101号室の明渡しを求めるためには，相当の立退料を提供し，かつ，解約の申入れに正当な事由がなければならない。ただし，ＡＢ間の賃貸借契約には，解約に関する特約はないものとする。

問 119

Ａが所有する甲マンションの102号室を賃貸期間２年と定めて居住用としてＢに賃貸した場合に関し，ＡＢ間の契約が，定期建物賃貸借でない場合，Ａが，Ｂに対し，期間満了の１年前から６ヵ月前までの間に更新をしない旨の通知または条件を変更しなければ更新をしない旨の通知をしなかったときは，期間の定めのない賃貸借契約として更新される。

[R2]

答116
×

賃貸人は，賃借人が賃貸借に基づいて生じた金銭の給付を目的とする債務を履行しないときは，**敷金をその債務の弁済に充てることができる。**しかし，賃借人は，賃貸人に対し，敷金をその債務の弁済に充てることを**請求できない**（民法622条の2第2項）。

[H28]

答117
×

賃貸借契約終了前に**賃貸人たる地位の移転**が生じた場合，**敷金返還債務**は，旧賃貸人に対する未払賃料等を控除した残額について，当然に**新所有者（新賃貸人）に承継される**（民法605条の2第4項，判例）。したがって，BからAに差し入れられた敷金の返還債務は，Bの同意がなくてもCに承継される。

[H17]

答118
×

期間の定めがある建物賃貸借契約では，期間満了の**1年前から6ヵ月前**までの間に更新しない旨の通知を出すことが必要であり，相当の立退料を提供し，かつ，正当な事由があったとしても，**特約がない限り，契約期間中に解約の申入れをすることはできない**（借地借家法26条1項）。

[R4]

答119
○

建物の賃貸借について**期間の定めがある**場合，当事者が期間の満了の**1年前から6ヵ月前**までの間に，相手方に対して**更新をしない旨の通知**または**条件を変更しなければ更新をしない旨の通知**をしなかったときは，従前の契約と同一の条件で契約を更新したものとみなされる（借地借家法26条1項）。ただし，**更新後の期間**は，定めのないものとなる。したがって，AB間の賃貸借契約は，期間の定めのない賃貸借契約として更新される。

重要度 **A**

問 120

Aが所有する甲マンションの201号室をBに賃貸した場合において（定期建物賃貸借ではないものとする），AB間の契約で賃貸期間を10ヵ月と定めたときは，Aに借地借家法の定める正当の事由があると認められる場合には，Aは期間満了の前でもBに解約の申入れをすることができる。

重要度 **B**

問 121

Aは，その所有する甲マンション1階の店舗部分（101号室）を，令和元年4月1日にBに対し，期間を10年，賃料を月額50万円として賃貸し，引き渡したところ，Bは，令和6年4月1日にAに対し，賃料を月額40万円に減額するよう請求した。AとBとの賃貸借契約において，賃貸期間中は賃料を減額しない旨の定めがある場合も，Bは賃料減額を請求することができる。

重要度 **C**

問 122

Aは，その所有する甲マンション1階の店舗部分（101号室）を，令和元年4月1日にBに対し，期間を10年，賃料を月額50万円として賃貸し，引き渡したところ，Bは，令和6年4月1日にAに対し，賃料を月額40万円に減額するよう請求した。この場合においてBの減額請求につき，AとBとの協議が調わないときには，Aは，減額を正当とする裁判が確定するまでは，Bに対し，相当と認める額の賃料の支払を請求することができる。

重要度 **C**

問 123

Aが所有する甲マンションの301号室をBが賃借し，BおよびCの2人で居住していたところ，Bが死亡した場合において，CがBの内縁の妻であり，Bに相続人がいないときは，Cは，Bの賃借人の地位を承継することができるので，Aに対し301号室に居住することを主張することができる。

[H30]

答 120

期間を1年未満とする建物の賃貸借は，期間の定めがない建物の賃貸借とみなされる（借地借家法29条1項）。その場合，建物の賃貸人が賃貸借の**解約の申入れ**をしたときには，正当の事由があると認められれば，当該賃貸借は，解約の申入れの日から**6ヵ月**を経過することによって**終了する**（27条1項）。

[H26]

答 121

建物の借賃が，経済事情の変動等により近傍同種の建物の借賃に比較して不相当となったときは，当事者は，**将来に向かって**建物の**借賃の額の増減を請求する**ことができる。ただし，一定の期間建物の借賃を増額しない旨の特約がある場合には，その期間は増額の**請求をすることができない**（借地借家法32条1項）。これに対して，減額しない旨の特約がある場合でも，減額の請求をすることができる。

[H26]

答 122

建物の借賃の減額について当事者間に**協議が調わないとき**は，その請求を受けた者（A）は，減額を正当とする裁判が確定するまでは，相当と認める額の**建物の借賃の支払を請求する**ことができる（借地借家法32条3項本文）。

[H25]

答 123

居住の用に供する建物の賃借人が相続人なしに死亡した場合において，その当時婚姻または縁組の届出をしていないが，建物の賃借人と**事実上の夫婦または養親子と同様の関係**にあった同居者があるときは，その同居者は，原則として，建物の**賃借人の権利義務を承継する**（借地借家法36条1項本文）。したがって，Cは，Aに対し301号室に居住することを主張することができる。

⚠ **ココも注意!** 上記の同居者は，建物の賃借人が**相続人なしに死亡した**ことを知った後1ヵ月以内に賃貸人に**反対の意思**を表示したときは，賃借人の権利義務を**承継しない**（36条1項ただし書）。

問 124 □□□ Aは，その所有する甲マンション1階の店舗部分（101号室）について，借地借家法が定める定期建物賃貸借の契約をすることとし，Bに対して，期間を10年とし，契約の更新がないこととする旨を定めて賃貸し，引き渡した。この場合において，Aが，Bとの建物賃貸借契約を公正証書以外の書面によって締結した場合，Aは，期間満了の際，借地借家法の定める正当の事由があると認められる場合でなければ，賃貸借契約の更新を拒絶することができない。

 問 125 □□□ Aは，その所有する甲マンション1階の店舗部分（101号室）について，借地借家法が定める定期建物賃貸借の契約をすることとし，Bに対して，期間を10年とし，契約の更新がないこととする旨を定めて賃貸し，引き渡した。この場合において，Aが，Bとの建物賃貸借契約に先立ち，Bに対し，当該建物賃貸借は更新がなく，期間の満了により当該建物の賃貸借は終了することについて，その旨を記載した書面を交付して説明をしなかった場合，Aは，期間満了の際，借地借家法の定める正当の事由があると認められる場合でなければ，賃貸借契約の更新を拒絶することができない。ただし，電磁的方法による交付は用いないものとする。

 問 126 □□□ Aは，その所有する甲マンション1階の店舗部分（101号室）について，借地借家法が定める定期建物賃貸借の契約をすることとし，Bに対して，期間を10年とし，契約の更新がないこととする旨を定めて賃貸し，引き渡した。この場合において，Bは，建物賃貸借契約において，期間中の解約ができるという特約をしないかぎり，解約の申入れをすることはできない。

[H25]

期間の定めがある建物の賃貸借をする場合においては，公正証書等「書面（または電磁的記録）」によって契約をするときに限り，契約の更新がないこととする旨を定めることができる（定期建物賃貸借，借地借家法38条1項・2項）。公正証書以外の書面であっても定期建物賃貸借は有効に成立するので，Aは期間満了の際に，正当の事由があると認められる場合でなくても，更新を拒絶することができる。

[H25]

定期建物賃貸借をしようとするときは，建物の賃貸人は，あらかじめ，建物の賃借人に対し，契約の更新がなく，期間の満了により当該建物の賃貸借は終了することについて，その旨を記載した書面を交付（賃借人の承諾があれば，電磁的方法による交付も可能）して説明しなければならない（借地借家法38条3項・4項）。そして，建物の賃貸人が当該説明をしなかったときは，契約の更新がないこととする旨の定めは，無効となる（同5項）。したがって，本問では，定期建物賃貸借は有効に成立しておらず，Aは期間満了の際に，正当の事由があると認められる場合でなければ，契約の更新を拒絶することができない（26条1項，28条）。

[H25]

定期建物賃貸借において，居住の用に供する建物の賃貸借（床面積が200㎡未満の建物に係るものに限る）において，転勤，療養，親族の介護等のやむを得ない事情により，賃借人が建物を自己の生活の本拠として使用することが困難となったときは，賃借人は，賃貸借の解約の申入れをすることができる（借地借家法38条7項）。しかし，本問は店舗部分についての定期建物賃貸借であり，この規定は適用されないので，Bは，期間中の解約ができる旨の特約をしない限り，解約の申入れをすることはできない。

問 127 Aが所有する甲マンションの102号室を賃貸期間2年と定めて居住用としてBに賃貸した場合に関し，AB間の契約が，定期建物賃貸借である場合，Aが，Bに対し，期間満了の1年前から6ヵ月前までの間に期間満了により契約が終了する旨の通知をしなかったときでも，Bは期間満了による契約の終了をAに主張できる。

9 事務管理・不法行為

問 128 Aは，甲マンションの202号室を所有して居住しているが外国出張で不在にしており，Bは，その隣室である203号室を所有して居住しており在室していた。この場合において，台風による強風で飛来物が衝突し202号室の窓ガラスが割れたときは，Bは，Aから依頼を受けていなくても，割れた窓ガラスを修理することができるが，その修理費用は，Bが負担しなければならない。

問 129 Aは，甲マンションの202号室を所有して居住しているが外国出張で不在にしており，Bは，その隣室である203号室を所有して居住しており在室していた。202号室の室内で火災が発生していたため，Bがやむを得ずベランダから進入し，202号室の窓ガラスを割って室内に入り消火作業をした場合には，BはAに窓ガラスの修理費用を支払う必要はない。

問 130 甲マンションでは，管理組合の集会で，共同で新たなインターネット通信設備を設置することが決議され，設備設置会社Aが当該設備の設置工事を行った。当該設置工事に伴う部屋の配線工事の際にAの過失により区分所有者Cのパソコンの印刷機が全損したため，CがAに対し損害賠償を請求する場合，当該印刷機の全損時の価値分についての損害賠償の請求だけでなく，当該賠償額に対する遅延損害金も請求することができる。

定期建物賃貸借において，期間が１年以上である場合には，建物の「賃貸人」は，期間の満了の１年前から６ヵ月前までの間に建物の賃借人に対し期間の満了により建物の賃貸借が終了する旨の通知をしなければ，その終了を建物の賃借人に対抗できない（借地借家法38条６項本文）。しかし，「賃借人」は，通知がなくても，期間満了によって契約は終了したと賃貸人に主張できる。したがって，ＡがＢに契約が終了する旨の通知をしなくても，Ｂは期間満了による契約の終了をＡに主張できる。

[R5]

管理者は，本人のために有益な費用を支出したときは，本人に対し，その償還を請求できる（民法702条１項）。この「有益な費用」には必要費（＝保存に必要な費用等）も含まれる（判例）。したがって，隣室の割れた窓ガラスの修理を事務管理として行った場合，Ｂは，その修理費用をＡに対して請求できる。

[R5]

管理者は，本人の身体，名誉又は財産に対する急迫の危害を免れさせるために事務管理（緊急事務管理）をしたときは，悪意又は重大な過失があるのでなければ，これによって生じた損害を賠償する責任を負わない（民法698条）。Ｂが火災によるＡの財産の焼失を免れさせるために，202号室の窓ガラスを割って消火作業を行ったことは，緊急事務管理に該当するので，Ｂは，窓ガラスの修理費用を支払う必要はない。

[H21]

故意・過失によって他人の権利または法律上保護される利益を侵害した者は，これによって生じた損害を賠償する責任を負う（民法709条）。また，不法行為による損害賠償債務は，損害の発生（不法行為）の時から当然に遅滞となる（判例）。したがって，被害者は，加害者に対して，遅延損害金も請求することができる。

重要度 A

問 131

甲マンションの附属施設である立体駐車場において，A運転の自動車が，Aの運転操作ミスによって駐車場設備を破損したため，甲マンションの管理者Bは駐車場設備の修理費につき損害賠償請求をしようとしている。事故時にAが17歳の高校生であり，友人の自動車で無免許運転をしていた場合，Bは，Aの両親であるCおよびDに損害賠償請求をすることができるが，Aに損害賠償請求をすることはできない。

重要度 A

問 132

Aが，マンション業者Bが一級建築士Cに設計を依頼し，建築業者Dに新築させたマンションの一室をBから購入したところ，その直後，品質に関する契約に反し，耐震強度が著しく低く建替えをせざるを得ないことが判明した。この場合，Bは，債務不履行責任および契約不適合責任を負うほか，耐震強度が著しく低いことを知って分譲した場合は，不法行為責任も負う。

重要度 A

問 133

甲マンションのA所有の201号室で火災が発生し，当該火災により，同室およびその直下のB所有の101号室にそれぞれ損害が生じた。当該火災がAの行為による場合，Bは，Aの過失の程度のいかんを問わず，Aに対して損害賠償を請求することができる。

重要度 A

問 134

甲マンションのA所有の201号室で火災が発生し，当該火災により，同室およびその直下のB所有の101号室にそれぞれ損害が生じた。この場合，当該火災がAの子（9歳）の火遊びによる場合において，Aに当該子の監督について軽過失があるとき，Bは，Aに対し，損害賠償を請求することができる。

[H26]

答 131

✕

未成年者は，他人に損害を加えた場合において，自己の行為の責任を弁識するに足りる能力（**責任能力**）を備えているときは，その行為について**賠償の責任を負う**（民法712条）。したがって，Aは17歳で責任能力があるので，BはAに不法行為に基づく損害賠償請求をすることができる。なお，Aに責任能力があるため，CおよびDには，714条1項に基づく監督義務者の責任は成立しないが，その監督義務違反とAの不法行為によって生じた結果との間に相当因果関係があるときは，CおよびDも709条に基づく損害賠償責任を負う（判例）。

- -

[H18]

答 132

◯

Bは，契約した品質のマンションを引き渡す義務があるので，**債務不履行責任**を負う（民法415条）。また契約内容に適合しないマンションを引き渡しているので，**契約不適合責任**も負う（562条〜564条）。さらに耐震強度が著しく低いことを知って分譲した場合は，故意に他人に損害を与えたといえるので，**不法行為責任**も負う（709条）。

- -

[H19]

答 133

✕

失火責任法によると，失火の場合は，木造住宅が多い我が国においては，類焼による損害が膨大なものとなるので，**失火者に重大な過失（重過失）があるときに限って**，損害賠償責任を負うとされている。したがって，Bは，Aに重過失があれば，Aに対して損害賠償を請求することができる。

- -

[H19]

答 134

✕

責任無能力者である未成年者による失火の場合は，重大な過失（重過失）の有無は，その未成年者ではなく，**未成年者の監督義務者の監督**について考慮され，**監督について重過失がなかったときは，監督義務者は損害賠償責任を免れる**（判例）。したがって，Aにその子の監督について軽過失があるにとどまるときは，Bは，Aに対し，損害賠償を請求することはできない。

135 甲マンションの附属施設である立体駐車場において，Ａ運転の自動車が，Ａの運転操作ミスによって駐車場設備を破損したため，甲マンションの管理者Ｂは駐車場設備の修理費につき損害賠償請求をしようとしている。事故時にＡが勤務先であるＥ社所有の自動車を私用で運転していた場合，Ｂは，Ａに損害賠償請求をすることができるが，Ｅ社に損害賠償請求をすることはできない。

 136 マンションの外壁のタイルが落下し，通行人に怪我を負わせた場合，落下の原因が外壁のタイル工事を実施した工事業者の施工不良にあっても，管理組合は通行人に対して責任を負う。

 137 甲マンション（管理組合Ａ）の区分所有者が甲マンションにおいて事故により負傷した場合において，事故がＡが請負業者Ｂに発注した外壁タイル改修工事の施工中のタイルの落下によるものであるときは，Ｂが責任を負い，Ａが責任を負うことはない。

 138 建設業者Ａが建築した甲マンションの一室を買ったＢが，共用部分であるエレベーターの瑕疵により負傷事故にあった。Ｂから区分所有者全員に対して設置の瑕疵を理由に損害賠償請求があった場合，区分所有者全員は，当該瑕疵の原因がＡの施工上の故意に起因することを証明したときは，Ｂに対する損害賠償義務を免れることができる。

[H26]

答 135

✕

Bは，Aに対して不法行為に基づく損害賠償請求をすることができる。また，**ある事業のために他人を使用する者（使用者）**は，**被用者**がその事業の執行について第三者に加えた損害を賠償する責任を負う（使用者責任，民法715条1項）。この事業の執行については，**行為の外形を基準に判断する**（判例）。Aが運転していたのはE社所有の自動車であるから，私用であったとしても，外形的には事業の執行と見ることができる。したがって，Bは，使用者であるE社に対しても使用者責任に基づく損害賠償請求をすることができる。

[H24]

答 136

◯

土地の工作物の設置または保存に瑕疵があることによって他人に損害を生じたときは，まずその**工作物の占有者**が，被害者に対して損害賠償責任を負うが，**占有者が損害の発生を防止するのに必要な注意をしたとき**は，所有者が，損害賠償責任を負う（民法717条1項）。したがって，管理組合は，損害の原因を生じさせたのが工事業者であっても，通行人に対して責任を負う。なお，工事業者に施工不良があったのであれば，管理組合は工事業者に求償することができる（同3項）。

[H16]

答 137

✕

注文者は，**請負人**がその仕事について第三者に加えた損害を賠償する**責任を負わない**。ただし，**注文または指図について注文者に過失があり損害が生じた場合には注文者が損害賠償責任を負う**（民法716条）。したがって，外壁タイルの落下が，注文・指図について注文者Aの過失によるものであった場合には，**Aが責任を負う**ことになるので，「負うことはない」とまではいえない。

[H21]

答 138

✕

土地工作物責任における**所有者の責任**は，無過失責任である（民法717条1項）。したがって，共用部分であるエレベーターの所有者である**区分所有者全員**は，エレベーターの瑕疵による損害について瑕疵の原因がAの施工上の故意に起因することを証明したときでも，損害賠償義務を免れることはできない。

問 139

甲マンションの隣地の居住者Aは，甲マンションの1階で営業しているカラオケ店から漏れる音がうるさいので，店主に対して再三その改善の申入れをしたものの一向に改善されなかったため，知人のB，CおよびDをそそのかして，Bが見張りをしている間に，CおよびDをしてカラオケ店の外壁に広範囲にわたりペンキで落書きをさせて甲マンションの区分所有者に損害を与えた。この場合，Aは，騒音被害を受けていたとしても，Cと同様の損害賠償責任を負う。

問 140

Aが運転する営業用貨物自動車（Aの使用者Bの所有）とCが運転する自家用車が衝突し，Cの自家用車が甲マンションの塀を破損したことにより，100万円の損害が生じた。甲マンション管理組合の管理者Dは，事故の原因はAの一時停止違反とCの脇見運転であったとして損害賠償の請求をしようとしている。この場合，Bは，Dに対して100万円の賠償をしたときは，Cに対して求償することができる。

問 141

建設業者Aが建築した甲マンションの一室を買ったBが，共用部分であるエレベーターの瑕疵により負傷事故にあった場合，当該事故がAおよび当該エレベーターの保守点検業務を受託していた業者Cの共同不法行為による場合，Bは，AおよびCの両者またはAもしくはCに対し，損害賠償額の全額を請求することができる。

問 142

甲マンションでは，管理組合の集会で，共同で新たなインターネット通信設備を設置することが決議され，設備設置会社Aが当該設備の設置工事を行った。当該設置工事に伴う部屋の配線工事の際にAが過失により幼児Eに怪我を負わせたため，Eが損害賠償を請求する場合，区分所有者の子Eの親に監督上の過失があったときでも，その過失を理由に過失相殺により賠償額を減額することはできない。

答 139

○

数人が共同して不法行為により他人に損害を与えた場合，共同不法行為として，その**行為者は連帯して損害を賠償する責任**を負う（民法719条1項）。また，共同不法行為の**教唆者**（不法行為をそそのかした者）および**幇助者**（不法行為を助けた者）は，当該行為を実行していなくても**不法行為者とみなされる**ため（同2項），Aは，教唆者として，Cと同様の損害賠償責任を負う。

⚠️ ココも注意！ 共同不法行為者が連帯して賠償すべき損害の範囲は，全損害についてである（判例）。

答 140

○

甲マンションの塀が破損し，100万円の損害が生じた原因は，A（使用者責任としてB）とC（共同不法行為者）の双方にある（民法715条1項，719条1項）。この場合，共同不法行為者の使用者は，被害者に損害を賠償したときには，**他の共同不法行為者に対して求償**することができる（判例）。したがって，BがDに賠償をした場合，Cに対して求償することができる。

答 141

○

共同不法行為者は，**各自が連帯してその損害を賠償する責任**を負う（民法719条1項）。したがって，Bは，AおよびCの両者またはAもしくはCに対し，損害賠償額の**全額**を請求できる。

答 142

✕

被害者に過失があったときは，**裁判所**は，これを考慮して，損害賠償の額を定めることができる（過失相殺，民法722条2項）。ここでいう「被害者」には，被害者と**身分上ないしは生活関係上一体をなす**とみられるような関係にある者（本問のEの親）も含む（判例）。

第1章 民法等

問 143 甲マンションの501号室に居住するＡは，令和３年５月１日午後１時，同室のベランダに干していた布団を誤って屋外に落としてしまい，Ｂが所有し運転していた自転車に落下した布団が当たり，同自転車が転倒し破損するとともに，転倒したＢが負傷した。その後，Ｂには後遺症が残ったものの，Ｂの治療が令和３年７月31日に終了し，同日に症状固定の診断を受けた。この場合において，ＢのＡに対する人身傷害に係る損害賠償請求権は，令和８年７月31日の経過時に時効により消滅する。

問 144 甲マンションの501号室に居住するＡは，令和３年５月１日午後１時，同室のベランダに干していた布団を誤って屋外に落としてしまい，Ｂが所有し運転していた自転車に落下した布団が当たり，同自転車が転倒し破損するとともに，転倒したＢが負傷した。その後，Ｂには後遺症が残ったものの，Ｂの治療が令和３年７月31日に終了し，同日に症状固定の診断を受けた。この場合において，ＢのＡに対する自転車損傷に係る損害賠償請求権は，令和８年５月１日の経過時に時効により消滅する。

10 相続

問 145 Ａが死亡し，その子Ｂ，ＣおよびＤが，各３分の１の割合でＡの財産を相続した場合，Ａがマンションの一室をＧから賃借し，１人でそこに居住していたときは，Ｇは，Ａの死亡を理由として，その賃貸借契約を解除することができる。

[R5]

答 143

人の生命・身体を害する不法行為による損害賠償の請求権は，被害者又はその法定代理人が**損害及び加害者を（両方とも）知った時から**5年間行使しないときは時効によって消滅する（民法724条の2，724条1号）。被害者であるBは，加害者がAであることを事故当日に知っている。そして，令和3年7月31日に症状固定の診断を受けた時点が，BがAによる不法行為の**損害を知った時**となる（判例）。したがって，BのAに対する人身傷害に係る損害賠償請求権の消滅時効の起算点は令和3年7月31日となり，令和8年7月31日の経過時に時効により消滅する。

[R5]

答 144 ✕

人の生命・身体を害する不法行為「**以外**」の不法行為による損害賠償請求権の消滅時効期間は，被害者又はその法定代理人が**損害及び加害者を知った時から**3年間である（民法724条1号）。自転車損傷の結果が生じたのは令和3年5月1日であり，Bは，その日に加害者がAであることを知っている。したがって，令和3年5月1日が自転車損傷による損害賠償請求権の消滅時効の起算点となり，この請求権が時効により消滅するのは令和6年5月1日の経過時となる。

[H24]

答 145 ✕

相続人は，相続開始の時から，**被相続人の財産に属した一切の権利義務**（被相続人の一身に専属したものは除く）を承継する（民法896条）。したがって，Aが死亡した場合，Aの賃借権は，相続人であるBCDに承継され存続するので，Gは，Aの死亡を理由に賃貸借契約を解除することができない。

第1章 民法等

重要度 A

問 146
□□□

甲マンションの301号室の区分所有者が死亡したので，その子A，BおよびCが同室の所有権を相続し，それぞれの相続分が3分の1である場合，区分所有者である親と同居していたAが301号室に引き続き居住している場合，301号室に係る管理費は，実際に使用しているAが負担しなければならず，BおよびCが管理費の債務を負うことはない。

重要度 B

問 147
□□□

Aがその所有する甲マンションの301号室をBに賃貸していたところ，Aは死亡し，Aの配偶者C並びに子D及びEは，いずれも単純承認した。この場合で，遺産分割によってEが301号室を相続し，Aの死亡後遺産分割までにBが滞納していた賃料債権の帰属に関する合意がないときは，Eは，遺産分割後において，Aの死亡後遺産分割までにBが滞納した賃料債権の全額をBに対して請求できる。

重要度 S★★★

問 148
□□□

Aは甲マンションの201号室を所有しているが，Aが死亡し，Bが2分の1，CおよびDがそれぞれ4分の1の割合で共同相続人となった場合，管理組合は，B，CおよびDのいずれに対してもAが滞納している管理費の全額の支払を請求することができる。

重要度 A

問 149
□□□

甲マンションの201号室の区分所有者Aは，管理費を10万円滞納したまま死亡した。この場合，遺産分割前であっても，管理組合の管理者Bは，Aの相続人である子CまたはDのいずれに対しても，Aの死亡後遺産分割までの間に発生した管理費の全額を請求することができる。

[H16]

答 146
✗

管理費等の支払債務は，性質上不可分債務として，共有者が各自全額の支払義務を負う（民法430条，436条）。

[H27]

答 147
✗

相続開始から**遺産分割までの間**に，遺産である賃貸不動産から生じた賃料債権は，相続分に応じて**分割単独債権**として各共同相続人が確定的に取得し，後に行われた**遺産分割の影響を受けない**（判例）。したがって，Eが遺産分割によって301号室を取得したとしても，遺産分割までにEが取得したBに対する滞納賃料債権の相続分は4分の1にとどまり（民法900条1号・4号本文），全額をBに対して請求できない。

[H23]

答 148
✗

金銭債務のような可分債務について，各共同相続人は，その**相続分に応じて分割された債務を負担する**（民法899条）。したがって，管理組合は，BCDに対して，Aの滞納額を相続分に応じて分割した**額のみの支払を請求することができる**にとどまり，全額の支払を請求することはできない。

[H21]

答 149
○

相続によりCとDは，201号室の共有者となり，「Aの死亡後**遺産分割までの間に発生した管理費債務**」は，**C・Dが負担する不可分債務**となる。そして，不可分債務については，債権者は債務者の**1人に対し**，または同時にもしくは順次にすべての債務者に対し，**全部または一部**の**履行を請求できる**（民法430条，436条）。したがって，管理者Bは，**CまたはDのいずれ**に対しても，Aの死亡後遺産分割までの間に発生した管理費の全額の**支払を請求することができる**。

⚖️ **比較しよう！**　本問は前問 **問 148**（「被相続人Aの滞納管理費債務（可分債務）」を問う問題）とは異なり，「Aの死亡後遺産分割までの間に発生した管理費債務（不可分債務）」について問う問題であることに注意。

重要度 A

問 150 甲マンションの201号室を所有するAが，管理費60万円を滞納したまま遺言をすることなく死亡した場合，Aに配偶者B，実子Cおよび実子Dがあり，Aの死亡より前にCおよびDが死亡し，Cに実子Eがあり，Dに実子Fおよび実子Gがある場合，B，E，FおよびGがいずれも単純承認したときは，滞納管理費については，Bが30万円，E，F及びGが各10万円を承継する。

重要度 C

問 151 甲マンションの102号室を所有するAが死亡し，Aの配偶者がB，Aの子がCのみ，Cの子がDのみである場合，Cが相続の放棄をしたときは，BおよびDが102号室の共同相続人となる。

重要度 A

問 152 甲マンションの405号室の区分所有者Aが死亡し，子BおよびCが405号室を共同相続する場合，BおよびCの共有となった相続財産である405号室について，Bが単独で相続し，Cに対して代償金を支払う遺産分割の方法は，調停または審判の手続によらなければならない。ただし，Aの遺言はないものとする。

重要度 C

問 153 Aが所有する甲マンションの301号室に契約の内容に適合しない排水管の腐食があった場合において，Aが死亡し，相続人CおよびDの遺産分割協議に基づき，Cが単独で取得した301号室に契約不適合があったときは，共同相続人であるDは，Cに対し，売主と同じく，その相続分に応じて担保の責任を負う。

[H26]

答 150 ✕

被相続人の子が，**相続の開始以前に死亡**したときは，その者の子が代襲して相続人となる（民法887条2項）。また，相続分は配偶者と子が相続人である場合，配偶者が2分の1，子が2分の1となり（900条1号・4号本文），代襲相続のときは，親が受けるはずであった分をその子が頭割りで承継する（900条4号，901条1項）。したがって，滞納管理費60万円については，Bが2分の1の**30万円**，EはCが相続するはずであった4分の1の**15万円**，FおよびGはDが相続するはずであった4分の1の**15万円**を頭割りして，各7.5万円を承継する。

[H29]

答 151 ✕

Aが死亡した場合，配偶者Bは相続人となる（民法890条）。子Cも相続人となるが（887条1項），Cが**相続を放棄**すると，Cは初めから相続人とならなかったもの**とみなされる**（939条）。そして，Cが相続の放棄をした場合，Cの子Dが，Cを代襲し**て相続することもない**（887条2項参照）。したがって，Bのみが102号室の相続人となる。

[H23]

答 152 ✕

遺産分割は，①遺言による**分割方法の指定**（民法908条1項），②共同相続人の協議による分割（907条1項），③協議が調わない場合等の家庭裁判所による**調停または審判の手続による分割**（907条2項）の各方法によって行うことができる。つまり，「調停または審判の手続」によらず，協議により分割することもできる。

[H29]

答 153 ◯

遺産分割手続において，各共同相続人は，他の相続人に対して，**売主と同じく**，その**相続分に応じて担保責任を負う**（民法911条）。遺産分割を相続人相互が自己の持分を譲渡し合うものだと考え，遺産分割の結果取得した物や権利に契約不適合があった場合に，他の共同相続人に**売主と同じ担保責任**を負わせる趣旨である。

重要度 A

問 154

甲マンション303号室の所有者Aが死亡し，Aの子であるB及びCがAを共同で相続した。Aの遺産は，303号室と現金1,000万円である。この状況で，BC間の遺産分割の協議により，303号室をBが，1,000万円をCがそれぞれ取得する旨の遺産分割が行われた場合，その後，BCは，その協議の全部を合意によって解除し，改めて，異なる内容の遺産分割の協議をすることはできない。

重要度 S★★★

問 155

甲マンションの301号室を所有するAが死亡し，Aの妻BおよびAの子Cが相続人である場合，Bが，自己のためにAの相続の開始があったことを知った時から3ヵ月（熟慮期間）以内に，相続の放棄をしても，熟慮期間内であれば相続の放棄を撤回することができる。

重要度 B

問 156

甲マンションの401号室の区分所有者Aが多額の債務をかかえたまま死亡し，Aに子Bおよび子Cの相続人がいた場合，BおよびCは，限定承認または相続放棄をするまでの間，自己の固有財産におけると同一の注意をもって401号室を管理しなければならない。

重要度 A

問 157

甲マンションの301号室を所有するAが死亡し，Aの妻BおよびAの子Cが相続人である場合，Bが，自らの熟慮期間内に甲マンションの301号室を，Dに対して，賃貸期間を2年とする定期建物賃貸借契約により賃貸したときには，熟慮期間内であっても相続の放棄をすることができない。

[R4]

答 154

✕

共同相続人の全員が**すでに成立した遺産分割協議**の全部または一部を**合意により解除**したうえで，改めて遺産分割協議をすることは，法律上**当然に妨げられない**（判例）。したがって，Ａの相続人であるＢとＣが，遺産分割協議の全部を合意によって解除し，改めて，異なる内容の遺産分割の協議をすることは可能である。

[H28]

答 155

✕

相続人は，自己のために**相続の開始があったことを知った時か**ら**３ヵ月以内**（熟慮期間）に，相続について，単純もしくは限定の承認または放棄をしなければならないが（民法915条１項），相続の承認および放棄は，その期間内でも撤回すること**ができない**（919条１項）。

[H24]

答 156

○

相続人は，**相続の承認または放棄をするまで**，**自己の固有財産におけるのと同一の注意**をもって，相続財産を管理しなければならない（民法918条）。

[H28]

答 157

✕

一定の場合，相続人は，単純承認をしたものとみなされ，もはや**相続放棄ができなくなる**（法定単純承認，民法921条）。しかし，「期間を２年とする定期建物賃貸借契約（**短期賃貸借**）の締結」をすることは，この**法定単純承認にはあたらない**。したがって，Ｂは，相続の放棄をすることができる。

⚠ **ココも注意！** 法定単純承認にあたる行為は，次の①〜③である（921条）。

① 相続財産の処分
（土地５年，建物３年等を超えない賃貸（**短期賃貸借**）等を除く）
② 熟慮期間の経過
③ 相続財産の消費・隠匿行為等

重要度 A

問 158 Aが甲マンション（管理組合乙）の201号室を購入し、管理費等を滞納したまま死亡し、Aに相続人として妻Bと成人の子Cがいた場合、Cが乙に対して限定承認をした旨の通知をしたときでも、Bが限定承認をしていないとき、乙は、Bに対して、滞納管理費等の全額を請求しなければならない。

重要度 A

問 159 区分所有者Aがその所有する301号室に居住していて死亡した場合、Aに相続人はいないが、Aと生計を同じくしていた特別縁故者Bがいるときは、Bに当然に帰属する。

重要度 B

問 160 甲マンション305号室を所有するAが、「305号室を娘Bに遺贈する。」という内容の遺言をした場合において、本件遺言が公正証書によってなされたときは、本件遺言を撤回することはできない。

重要度 C

問 161 甲マンション305号室を所有するAが、「305号室を娘Bに遺贈する。」という内容の遺言（この問いにおいて「本件遺言」という。）をした場合において、Aが本件遺言をした後に、「305号室を息子Cに遺贈する。」という内容の遺言をしたときは、本件遺言を撤回したものとみなされる。

[H17]

 答 158
✕

限定承認とは，相続によって得た財産の**範囲内**で被相続人の有していた債務を負担することをいう（民法922条）。相続人が数人あるときは，限定承認は，**共同相続人の**全員が共同してのみすることができる（923条）。Cのみでは限定承認できず，BおよびCは相続分に応じて滞納管理費を承継することになるので，乙は，Bに対して全額請求しなければならないということはない。

[H18]

 答 159
✕

Aに相続人が全くいない場合，**相続人不存在**となり，原則として**国庫に帰属する**（民法959条）。しかし，被相続人と生計を同じくしていた**特別縁故者**がいるときは，家庭裁判所の審判により，相続財産の全部または一部の分与を受けることができる（958条の2第1項）。

[H30]

 答 160
✕

遺言者は，いつでも，遺言の方式に従って，その**遺言**の全部または一部を撤回できる（民法1022条）。このことは，遺言が公正証書によってなされた場合でも同じである。

[H30]

 答 161
○

前の遺言が後**の遺言と**抵触**するときは，その**抵触する部分**については，後の遺言で前の遺言を撤回したものとみなされる（民法1023条1項）。本問の「305号室を息子Cに遺贈する」旨の後の遺言は，前にした「305号室を娘Bに遺贈する」旨の遺言と抵触する。したがって，本件遺言は撤回したものとみなされる。

問 162 甲マンションの102号室にＡとＢが同居し，ＡがＢと同居したまま令和２年７月１日に死亡した場合に，Ａが配偶者Ｂに対し令和２年６月１日に配偶者居住権を遺贈した場合でも，甲マンションの102号室がＡとＢとの共有であったときには，Ｂは配偶者居住権を取得しない。

問 163 甲マンション101号室の所有者Ａが死亡し，遺産分割協議によって同室は長男Ｃの単独所有とされた。同室についてはＡが遺言でＡと同居していた妻Ｂのために配偶者居住権を設定しており，Ａが死亡した後にも，Ｂは，Ｃの承諾のもとに，配偶者居住権に基づいて同室の居住を継続している。この場合において，Ｃは，101号室に係る固定資産税を，納付期限が迫っていたため自ら納付したが，これについてはＢに対して求償することができる。

[R2]

 答 162
✕

被相続人の配偶者は，被相続人の財産に属した建物に相続開始の時に居住していた場合において，①遺産の分割によって**配偶者居住権を取得する**ものとされたとき，または②**配偶者居住権**が遺贈の目的とされたときは，その居住していた建物（以下「**居住建物**」という）の全部について無償で**使用および収益をする権利**（以下「配偶者居住権」という）を取得する（民法1028条1項本文）。ただし，被相続人が**相続開始の時**に居住建物を**配偶者以外の者**と共有していた場合には，配偶者は，**配偶者居住権を**取得しない（同ただし書）。本肢は，102号室を被相続人Aと配偶者Bが共有していたので，Bは，配偶者居住権を「取得する」。

⚠️ **ココも注意！**

・**配偶者居住権制度**は，令和2年4月1日が施行日である。
・「**内縁**」の配偶者は，法律上の配偶者ではないため，**配偶者居住権を**取得しない。

[R2]

 答 163
◯

配偶者居住権を有する被相続人の配偶者は，居住建物の通常の必要費を負担する（民法1034条1項）。101号室に係る固定資産税は，101号室の維持に必要とされる費用（**必要費**）であり，本来は**B**が**負担**するものである。そのため，負担する義務のないCが納付した場合には，Cは，Bに対して求償できる。

第 ② 章 区分所有法等 (建替え等円滑化法・被災マンション法)

1 総則

専有部分とは，一棟の建物の構造上区分された数個の部分で独立して住居その他建物としての用途に供することができる区分所有権の目的たる建物の部分をいう。

一棟の建物における複数の専有部分の全部を最初に1人で所有する場合，その一棟の建物の全部がその者の所有であるが，共用部分は存在する。

区分所有権とは，専有部分および共用部分の共有持分を目的とする所有権である。

専有部分には，共用部分に属する設備があってはならない。

一棟の建物に構造上区分され，独立して住居としての用途に供することができる数個の部分がある場合，この数個の部分は，法律上当然に専有部分となる。

区分所有法は，合否を分ける最重要科目である。全項目を繰り返し学習しておこう。建替え等円滑化法と被災マンション法は，基本事項を押さえること。

第2章　区分所有法等

[H25]

一棟の建物に構造上区分された数個の部分で独立して住居，店舗，事務所または倉庫その他建物としての用途に供することができるものがあるときは，その各部分は，区分所有権の目的とすることができる（区分所有法1条）。そして，**専有部分**とは，その区分所有権の目的たる建物の部分をいう（2条3項）。

[H14]

共用部分とは，専有部分**以外の建物部分**，専有部分に属しない建物の附属物，および規約により共有部分とされた附属の建物をいう（区分所有法2条4項）。複数の専有部分の全部を最初に1人で所有する場合であっても，専有部分が存在する以上，**それ以外の部分は共用部分ということになる**ので，共用部分も当然に存在することになる。

[H19]

区分所有権とは，専有部分を**目的とする所有権**である（区分所有法2条1項・3項，1条）。

[H13]

判例では，**車庫部分**に建物の共用設備である排気管およびマンホールが設置されていた事案について，①共用設備が占める割合が小部分にとどまり，②車庫部分の**権利者の排他的使用に支障がなく**，かつ，③排他的使用によって**共用設備の利用にも支障をきたさない**のであれば，車庫部分は**専有部分**として区分所有権の目的にすることができるとしている（判例）。

[H15]

答 5 ✗

一棟の建物に構造上区分され，独立して住居としての用途に供することができる数個の部分がある場合，その各部分は，**区分所有法の定めるところにより，それぞれ所有権の目的（＝専有部分）とすることが「できる」**（区分所有法1条）。したがって，**法律上当然に専有部分となるわけではない**。

重要度 A

問 6 区分所有権の目的とすることができるマンションの建物の部分は，法律上当然には共用部分とならない。

重要度 S★★★

問 7 共用部分とは，専有部分以外の建物の部分，専有部分に属しない建物の附属物および規約により共用部分とされた附属の建物をいう。

重要度 A

問 8 専有部分以外の建物の部分に附属し，効用上その建物の部分と不可分の関係にあるものは，法律上当然に共用部分とされる。

重要度 A

問 9 専有部分以外のマンションの建物の部分は，すべて共用部分であり，それ以外の部分はない。

重要度 A

問 10 マンションの建物に対して従物的な関係にある別個の建物は，法律上当然には共用部分とならない。

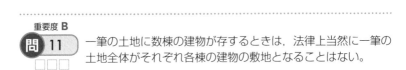

重要度 B

問 11 一筆の土地に数棟の建物が存するときは，法律上当然に一筆の土地全体がそれぞれ各棟の建物の敷地となることはない。

[H24]

区分所有権の目的とすることができるマンションの建物の部分は，専有部分である（区分所有法2条3項）。したがって，法律上当然には共用部分とならず，**規約で定める**ことによってはじめて**共用部分**とすることができる（規約共用部分，4条2項）。

[H25]

共用部分とは，「専有部分以外の建物の部分」「専有部分に属しない建物の附属物」「規約により共用部分とされた附属の建物」をいう（区分所有法2条4項，4条2項）。

[H18]

「専有部分以外の建物の部分」「専有部分に属しない建物の附属物」は，法定共用部分である（区分所有法2条4項）。この附属物とは，効用上その建物の部分と不可分の関係にあるものをいう（配線，配管等の設備）。

[H22]

一棟の建物は，専有部分と共用部分で構成されており，**それ以外の部分はない**（区分所有法2条4項）。

[H24]

マンションの建物に対して従物的な関係にある**別個の建物**（附属の建物）は，**規約で定める**ことによってはじめて**共用部分**とすることができる（規約共用部分，区分所有法4条2項）。

[H21]

建物の敷地とは，建物が所在する土地（法定敷地）および規約により建物の敷地とされた土地（規約敷地）をいう（区分所有法2条5項）。一筆の土地に数棟の建物が存するときは，法律上当然に一筆の土地全体がそれぞれ各棟の建物の法定敷地となる。

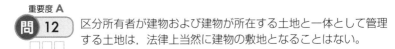

重要度 A

問 12 区分所有者が建物および建物が所在する土地と一体として管理する土地は，法律上当然に建物の敷地となることはない。

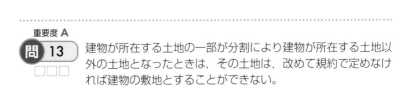

重要度 A

問 13 建物が所在する土地の一部が分割により建物が所在する土地以外の土地となったときは，その土地は，改めて規約で定めなければ建物の敷地とすることができない。

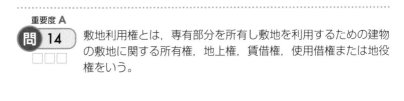

重要度 A

問 14 敷地利用権とは，専有部分を所有し敷地を利用するための建物の敷地に関する所有権，地上権，賃借権，使用借権または地役権をいう。

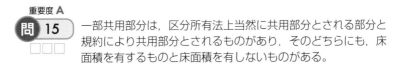

重要度 A

問 15 一部共用部分は，区分所有法上当然に共用部分とされる部分と規約により共用部分とされるものがあり，そのどちらにも，床面積を有するものと床面積を有しないものがある。

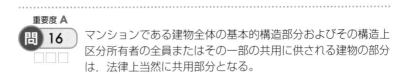

重要度 A

問 16 マンションである建物全体の基本的構造部分およびその構造上区分所有者の全員またはその一部の共用に供される建物の部分は，法律上当然に共用部分となる。

答 12 ○

区分所有者が建物および建物が所在する土地と一体**として管理**または**使用をする庭**，**通路その他の土地**は，規約により建物の**敷地**とすることができる（規約敷地，区分所有法5条1項）。法律上当然に建物の敷地となることはない。

[R1]

答 13 ×

建物が所在する土地の一部が**分割**により**建物が所在する土地以外の土地**となったときは，その土地は，**規約で建物の敷地と定められたものとみなされる**（「みなし規約敷地」，区分所有法5条2項後段）。規約を定めなくても規約敷地と扱われるため，改めて規約で定めなければ建物の敷地とすることができないわけではない。

[H25]

答 14 ×

敷地利用権とは，専有部分を所有し敷地を利用するための**建物の敷地に関する**所有権，**地上権**，賃借権，**使用借権**をいう。地役権は，他人の土地を自己の土地の便益に供する権利であり（民法280条），専有部分を所有するための敷地利用権となりうるものではない。

[H17]

答 15 ○

一部共用部分も共用部分であるから，区分所有法上当然に共用部分とされる部分（**法定共用部分**）と，規約により共用部分とされるもの（**規約共用部分**）とがある（区分所有法4条1項・2項）。そして，**一部共用部分**には，床面積**を有するもの**（階段室，廊下，エレベーター室等）と床面積**を有しないもの**（出入口や掲示板等）がある。

[H24]

答 16 ○

マンションである建物全体の基本的構造部分は，**法律上当然に共用部分**（法定共用部分）**となる**。また，数個の専有部分に通ずる**廊下**または**階段室その他構造上区分所有者の**全員またはその一部の共用に供されるべき建物の部分は，区分所有権の目的とならず，**法律上当然に共用部分である**（区分所有法4条1項）。

第2章 区分所有法等

重要度 A

問 17

すべての一部共用部分について，その管理のすべてを区分所有者全員で行う場合には，一部の区分所有者のみで構成される区分所有法第3条に規定される区分所有者の団体は存在しないことになる。

重要度 B

問 18

専有部分を規約により共用部分とすることができ，また，区分所有法上当然に共用部分とされる部分を規約により専有部分とすることができる。

重要度 A

問 19

専有部分を規約により共用部分とした場合に，その旨の登記をしなければ，これをもって第三者に対抗することはできない。

重要度 A

問 20

法定共用部分を専有部分とする場合には，これについて，その共有者全員の同意が必要である。

重要度 B

問 21

自己の専有部分への危険物の持込みは，区分所有法第6条の区分所有者の共同の利益に反する行為に該当しない。

重要度 B

問 22

規約で禁止された動物の飼育は，区分所有法第6条の区分所有者の共同の利益に反する行為に該当しない。

[R1]

 答 17 ○

すべての一部共用部分について、その管理のすべてを区分所有者全員で行う場合には、一部の区分所有者のみで管理すべき部分は存在しない。つまり、一部の区分所有者のみで構成される区分所有者の団体は存在し得ないことになる。

[H13]

 答 18 ×

専有部分は、規約によって共用部分とすることができる（区分所有法4条2項）。法定共用部分は、構造上および利用上の独立性を有していないため、規約によって専有部分とすることはできない。

[H30]

 答 19 ○

「専有部分」および「附属の建物」は、規約によって共用部分とすることができる。この場合、その旨の登記（共用部分である旨の登記）をしなければ、共用部分であることを第三者に対抗できない（区分所有法4条2項）。

[R5]

 答 20 ○

法定共用部分は区分所有者の共有に属するところ（区分所有法11条1項）、法定共用部分を専有部分とすることは、区分所有者の共用を廃止して区分所有権の目的とする共有物の処分行為に該当する。この点に関しては、区分所有法の明文規定はないため、民法の原則により、共有者全員の同意が必要となる（民法251条1項）。

[H19]

 答 21 ×

区分所有者は、建物の保存に有害な行為その他建物の管理または使用に関し区分所有者の共同の利益に反する行為をしてはならない（区分所有法6条1項）。「自己の専有部分への危険物の持込み」は、専有部分の不当使用として、共同の利益に反する行為に該当する。

[H19]

 答 22 ×

「規約で禁止された動物の飼育」は、規約に違反し、他の区分所有者が被る不利益（騒音、悪臭等）の程度が大きいので、共同の利益に反する行為に該当する。

重要度 B

問 23

甲マンションの区分所有者Aの管理費および修繕積立金（管理費等）の滞納が極めて長期間にわたり，かつ，多額に達し，今後生ずる管理費等についても支払う意思がみられない。Aの管理費等の滞納が原因で，建物の修繕に重大な支障が生じるような状況に至っている場合は，この滞納は，建物の管理に関し区分所有者の共同の利益に反する行為に当たる。

重要度 B

問 24

直上・直下階の特定の区分所有者間の騒音問題について，一方の当事者が虚偽の事実を記載した文書を作成し，それを他の区分所有者に配布する行為は，区分所有法第6条第1項の区分所有者の共同の利益に反する行為に該当しない。

重要度 B

問 25

隣接する専有部分2個を所有する所有者がこれを1個の専有部分とするため，その間にある耐力壁である戸境壁を勝手に取り壊す行為は，区分所有法第6条第1項の区分所有者の共同の利益に反する行為に該当しない。

重要度 B

問 26

区分所有者は，自己の専有部分を保存するために必要な範囲において，他の区分所有者の専有部分の使用を請求することができるが，自己の専有部分を改良するためには，このような請求をすることはできない。

重要度 B

問 27

マンションの建物の管理または使用に関して，区分所有者の共同の利益に反する行為をしてはならない占有者には，専有部分の賃借人，転借人および使用借主のほか，権原なき占有者も含まれる。

[H17]

 答 23 ◯

「建物の修繕に重大な支障が生じるような著しい管理費の不払い」は，共同の利益に反する行為に該当する。

[H24]

 答 24 ◯

「直上・直下階の特定の区分所有者間の騒音問題について，一方の当事者が虚偽の事実を記載した文書を作成し，それを他の区分所有者に配布する行為」は，区分所有者間の私的なトラブルであり，区分所有法上の共同の利益に反する行為には該当しない。

[H24]

 答 25 ✕

「耐力壁である戸境壁を勝手に取り壊す行為」は，建物の保存に有害な行為として，共同の利益に反する行為に該当する。

[H23]

 答 26 ✕

区分所有者は，その専有部分または共用部分を保存し，または改良するため必要な範囲内において，他の区分所有者の専有部分または自己の所有に属しない共用部分の使用を請求することができる（区分所有法6条2項前段）。

[H25]

答 27 ◯

区分所有者は，建物の保存に有害な行為その他建物の管理または使用に関し区分所有者の共同の利益に反する行為をしてはならない（区分所有法6条1項）。この規定は，占有者に準用される（同3項）。この占有者の範囲は限定されていないので，賃借人，転借人および使用借主のほか，不法占拠者のような権原なき占有者も含まれる。

問 28

区分所有法第7条に規定する先取特権は，不動産について登記をしなくても，特別担保を有しない債権者に対抗することができるが，登記をした第三者に対しては，この限りでない。

 問 29

管理者に対して支払うべき報酬が定められ，管理者が，管理組合に対して報酬請求権を有する場合には，当該請求権は，区分所有法第7条に規定する先取特権によって担保される。

 問 30

区分所有法第7条の先取特権は，債務者が専有部分を賃貸しているときは，民法第304条の物上代位により賃料に対して行使できる。

問 31

甲マンションの区分所有者Aは，管理費および修繕積立金（管理費等）を極めて長期間にわたり滞納し，かつ，それらが多額に達し，また，今後生ずる管理費等についても支払う意思がみられない。Aの滞納管理費等を回収するための先取特権は，共益費用の先取特権とみなされ，Aの総財産の上に行使することができる。

[H30]

 答 28

○

区分所有法7条に規定する先取特権は，優先権の順位・効力については，共益費用の先取特権（一般の先取特権，民法306条1号）とみなされる（区分所有法7条2項）。そして，一般の先取特権は，不動産について登記をしなくても，特別担保を有しない債権者に対抗できるが，登記をした第三者には対抗できない（民法336条）。

[H28]

 答 29

×

区分所有者は，「共用部分，建物の敷地もしくは共用部分以外の建物の附属施設につき他の区分所有者に対して有する債権」「規約もしくは集会の決議に基づき他の区分所有者に対して有する債権」，または，管理者・管理組合法人が「その職務または業務を行うにつき区分所有者に対して有する債権」について，債務者の区分所有権（共用部分に関する権利・敷地利用権を含む）および建物に備え付けた動産の上に**先取特権**を有する（区分所有法7条1項）。しかしながら，本問のように報酬支払特約がある場合の**管理者の報酬請求権**は，これらの債権に該当しないと解されており，**先取特権によって担保されない**。

[R1]

 答 30

○

先取特権は，その**目的物の売却**，**賃貸**，**滅失**または損傷によって債務者が受けるべき金銭その他の物に対しても，**行使**することができる（「物上代位」，民法304条1項本文）。この規定は，区分所有法7条の先取特権にも適用される。

[H17]

 答 31

×

区分所有法7条の**先取特権**の効力は，「債務者の区分所有権および建物に備え付けた動産」に関してのみ及び，区分所有者の「**総財産**」に及ぶわけではない。

⚠️ **ココも注意！**　区分所有法7条の**先取特権**は，優先権の順位および効力については，共益費用の先取特権とみなされる（同条2項）。したがって，**他の一般の先取特権と競合する場合は，これらに優先する**（民法329条2項ただし書）。

問 32

区分所有者が，規約または集会の決議に基づき他の区分所有者に対して有する債権について区分所有法第7条に規定する先取特権を行使するに際しては，他の区分所有者が第三者から借り受けていた家具についても即時取得の規定の準用がある。

重要度 S★★★

問 33

甲マンション101号室の所有権がAからBに移転した場合で，Bが，101号室の抵当権の実行による競売において同室を買受け，AからBへの所有権の移転が行われたとき，Aが滞納していた管理費は，Bに承継されない。

重要度 B

問 34

Aが，甲マンションの101号室を購入，BがAから101号室を受贈し，平成24年10月にCが抵当権の実行による競売で101号室を取得したが，AおよびBは，管理費を滞納している。この場合において，管理組合法人が，平成25年4月に滞納管理費を請求する場合，Bは，贈与を受けた中間取得者であり，特定承継人ではないので，Bに対しては，Bの滞納管理費のみを請求することができる。

重要度 B

問 35

共用部分の緊急点検のため，その費用を自己の名において負担した管理者は，それにより区分所有者に対して取得した債権について，区分所有法第8条の特定承継人に対して請求することができる。

[H28]

区分所有法7条の先取特権には，民法の**即時取得の規定が準用**される（区分所有法7条3項，民法319条）。**即時取得**とは，その動産に対する，占有を信頼して取引をした者を保護する制度をいう（民法192条）。つまり，区分所有者が，「**規約または集会の決議に基づき他の区分所有者に対して有する債権**」について他の区分所有者に対して先取特権を行使するに際して，即時取得の要件を満たしていれば，他の区分所有者が**第三者から借り受けていた家具（動産）**についても先取特権を行使できる，ということである。

[H29]

区分所有法7条に定められた債権は，債務者である区分所有者の**特定承継人**に対しても**行使できる**（区分所有法8条）。滞納管理費債権は，「規約もしくは集会の決議**に基づき他の区分所有者に対して有する債権**」に該当する（7条1項）。また，**特定承継人**とは，区分所有者から，売買契約，贈与契約等の個々の原因に基づいて区分所有権**を承継取得する者**をいい，**強制執行や抵当権の実行により区分所有権を承継取得した者も含まれる**。したがって，Aが滞納していた管理費は，特定承継人であるBに承継される。

[H25]

現在は区分所有権を有しない**中間取得者**も，区分所有法8条の**特定承継人に含まれる**（判例）。したがって，中間取得者Bも，特定承継人であるから，管理組合法人は，Bに対しては，Aの滞納管理費もあわせて請求することができる。

[H21]

共用部分の緊急点検のために管理者が負担した費用は，「**管理者または管理組合法人がその職務または業務を行うにつき区分所有者に対して有する債権**」に該当する（区分所有法7条1項）。したがって，**特定承継人**に対して請求することができる（8条）。

問 36

他人に生じた損害が専有部分の瑕疵によるものか，共用部分の瑕疵によるものか，不明であっても，マンションの設置または保存の瑕疵によるものであることは，他人である被害者が立証しなくてはならない。

問 37

甲マンションには，４つの専有部分があり，101号室と102号室はAが，201号室はBが，202号室はCがそれぞれ所有している。甲の敷地は，A及びBが敷地利用権（AとBの共有）を有しているが，Cは敷地利用権を有していない。この場合において，A及びBが，Cに対し，区分所有権を時価で売り渡すべきことを請求したときは，その意思表示によって，一方的に時価による売買契約成立の効果が生じる。

2 共用部分等

問 38

規約の別段の定めによっても，共用部分の所有者を管理者以外の特定の区分所有者とすることはできない。

答 36

○

マンションの建物の**設置または保存に瑕疵がある**ことにより**他人に損害を生じたとき**は，その瑕疵は，共用部分の設置または保存にあるものと推定される（区分所有法9条）。したがって，被害者は，「瑕疵が専有部分・共用部分のいずれにあるか」という点は立証する必要はないが，「マンションの設置または保存に瑕疵が存在すること，およびその瑕疵が原因で損害が生じたこと」は，立証しなければならない。

 答 37

○

敷地利用権を有しない区分所有者があるときは，その専有部分の収去を請求する権利を有する者は，その区分所有者に対し，**区分所有権を時価で売り渡すべきことを請求**することができる（区分所有法10条）。この**売渡請求権**は形成権（権利者の一方的な意思表示で一定の法律関係が形成される権利）であるため，Cとの間に一方的に時価による売買契約の成立の効果を生じさせることができる。

 答 38

✕

共用部分は，区分所有者**全員の共有**に属するのが原則であるが，**規約で別段の定め**ができる。ただし，**管理者**が管理所有する場合を除いて，**区分所有者以外の者**を共用部分の所有者と定めることは**できない**（区分所有法11条1項本文・2項，27条1項）。つまり，**管理所有者**となることができるのは，管理者または区分所有者のみとなる。したがって，規約の別段の定めにより，共用部分の所有者を管理者以外の特定の区分所有者とすることもできる。

⚠ **ココも注意!** 管理所有の対象となるのは**共用部分のみ**であり，敷地・共用部分以外の附属施設を管理所有することはできない。

右側余白（縦書き）：
第2章　区分所有法等

問 39 専有部分以外の建物の部分を共有する区分所有者は，その建物の部分について，共有物分割請求権を行使することができない。

 問 40 法定共用部分は，規約で定めれば，各共有者のその用方に従った使用について，一定の制限をすることも禁止することもできる。

 問 41 共用部分の共有持分割合の算定に当たって，一部共用部分（附属の建物であるものを除く）の床面積を，これを共用すべき各区分所有者の専有部分の床面積の割合により配分して，それぞれの区分所有者の専有部分の床面積に算入しようとする場合には，規約でその旨を定めなければならない。

 問 42 共用部分の各共有者の持分は，その有する専有部分の床面積の割合により，また，その床面積は，壁その他の区画の内側線で囲まれた部分の水平投影面積によるとされているが，これらは規約で別段の定めをすることもできる。

 問 43 専有部分の譲渡に伴う共用部分の共有持分の移転は，その持分の移転の登記をしなければ，第三者に対抗することができない。

[H18]

答 39

○

専有部分以外の建物の部分（**共用部分**）を共有する区分所有者は，区分所有法に別段の定めがある場合を除いて，その有する専有部分と分離して持分を処分することができないので，その建物の部分について，共有物分割**請求権**を行使できない（区分所有法12条，15条2項）。

[H16]

答 40

✕

各共有者は，共用部分をその用方**に従って使用**することができる（区分所有法13条）。規約で定めれば，共用部分の使用を制限することはできるが，**禁止**することはできない（30条1項）。

[H15]

答 41

✕

一部共用部分（附属の建物であるものを除く）で床面積を有するものがあるときは，その**一部共用部分の床面積**は，これを共用すべき各区分所有者の専有部分の床面積の割合**により配分**して，それぞれその区分所有者の専有部分の床面積**に算入する**ものとする（区分所有法14条2項）。法律上当然に算入するのであり，規約で定める必要はない。

[H28]

答 42

○

共用部分の各共有者（区分所有者）の持分は，その有する専有部分の床面積の割合により（区分所有法14条1項），またその床面積は，**壁その他の区画の内側線で囲まれた部分の水平投影面積**によるが（同3項），これらは，**規約で別段の定め**をすることができる（同4項）。

[H20]

答 43

✕

共用部分の各共有者の持分は，専有部分**の処分**に従う（区分所有法15条1項）。したがって，共用部分の共有持分は，専有部分**と一体として処分**されるため，専有部分の移転登記をもって持分移転を第三者に対抗できる。

問 44

共用部分の持分と専有部分とを分離して処分することができる旨を，規約で定めることはできない。

 問 45

一部共用部分の管理のうち，区分所有者全員の利害に関係するものは，一部共用部分を共用する一部の区分所有者だけで行うことはできない。

 問 46

マンション内に，上層階専用，下層階専用の二基のエレベーターがあり，それぞれが一部共用部分である場合に，その大規模修繕については，区分所有者全員の規約で定め，清掃等の日常の管理や使用方法については，区分所有者全員の利害に関係しないものとしてそれぞれ上層階，下層階の区分所有者の規約で定めることができる。

[H21]

答 44

○

共有者は，区分所有法に別段の定めがある場合を除いて，その有する**専有部分と分離して持分を処分することができず**（区分所有法15条2項），**規約で定めることはできない。**

⚠ **ココも注意!**　「区分所有法に別段の定めがある場合」とは，①規約によって他の区分所有者または管理者を共用部分の所有者とする場合（11条2項，27条1項），および，②規約の設定または変更によって共有持分の割合を変更する場合（14条4項），の2つである。

[R1]

答 45

○

一部共用部分の管理のうち，「**区分所有者全員の利害に関係するもの**」または「**区分所有者全員の規約に定めがあるもの**」は区分所有者全員で，その他のものはこれを共用すべき区分所有者のみで行う（区分所有法16条，31条2項，30条2項）。したがって，「**区分所有者全員の利害に関係するもの**」について，一部共用部分の区分所有者のみで管理を行うことはできない。

[R2]

答 46

○

一部共用部分に関する事項で区分所有者**全員の利害に関係しないもの**は，区分所有者**全員の規約に定めがある場合を除いて，これを共用すべき区分所有者の規約**で定めることができる（区分所有法30条2項）。一部共用部分である本肢の二基のエレベーターに関し，その大規模修繕については，区分所有者全員の利害に関係するものとして，区分所有者全員の規約で定め，他方，清掃等の日常の管理や使用方法については，全員の利害に関係しないものとして，それぞれ上層階，下層階の区分所有者の規約で定めることができる。

重要度 A

問 47 一部共用部分に関する事項で区分所有者全員の利害に関係しないものについての区分所有者全員の規約の設定，変更又は廃止は，当該一部共用部分を共用すべき区分所有者の４分の３以上で，かつ，議決権の４分の３以上の賛成を要する。

重要度 A

問 48 建物の価格の２分の１以下に相当する部分が滅失したときの，滅失した共用部分の復旧決議の内容が形状の著しい変更を伴う場合には，当該共用部分の復旧は，規約に別段の定めがない限り，区分所有者および議決権の各４分の３以上の多数の集会の決議によらなければならない。

重要度 S★★★

問 49 共用部分の変更（その形状又は効用の著しい変更を伴わないものを除く。）は，区分所有者の４分の３以上の多数で，かつ議決権の３分の２以上の多数による集会の決議で決するとする規約の定めは，有効である。

重要度 S★★★

問 50 建物の外壁に新たにエレベーターを外付けして設置する工事は，区分所有者および議決権の各４分の３以上の多数で決議し，当該工事が専有部分の使用に特別の影響を及ぼすべきときは当該専有部分の所有者の承諾が必要である。

[R2]

答 47 ✕

一部共用部分に関する事項で区分所有者**全員の利害に関係しないもの**についての区分所有者全員の規約の設定・変更・廃止は，当該一部共用部分を共用すべき区分所有者の**4分の1を超える者**，または，その議決権の**4分の1を超える議決権**を有する者が反対したときは，することが**できない**（区分所有法31条2項，30条2項）。したがって，この「反対」が成り立たないためには，「**賛成と棄権**」を合わせて，当該一部共用部分を共用すべき区分所有者の4分の3以上で，かつ，議決権の4分の3以上となっていればよく，「賛成」のみで各4分の3以上である必要はない。

[H22]

答 48 ⭕

建物の価格の**2分の1以下**に相当する部分が**滅失**したときの，滅失した共用部分の復旧は，集会の普通**決議**で行うことができる（区分所有法61条3項）。しかし，復旧決議の内容が，形状の著しい変更を伴う場合は，共用部分の重大変更として，**区分所有者および議決権の各**4分の3以上**の多数**の集会の決議によらなければならない（17条1項）。

[R1]

答 49 ✕

共用部分の変更（その形状または効用の著しい変更を伴わないものを**除く**）は，**区分所有者および議決権の各**4分の3以上の多数による集会の特別決議で決する。この「区分所有者」の定数は，**規約でその過半数まで減ずる**ことができるが（区分所有法17条1項），「議決権割合」を減ずることはできない。

[H20]

答 50 ⭕

建物の外壁に新たにエレベーターを外付けして設置する工事は，**共用部分の重大変更**として，**区分所有者および議決権の各4分の3以上の多数**による集会の決議で決する（区分所有法17条1項本文）。この場合，専有部分の使用に特別の影響を及ぼすべきときは，その**専有部分の所有者の承諾**を得なければならない（同2項）。

第2章 区分所有法等

111

問 51 共用部分の保存行為については，規約で定めれば，特定の区分所有者のみが行うこととすることができる。

問 52 共用部分の管理（保存行為を除く）に関する集会の決議が専有部分の使用に特別の影響を及ぼすべきときは，その専有部分の所有者の承諾を得なければ，その決議は，無効となる。

問 53 区分所有者は，共用部分の設置または保存の瑕疵により生じた損害賠償責任につき，共用部分の持分の割合に応じて責任を負う。ただし，規約に別段の定めはないものとする。

問 54 甲マンションにおいて，区分所有者Ａは，自己の所有する101号室をＢに賃貸している。この状況で，ＡＢ間の賃貸借契約に基づいて管理費等の支払義務はＢにある旨を，あらかじめＡから甲マンションの管理組合に届け出てＢの銀行口座から自動的に引き落とされていた場合であっても，甲マンションの管理組合は，Ａに対して滞納されている管理費等の請求をすることができる。

問 55 管理組合に管理者が置かれている場合，管理者が規約により共用部分を所有する場合，一般にその管理において必要とされる費用を区分所有者に対して請求することができる。

問 56 区分所有者は，管理所有者が共用部分の管理に要した相当な費用およびそれとは別の管理所有者としての報酬につき，共用部分の持分の割合に応じて支払の責任を負う。ただし，規約に別段の定めはないものとする。

[H15]

答 51 共用部分の**保存行為**は，各共有者がすることができ，規約で別段の定めをすることもできる（区分所有法18条１項ただし書・２項）。したがって，規約で定めれば，**特定の区分所有者のみ**が行うこととすることもできる。

[H15]

答 52 **共用部分の管理**（保存行為を除く）が専有部分の使用に特別の影響を及ぼすべきときは，その**専有部分の所有者の承諾を得な**ければならないとされているので（区分所有法18条３項，17条２項），専有部分の所有者の承諾を得ない場合，**集会の決議**は無効となる。

[H23]

答 53 各共有者は，規約に別段の定めがない限りその**持分に応じて，共用部分の負担に任じ，共用部分から生ずる利益を収取する**（区分所有法19条）。つまり，共用部分の持分の割合に応じて責任を負う。

[R5]

答 54 甲マンションの管理組合に対し**管理費等の支払義務**を負うのは，101号室の所有者である**A**である（区分所有法19条）。ＡＢ間の賃貸借契約に基づいて**Ｂが管理費等の支払い**をしていたとしても，それはＡ側の事情であり，そのことをもって**Ａの管理組合に対する管理費等の支払義務**がなくなるわけではない。

[H14]

答 55 管理者が規約により，共用部分の所有者と定められた場合（**管理所有**），管理者は，区分所有者に対して相当な**管理費用**を請求することができる（区分所有法27条２項，20条１項）。

[H23]

答 56 **管理所有者**の相当な管理費用（区分所有法20条１項後段）とは別の管理所有者としての**報酬**については，特約（規約に別段の定め）がない限り，区分所有者に支払いの責任は生じない。

問 57

規約に特別の定めを設けることによって，共用部分を管理所有とした場合，その旨を登記しなければならない。

 問 58

規約で共用部分の所有者と定められた区分所有者は，規約で定めれば，その形状または効用の著しい変更を伴う共用部分の変更行為をすることができる。

 問 59

分譲契約，共有者間および規約に別段の定めがない場合，共用部分以外の附属施設の各共有者の持分は，その有する専有部分の床面積の割合による。

 問 60

甲マンション管理組合が区分所有者の共有に属する敷地の一部にある樹木を伐採し，駐車場として隣接するマンションに賃貸しようとする場合は，区分所有者および議決権の各4分の3以上の多数による集会の決議（特別決議）を得なければならない。

 問 61

区分所有者の共有に属する建物の敷地（これに関する権利を含む。）の各共有者は，規約に別段の定めがない限りその持分に応じて，建物の敷地の負担に任じ，建物の敷地から生ずる利益を収取する。

3 敷地利用権

 問 62

定期借地権設定契約に基づき建てられたマンションの101号室を売却する場合，当該土地の所有者Aの承諾があれば，101号室とそれに係る借地権の準共有持分とを分離して譲渡することができる。ただし，規約に別段の定めはなく，Aと101号室の所有者Bとの間の定期借地権設定契約には，特約はないものとする。

[H24]

共用部分については，権利の登記をする旨の規定はないため，共用部分を**管理所有**とした場合でも登記をすることはできない。

[H15]

管理所有者は，共用部分の変更（形状または効用の著しい変更を伴わないものを除く）をすることができない（区分所有法20条2項，17条1項）。そして，共用部分の重大変更は，規約で別段の定めをすることはできない。

[H20]

「共用部分以外の附属施設」の共有関係については，区分所有法上特別な規定がないので，**民法の規定**による。したがって，各共有者の持分は，相等しいものと推定する（民法250条）。

[H17]

「建物の敷地」または「共用部分以外の附属施設」の管理には，共用部分の**管理に関する規定が準用**される（区分所有法21条）。そして，敷地の一部にある樹木を伐採し，駐車場として隣接するマンションに賃貸する行為は，共用部分の重大変更に該当し，**区分所有者および議決権の各4分の3以上の多数**による集会の特別決議で決する（17条1項本文）。

[R5]

建物の敷地（これらに関する権利を含む）が区分所有者の**共有**に属する場合にも，**区分所有法17条から19条の規定が準用**される（区分所有法21条）。したがって，各共有者は，規約に別段の定めがない限り**その持分に応じて**，建物の敷地の負担に任じ，建物の敷地から生ずる利益を収取する（区分所有法21条，19条）。

[H16]

敷地利用権が数人で有する所有権その他の権利である場合には，区分所有者は，その有する専有部分とその専有部分に**係る敷地利用権**とを分離して処分することができない。ただし，規約に別段の定めがあるときは，分離処分をすることができる（区分所有法22条1項）。

重要度 B

問 63

□□□

敷地利用権が数人で有する所有権その他の権利である場合には，一筆の土地の一部について専有部分とその専有部分に係る敷地利用権とを分離して処分することを認める規約を設定することができない。

重要度 B

問 64

□□□

第三者が専有部分または敷地利用権のどちらか一方のみを差し押さえることは，専有部分とその専有部分に係る敷地利用権とを分離して処分することに該当しない。ただし，規約に別段の定めはなく，また，敷地利用権は所有権の共有持分であるものとする。

重要度 C

問 65

□□□

甲マンションには，4つの専有部分があり，101号室と102号室はAが，201号室はBが，202号室はCがそれぞれ所有している。甲の敷地は，AおよびBが敷地利用権（AとBの共有）を有しているが，Cは敷地利用権を有していない。この場合において，Aの所有する101号室に係る敷地利用権と102号室に係る敷地利用権の割合は，その割合が規約に定められているときはその割合によるが，規約に定められていないときは等しい割合による。

[R3]

答 63 ✕

敷地利用権が数人で有する所有権その他の権利である場合でも，規約に別段の定めがあるときは，区分所有者は，その有する専有部分とその専有部分に係る敷地利用権とを分離して処分できる（区分所有法22条1項）。この**分離処分を認める規約による定め**は，敷地利用権たる権利の全部についてのみならず，**敷地利用権たる「権利の一部」についてもすることができる。**したがって，一筆の土地の一部について専有部分とその専有部分に係る敷地利用権とを分離して処分することを認める規約を設定できる。

[H22]

答 64 ✕

専有部分と敷地利用権の一体性を確保するために，区分所有者は，その有する**専有部分**とその専有部分に係る**敷地利用権**とを分離して処分できない（区分所有法22条1項本文）。本問のように，専有部分または敷地利用権のどちらか一方が差し押さえられ，強制執行が行われることは，専有部分とその専有部分に係る敷地利用権が**異なる者に帰属する**ことになり，分離処分に該当する。

[H26]

答 65 ✕

区分所有者が数個の専有部分を所有するときは，各専有部分に係る敷地利用権の割合は，専有部分の床面積の割合による。ただし，規約でこの割合と異なる割合が定められているときは，その割合による（区分所有法22条2項，14条1項）。したがって，「その割合が規約に定められていないとき」は，「等しい割合」ではなく，専有部分の床面積の割合による。

問 66

甲マンションには，４つの専有部分があり，101号室と102号室はＡが，201号室はＢが，202号室はＣがそれぞれ所有している。甲の敷地は，ＡおよびＢが敷地利用権（ＡとＢの共有）を有しているが，Ｃは敷地利用権を有していない。この場合においてＡが，101号室と分離して，101号室に係る敷地利用権について第三者Ｄのために抵当権を設定した場合に，Ｄがその抵当権設定時にそれらの分離処分が禁止されていることを知らないときは，Ａは，その無効をＤに主張することができない。ただし，甲については，不動産登記法の定めるところにより分離して処分することができない専有部分および敷地利用権であることが登記されている。

問 67

敷地利用権が数人で有する所有権である場合において，区分所有者が死亡したときの専有部分および当該専有部分に係る敷地利用権は，相続人も特別縁故者もいないときは，国に帰属する。ただし，受遺者はいないものとし，また，規約に別段の定めはないものとする。

4 管理者

問 68

管理組合および団地管理組合の管理者ならびに管理組合法人の理事は，それぞれの集会において，区分所有者または団地建物所有者および議決権の各過半数の決議により選任する。ただし，規約の別段の定めはないものとする。

問 69

甲マンション管理組合（管理者Ａが置かれている）において，任期途中のＡを集会の決議によって解任するためには，規約に特段の定めがない限り，正当な事由が存することが必要である。

[H26]

答 66

✕

101号室と分離して，101号室に係る敷地利用権について第三者Dのために抵当権を設定することは，分離処分に該当する。分離処分を禁止する規定に違反する処分は無効であるが，その無効を善意の相手方**に主張することができない**（区分所有法23条本文）。しかし，不動産登記法の定めるところにより**登記**（敷地権の登記）**した後**に，分離処分がされたときは，善意の相手方に対しても無効を**主張することができる**（同ただし書）。Dは善意であるが，本問では登記がされているので，Aは，分離処分の無効をDに主張することができる。

[H19]

敷地利用権が数人で有する所有権その他の権利である場合，民法255条の規定（共有者の1人が，その持分を放棄したとき，または死亡して相続人がないときは，その持分は，他の共有者に帰属する）は，**敷地利用権には適用しない**（区分所有法24条，22条1項）。したがって，相続人も特別縁故者もいない場合，**専有部分および当該専有部分に係る敷地利用権**は，国庫に帰属する（民法239条2項，959条）。

[H24]

区分所有者は，規約に別段の定めがない限り集会の普通**決議**によって，**管理者を**選任し，または解任することができる（区分所有法25条1項，39条1項）。この規定は，**管理組合法人の理事の選任・団地管理組合の管理者の選任**の場合に**準用されている**（49条8項，66条）。

[H13]

管理者を**集会の決議**によって**解任**するにあたっては，正当な事由は要求されていない（**区**分所有法25条1項）。また，管理者の権利義務は，民法の**委任**に関する規定に従うので（28条），管理組合は，管理者の任期の途中であっても，また正当な事由がなくても，**いつでも契約を解除することができる**（民法651条1項）。

問 70

管理者の選任について，集会の決議によらず，区分所有者の輪番制によるものと定めることは，規約の定めとして有効である。

問 71

甲マンション管理組合（管理者Aが置かれている）において，Aの解任の議案が集会で否決されても，B（区分所有者の1人である）は，Aの解任の訴えを提起することができる。

問 72

管理者は，集会の決議によらなくとも，共用部分である管理事務室の破損箇所の小修繕の契約をし，その費用の支払をすることができる。ただし，規約に別段の定めはないものとする。

問 73

管理所有者は，その者が管理所有する共用部分を保存し，または改良するため必要な範囲内において，他の区分所有者の専有部分または自己の所有に属しない共用部分の使用を請求することができる。

問 74

不動産業者が建設し，分譲したマンションの共用部分および専有部分に，施工時の瑕疵による損害が発生した。この場合において，管理者は，共用部分に発生した損害について，区分所有者を代理して，損害賠償を請求することができる。

問 75

管理組合の管理者と管理組合法人の理事は，その職務に関し，区分所有者を代理する。

[H21]

答 70 ○

区分所有者は，規約に別段の定めがない限り集会の普通決議によって，**管理者を選任**し，または**解任**することができる（区分所有法25条1項）。したがって，管理者の選任方法は，規約で別段の定めができる。

[H13]

答 71 ○

管理者に不正な行為その他その職務を行うのに適しない事情があるときは，**各区分所有者**は，管理者の**解任を裁判所に請求する**ことができる（区分所有法25条2項）。この請求権は，解任の議案が集会で否決されたとしても，なくなるものではない。

[H21]

答 72 ○

管理者は，**共用部分等を**保存し，集会の決議**を実行**し，ならびに規約で**定めた行為をする**権利を有し，義務を負う（区分所有法26条1項）。共用部分である管理事務室の破損箇所の小修繕の契約は，保存行為であるから，管理者は，集会の決議によらなくとも行うことができる。

[R4]

答 73 ○

管理所有者は，その管理所有する共用部分を保存し，または改良するため**必要な範囲内**において，**他の区分所有者の専有部分または自己の所有に属しない共用部分**の使用を請求できる（区分所有法27条2項，6条2項）。なお，管理所有者ではない単なる管理者は，**この権限**を有しない。

[H17]

答 74 ○

管理者は，共用部分等について生じた**損害賠償金および不当利得による返還金**の請求および受領について，**区分所有者を**代理する（区分所有法26条2項）。

[H22]

答 75 ×

管理者は，その職務に関し，**区分所有者を**代理する（区分所有法26条2項前段）。これに対して，理事は，**管理組合法人を**代表する（49条3項）。なお，管理組合法人は，その事務に関し，区分所有者を代理する（47条6項）。

問 76 管理者の職務に関する代理権に加えた制限は，善意の第三者に対抗することができない。

 問 77 管理者は，集会の決議により，その職務に関し，区分所有者のために，原告または被告となったときは，遅滞なく，区分所有者にその旨を通知しなければならない。

 問 78 規約で管理者が建物の敷地及び附属施設を所有すると定めることにより，管理者はこれらの管理に必要な行為を行う権限を有する。

 問 79 管理者による管理所有が規約で定められている場合，管理者は，共用部分につき損害保険契約を締結することができる。

問 80 管理者が原告として訴訟を追行する場合，当該訴訟に要する費用または要した費用について，管理者は，各区分所有者に対して，前払いまたは償還の請求をすることができるが，弁護士費用については，前払いまたは償還の請求をすることができない。

[H29]

答 76 〇

管理者の代理権に加えた制限は，善意の第三者に**対抗すること
ができない**（区分所有法26条3項）。

[H28]

答 77 ✕

管理者は，規約または集会の決議により，その職務に関し，区
分所有者のために，**原告または被告**となることができる（区分
所有法26条4項）。そして，管理者は，「規約」により**原告また
は被告**となったときは，遅滞なく，区分所有者にその旨を**通知**
しなければならないが（同5項前段），「集会の決議」により**原
告または被告**となった場合には，その**通知義務はない**。

[R3]

答 78 ✕

管理者が管理所有できるのは「**共用部分**」である（区分所有法
27条1項）。したがって，**建物の敷地または共用部分以外の附
属施設**は，区分所有者の共有に属する場合でも，**管理所有の対
象とはならない**。

[R3]

答 79 〇

管理者による管理所有が認められている場合，**管理者**は，区分
所有者全員（一部共用部分については，これを共用すべき区分
所有者）のために，その共用部分を管理する義務を負う（区分
所有法27条2項，20条1項前段）。そして，**共用部分につき損
害保険契約をすること**は，共用部分の**管理に関する事項**とみな
される（18条4項）。したがって，管理所有者である管理者は，
共用部分につき損害保険契約を締結できる。

[H26]

答 80 ✕

管理者の権利義務は，区分所有法および規約に定めるもののほ
か，民法の委任に関する規定に従う（区分所有法28条）。委任
事務を処理するについて費用を要するときは，受任者は，委任
者に対し前払い請求をすることができ，受任者は，**委任事務を
処理するのに必要**と認められる費用を支出したときは，その費
用および支出の日以後におけるその利息の**償還を請求すること**
ができる（民法649条，650条1項）。**弁護士費用**もこれらの費
用に含まれる。

第2章 区分所有法等

問 81

管理組合に管理者が置かれている場合，管理者は，マンションの管理を行った場合には，規約に別段の定めがなくても，法律上当然に，相当額の報酬を請求することができる。

問 82

区分所有する者が複数名である甲マンションにおいて，区分所有者Aが管理者である場合，Aは，やむを得ない事由があるときでなければ，管理者としての事務を第三者に委任することはできない。

問 83

区分所有する者が複数名である甲マンションにおいて，区分所有者Aが管理者である場合，Aは，甲マンションの敷地が区分所有者の共有又は準共有に属しない場合には，敷地に関して，これを保存し，集会の決議を実行し，並びに規約で定めた行為をする権限を有しない。

問 84

管理者がその職務を行うため自己の過失なくして損害を受けたときは，管理者は，委任の規定に従い，その賠償を請求することができる。

問 85

区分所有者Aが甲マンションの管理者である場合，Aが集会の決議に基づいて管理者になっているときは，辞任によって管理者の地位から離れるためには，集会において辞任を承認する決議が必要である。

問 86

区分所有者は，管理者がその職務の範囲内において第三者との間にした行為につき，専有部分の床面積の割合に応じて責任を負う。ただし，規約に別段の定めはないものとする。

答 81 ✕

管理者の権利義務は，区分所有法および規約に定めるもののほか，民法の委任に関する規定に従う（区分所有法28条）。委任は，原則として無償とされている（民法648条1項）。

[R2]

答 82 ✕

管理者の権利義務は，区分所有法及び規約に定めるもののほか，**委任**に関する規定に従う（区分所有法28条）。そして，受任者（A）は，**やむを得ない事由**があるときのほか，**委任者の許諾**を得たときにも，復受任者を選任できる（民法644条の2第1項）。

[R2]

答 83 ○

管理者は，**共用部分**並びに区分所有者の共有に属する場合における当該建物の**敷地**及び**附属施設**を保存し，集会の決議を実行し，並びに規約で定めた行為をする権利を有し，義務を負う（区分所有法26条1項）。したがって，敷地が区分所有者の共有又は準共有に**属しない**場合には，管理者（A）には，敷地に関してこれらの行為をする権利や義務はない。

[H29]

答 84 ○

管理者の権利義務は，委任に関する規定に従う（区分所有法28条）。受任者は，委任事務を処理するために自己に過失なく**損害を受けた**ときは，委任者に対し，その**賠償を請求することができる**（民法650条3項）。

[H27]

答 85 ✕

管理者の権利義務は，委任に関する規定に従う（区分所有法28条）。委任者・受任者は，**いつでも特別な理由がなくても自由**に委任を**解除**できる（民法651条1項）。したがって，受任者である管理者が**辞任**をするのに，その承認をする**集会の決議は不要**である。

[H23]

答 86 ○

管理者がその職務の範囲内において第三者との間にした行為につき**区分所有者がその責めを負う割合**は，規約に別段の定めがない限り，**区分所有法14条に定める割合**（専有部分の床面積の割合）と同一の割合となる（区分所有法29条1項）。

5 規約および集会

重要度 **S**★★★

問 87

建物の管理又は使用に関する区分所有者相互間の事項を規約で定めることができるのは，専有部分以外の建物の部分，専有部分に属しない建物の附属物及び共用部分とされた附属の建物の管理又は使用に関する事項に限られる。

重要度 **A**

問 88

近隣住民との協定に基づく電波障害防止設備の維持管理費を区分所有者が負担する旨の規約の定めを変更し，近隣住民に負担させることとする旨を規約に定めても，近隣住民に対して効力は生じない。

重要度 **B**

問 89

区分所有者Aは，ペットとしての犬の飼育が規約で禁止されているにもかかわらず，ペットとして小型犬の飼育を始めた。甲マンション管理組合の管理者が再三にわたり中止するよう申し入れたが，Aは，その申入れを無視して犬の飼育を継続している。Aの犬の飼育が他の居住者に具体的に実害を発生させ，あるいは発生させる蓋然性はないとしても，Aの犬を飼育する行為は，規約に違反する行為である。

重要度 **B**

問 90

住居専用のマンションにおいて，現に居住する区分所有者と現に居住していない区分所有者について，管理組合の運営のための業務負担に応じ異なる管理費等の負担を内容とする規約を設定することはできない。

[R3]

建物又はその敷地若しくは附属施設の管理又は使用に関する区分所有者相互間の事項は，区分所有法に定めるもののほか，規約で定めることができる（区分所有法30条１項）。そして，その対象となる事項は，「専有部分以外の建物の部分」，「専有部分に属しない建物の附属物」及び「共用部分とされた附属の建物の管理又は使用に関する事項」に限られず，「専有部分」についても，その管理や使用が区分所有者全体に影響を及ぼすような事項については，規約で定めることができる。

[H20]

規約で定めることができるのは，建物（専有部分・共用部分）またはその敷地もしくは附属施設の管理または使用に関する区分所有者相互間の事項である（区分所有法30条１項）。したがって，近隣住民に義務を課し，法的に拘束する旨を規約に定めても，近隣住民に対して効力は生じない。

⚠️ ココも注意！　専有部分の譲渡その他の処分を禁止することも，管理や使用に関する区分所有者相互間の事項ではないので，規約で定めることはできない。

[H18]

ペットとしての犬の飼育が規約で禁止されている場合には，犬の飼育が他の居住者に具体的に実害を発生させ，あるいは発生させる蓋然性はないとしても，犬を飼育する行為は，規約に違反する行為である（判例）。

[H24]

住居専用のマンションにおいて，現に居住する区分所有者と現に居住していない区分所有者について，管理組合の運営のための業務負担に応じ異なる管理費等の負担を内容とする規約を設定することは，可能である（判例）。

問 91

一部共用部分の管理は，区分所有者全員の利害に関係するもの以外は，これを共用すべき区分所有者のみで行う。

重要度 B

問 92

共用部分について規約を定めることができるが，専有部分について規約を定めることはできない。

重要度 A

問 93

規約は，管理組合の基本となるものであるから，電磁的記録により作成することはできない。

重要度 B

問 94

ペットの飼育について特に定めていなかった規約を改正して，「小鳥，金魚以外の動物の飼育を禁止する」という定めを置く場合，既に犬や猫を飼育している区分所有者の承諾を得る必要はない。

[H30]

一部共用部分の管理のうち，区分所有者全員の利害に関係するもの，または規約に定めがあるものは，区分所有者全員で，その他のものは，これを共用すべき区分所有者のみで行う（区分所有法16条）。したがって，一部共用部分の管理で，区分所有者全員の利害に関係しないものであっても，**規約に定めを置けば，区分所有者全員で管理することができる。**

[H19]

規約は，専有部分もしくは共用部分または建物の敷地もしくは附属施設（建物の敷地または附属施設に関する権利を含む）につき，これらの**形状，面積，位置関係，使用目的**および**利用状況**ならびに**区分所有者が支払った対価**その他の事情を総合的に考慮して，**区分所有者間の利害の衡平**が図られるように定めなければならない（区分所有法30条3項）。すなわち，専有部分について規約を定めることもできる。

[H15]

規約は，書面または電磁的記録により，これを作成しなければならない（区分所有法30条5項）。

[H14]

規約の設定，変更または廃止が一部の区分所有者の権利に特別の影響を及ぼすべきときは，その承諾を得なければならない（区分所有法31条1項）。**ペットの飼育**について**特に定めていな**かった規約を改正して，「小鳥，金魚以外の動物の飼育を禁止する」という定めを置く場合，すでに犬や猫を飼育している区分所有者に対して特別の影響を及ぼすとはいえず，**その承諾を得る必要はない**（判例）。

問 95

マンションの駐車場が区分所有者の共有に属する敷地上にあり，その駐車場の一部が分譲時の契約等で特定の区分所有者だけが使用できるものとして有償の専用使用権が設定されている場合，使用料を増額するために規約を変更する集会の決議および特別の影響について，区分所有法第31条に規定されている特別の影響を及ぼすべきときに当たるのは，規約の設定，変更等の必要性および合理性とこれによって一部の区分所有者が受ける不利益とを比較衡量し，区分所有関係の実態に照らして，その不利益が区分所有者の受忍すべき限度を超える場合である。

 問 96

未利用の規約敷地の一部について，特定の区分所有者に対して特に有利な条件で，かつ，排他的に使用収益をする権利を規約で設定する場合には，その集会の決議に当たり，他の区分所有者全員の承諾を得なければならない。

 問 97

マンションの駐車場が区分所有者の共有に属する敷地上にあり，その駐車場の一部が分譲時の契約等で特定の区分所有者の専用とされている場合，駐車場の使用方法等を定めている規約に，すべての駐車場について，区分所有者の公平な利用を確保するため，特定の区分所有者の駐車場を専用使用する権利を廃止する旨を定める変更をする集会の決議に当たっては，当該特定の区分所有者の承諾を必要とする。

[H30]

「**特別の影響を及ぼすべきとき**」とは，規約の設定，変更等の
必要性および合理性とこれによって**一部の区分所有者が受ける**
不利益とを**比較衡量**し，当該区分所有関係の実態に照らして，
その**不利益が区分所有者の受忍すべき限度を超える**と認められ
る場合をいう（判例）。

[R2]

規約の設定・変更・廃止が一部**の区分所有者**の権利に特別の影
響を及ぼすべきときは，**その承諾**を得なければならない（区分
所有法31条１項後段）。特定の区分所有者に対して特に有利な
条件で排他的に使用収益をする権利（専用使用権）を規約で設
定する場合は，規約の設定・変更・廃止が一部の区分所有者の
権利に特別の影響を及ぼすべきときに該当する。したがって，
専用使用権の設定を受ける区分所有者を除いた他の区分所有者
全員の承諾を得なければならない。

[H17]

集会の決議をもって，**特定の区分所有者の駐車場を専用使用す**
る権利を廃止する旨を定めることは，区分所有法31条１項にい
う特別の影響を及ぼすものといえるので，当該特定の区分所有
者の**承諾を必要とする**（判例）。

問 98 マンションの駐車場が区分所有者の共有に属する敷地上にあり，その駐車場の一部が分譲時の契約等で特定の区分所有者の専用とされている場合，駐車場の使用方法等を定めている規約に特定の区分所有者が分譲時の契約で専用使用することとされている駐車場の低廉な使用料について，社会通念上相当な額に増額する旨を定める変更をする集会の決議に当たっては，当該特定の区分所有者の承諾を必要とする。

問 99 「敷地および建物の使用については，別に使用細則を定めるものとする」との定めがある場合，使用細則の設定，変更または廃止は，議決権総数の半数以上を有する区分所有者が出席した集会において出席区分所有者の議決権の過半数で決する旨を規約に定めることは，許される。

問 100 一部共用部分に関する事項で区分所有者全員の利害に関係しないものについての区分所有者全員の規約の設定は，当該一部共用部分を共用すべき区分所有者の4分の1を超える者が反対したときは，することができない。

問 101 既存のマンションの専有部分をすべて購入し，その専有部分の全部を分譲する予定のマンション業者は，区分所有法第32条の規定に基づき公正証書による規約を設定することができない。

問 102 建物が完成する前に区分所有法第32条の規定に基づく公正証書により規約が設定された場合には，建物の完成前で所有権が取得されていなくても，規約の効力が生じるのは公正証書を作成した時である。

[H17]

答 98

✕

集会の決議をもって，特定の区分所有者が分譲時の契約で専用使用することとされている**駐車場の低廉な使用料**について，社会通念上相当な額に増額する旨を定める場合は，区分所有法31条1項にいう特別の影響を及ぼすものとはいえず，当該特定の区分所有者の**承諾を必要としない**（判例）。

[H21]

答 99

○

集会の議事は，区分所有法または規約に別段の定めがない限り，**区分所有者および議決権の各過半数で決する**（区分所有法39条1項）。「使用細則の設定，変更または廃止の決議要件」については，区分所有法上規定がないが，規約で別段の定めを設けることができるため，本問の内容を定めることも許される。

[H23]

答 100

○

一部共用部分に関する事項で区分所有者全員の利害に関係しないものについての区分所有者全員の規約の設定，変更または廃止は，その**一部共用部分を共用すべき区分所有者の4分の1を超える者**またはその議決権の4分の1を超える議決権を有する者が反対したときは，することができない（区分所有法31条2項，30条2項）。

[H18]

答 101

○

最初に**建物の専有部分の全部を所有する者**は，公正証書により，一定の事項について規約を設定することができる（区分所有法32条）。しかし，いったん専有部分が複数の区分所有者に帰属した後に専有部分の全部を取得した者は，「**最初に建物の専有部分の全部を所有する者**」とはいえない。したがって，本問のマンション業者は，公正証書により，**規約を設定することはできない**。

[H28]

答 102

✕

最初に建物の専有部分の全部を所有する者が**公正証書**によって設定した規約の効力は，公正証書の作成の時に生ずる。しかし，**建物完成前に公正証書が作成**された場合には，建物完成時（**区分所有権が成立した時**）に効力が生ずる。

重要度 A

問 **103** □□□ 区分所有者の全員に規約の写しを配布してあれば，規約の保管をする必要はない。

重要度 S★★★

問 **104** □□□ 規約は，管理者がないときは，建物を使用している区分所有者またはその代理人が保管しなければならないが，保管する者の選任は，集会の決議によるほか規約で定めることもできる。

重要度 A

問 **105** □□□ 管理者は，規約に特段の定めがない限り，規約，集会の議事録，書面決議の書面およびその事務に関する報告書を保管し，利害関係人の閲覧に供する義務を負う。

重要度 B

問 **106** □□□ 法人でない管理組合の規約の保管及び閲覧に関し，区分所有権を第三者に譲渡して移転登記も済ませた者は，利害関係を有する閲覧請求権者には該当しない。

[H14]

区分所有者の全員に規約の写しを配布したとしても，規約の原本を保管しなくてもよくなるわけではなく，管理者等が**規約を保管**しなければならない（区分所有法33条1項）。

[H30]

規約は，管理者**が保管**しなければならない。ただし，管理者がないときは，**建物を使用している区分所有者**または**その代理人**で規約または集会の決議で**定めるものが保管**しなければならない（区分所有法33条1項）。

⚠️ **ココも注意！** 管理者がいる場合は，管理者が規約を保管しなければならず，規約で「管理者が他に規約の保管者を指定することができる」と定めることはできない。

[H13]

管理者は，規約，集会の議事録および書面決議の書面を**保管**し，**利害関係人の閲覧に供する義務がある**（区分所有法33条1項・2項，42条5項，45条4項）。しかし，事務に関する報告書については，区分所有法上，保管や閲覧についての規定はない。

[R2]

規約を保管する者は，**利害関係人の請求**があったときは，正当な理由がある場合を除いて，**規約の閲覧**（規約が電磁的記録で作成されているときは，当該電磁的記録に記録された情報の内容を法務省令で定める方法により表示したものの当該規約の保管場所における閲覧）を**拒んではならない**（区分所有法33条2項）。ここでいう「利害関係人」とは，**法律上の利害関係がある者**をいい，区分所有権を第三者に譲渡して移転登記も済ませた者は，区分所有者ではなく，さらには管理組合の組合員の資格を喪失しているため，**利害関係を有する閲覧請求権者には該当しない**（判例）。

第2章 区分所有法等

問 107

管理者がないときは，区分所有者の6分の1以上で議決権の6分の1以上を有するものは，集会を招集することができる旨の規約の定めは，効力を生じる。

問 108

甲マンション管理組合が「現在の仕様に合わせた屋上防水補修工事の実施およびそれに係る修繕積立金の一部取崩しの件」を議案とする集会を5月25日に開催する場合において，管理者が集会の招集通知書を，同年5月17日に発信することとしたことは，区分所有法の規定に反する。ただし，規約に別段の定めはないものとする。

問 109

集会の招集の通知を各区分所有者に発する期間について，会日より少なくとも1週間前とする区分所有法の定めよりも伸縮することは，規約で定めることも集会の決議で決することもできる。

問 110

区分所有者が法所定の手続きに従い管理者に対して集会の招集を請求したにもかかわらず，管理者が2週間経過しても集会の招集の通知を発しなかった場合，その請求をした区分所有者が集会を招集することができる。

問 111

Aおよびその妻Bは，甲マンション（その敷地を区分所有者が共有しているものとする）の1室を共有しており，Aの持分は3分の1である。議決権を行使すべき者が定められていない場合には，持分の小さいAに対してした集会の招集通知は，有効である。

[H23]

答 107

○

管理者がないときは，**区分所有者**の5分の1以上で**議決権**の5分の1以上を有するものは集会を招集できるが，この定数は規約で減ずることができる（区分所有法34条5項）。したがって，「5分の1」を減じて，「6分の1」とする本問の規約の定めは，有効である。

[H16]

答 108

×

集会の招集の通知は，会日より少なくとも1週間前に，会議の目的たる事項を示して，各区分所有者に**発しなければならない**（区分所有法35条1項）。したがって，集会を5月25日に開催する場合において，8日前である「5月17日に発信するとした」ことは，区分所有法の規定に反しない。

[H19]

答 109

×

集会の招集の通知は，会日より少なくとも1週間前に，会議の目的たる事項を示して，各区分所有者に**発しなければならない**のが原則であるが，この期間は，「**規約**」でのみ，伸縮することができる（区分所有法35条1項）。

[R1]

答 110

○

区分所有者の5分の1以上で議決権の5分の1以上を有するものが，**管理者**に対し，**集会の招集**を請求した場合，2週間以内にその請求の日から4週間以内の日を会日とする集会の招集の通知が発せられなかったときは，その**請求をした区分所有者**は，**集会を招集できる**（区分所有法34条3項・4項）。

[H15]

答 111

○

専有部分が数人の共有に属するときは，集会の招集の通知は，議決権を行使すべき者にするか，**その者がないときは，共有者の1人**にすれば足りる（区分所有法35条2項）。専有部分の共有者のうち，誰に通知するかは，持分の大小には関係がない。

重要度 A

問 112

ペットの飼育に関する規約改正に係る集会の招集および議決権行使に関し、区分所有者からの照会に対して甲マンション管理組合の管理者が行った「集会の招集通知は、あらかじめご連絡をいただければ、ご親戚などの家にお届けすることもできます」という説明は、適切である。

重要度 A

問 113

甲マンション管理組合が「現在の仕様に合わせた屋上防水補修工事の実施およびそれに係る修繕積立金の一部取崩しの件」を議案とする集会を5月25日に開催する場合において、管理者が、長期の海外駐在中の区分所有者から、現在の居住地および連絡先についての通知を受けていなかったため、マンション内の見やすい場所に集会の招集通知書を掲示することとしたことは、区分所有法の規定に反する。ただし、規約に別段の定めはないものとする。

重要度 S★★★

問 114

集会の目的たる事項が、管理組合法人の解散である場合、議案についてその要領の通知を義務づけられていない。

重要度 A

問 115

集会の目的たる事項が、建物の価格の2分の1を超える部分が滅失した場合における共用部分の復旧である場合、議案について、その要領の通知を義務づけられていない。

重要度 A

問 116

区分所有者全員が打合せのために集まり、その全員の同意があっても、招集の手続を経ていないのでその場で集会を開くことはできない。

[H15]

集会の招集の通知は，区分所有者が管理者に対して通知を受けるべき場所を**通知したときは**その場所に，これを通知しなかったときは**区分所有者の所有する**専有部分が所在する場所にあててすれば足りる（区分所有法35条3項前段）。

[H16]

「建物内に住所を有する区分所有者」または「通知を受けるべき場所を通知しない区分所有者」に対する集会の招集の通知は，規約に特別の定めがあるときは，建物内の見やすい場所に掲示してすることができる（区分所有法35条4項）。本問の場合，規約に別段の定め（特別の定め）がないため，区分所有法の規定に反する。

[H20]

会議の目的である事項が，**管理組合法人の解散**である場合（区分所有法55条1項3号），議案の要領の**通知は不要**である（35条5項参照）。

> ⚠️ **ココも注意！** 議案の要領の通知が必要となるのは，会議の目的たる事項が，①共用部分の重大変更，②規約の設定・変更・廃止，③大規模滅失の復旧決議，④建替え決議，⑤団地規約の設定，⑥一括建替え承認決議に付する旨の決議のときである（35条5項）。35条5項に55条1項3号は含まれていない。

[H20]

建物価格の2分の1を超える部分が滅失（大規模滅失）した場合（区分所有法61条5項）の復旧決議の場合は，その議案の要領をも通知しなければならない（35条5項）。

[H22]

集会は，区分所有者全員の同意があるときは，**招集の手続を経ないで開くことができる**（区分所有法36条）。

修繕積立金の取崩しを議題とする集会で，修繕積立金を月額
10パーセント値上げすべきであるとの意見が出た場合，規約
に別段の定めがなくても，修繕積立金の10パーセント値上げ
の決議をすることができる。

数個の専有部分を所有する区分所有者が存在しない場合には，
各区分所有者の議決権の割合について，規約で住戸一戸につき
各一個の議決権と定めることにより，決議に必要な区分所有者
の定数と一致させることができる。

集会招集通知に「集会に代理人を出席させる場合は，あらかじ
め，その旨を管理組合に届け出なければなりません」と記載さ
れている場合，その届出がなく集会当日に委任状を持参した者
がいても，その委任状を有効とする必要はない。

集会を開催したところ議長の他に出席者が１人しかいない場合
でも，委任状および議決権行使書の数が規約で定めた定定数に
達していれば集会は成立するし，議案を決議することもでき
る。

区分所有者は，規約または集会の決議によらなくても，電磁的
方法によって議決権を行使することができる。

[H14]

集会においては，招集通知によりあらかじめ通知した事項についてのみ，決議をすることができる（区分所有法37条1項）。この規定は，**特別決議事項を除いて，規約で別段の定めをする**ことができる（同2項）。したがって，規約に別段の定めがなければ，「修繕積立金の取崩し」を議題とする集会で，「修繕積立金の値上げ」の決議をすることはできない。

[H28]

各区分所有者の**議決権**は，規約に別段の定めがない限り，**共用部分の持分割合**による（区分所有法38条）。したがって，各区分所有者の「議決権の割合」は規約でその割合を定めることができるため，それを，決議に必要な「**区分所有者の定数**」と一致させることは可能である。

[H21]

区分所有者は，**代理人によって議決権を行使**することができる（区分所有法39条2項）。これは**区分所有者の権利**であるから，集会前に代理人が出席する旨の届出がされていなくても，委任状を持参した者がいれば，代理人として認める必要があり，委任状を無効とすることはできない。

[H27]

定足数とは，集会が有効に成立するために**必要な最小限の出席**者数のことをいう。区分所有法上，集会の開催に必要な定足数に関する規定はないが，**規約で定足数を定めることは可能であ**り，規約で定めた**定足数**には，実際に出席した区分所有者のほか，**委任状および議決権行使書の数も算入**される。

[H23]

区分所有者は，規約または集会の決議により，**書面による議決権の行使**に代えて，**電磁的方法によって議決権を行使**できる（区分所有法39条3項）。

問 **122**

専有部分を3人が共同で相続した場合において、議決権を行使する者が定められていないときは、3人のうちの1人に対して集会の招集通知をすれば足りる。

 問 **123**

「一つの専有部分が数人の共有に属するときは、各共有者は、その共有持分の割合に応じて議決権を行使することができる」旨の定めは、規約としての効力を生じない。

 問 **124**

管理組合の管理者（または集会を招集した区分所有者の1人）と管理組合法人の理事は、集会においては、規約に別段の定めがある場合および別段の決議をした場合を除いて、議長となる。

 問 **125**

集会の議事録を電磁的記録により作成するためには、規約による規定または集会の決議が必要である。

 問 **126**

集会の議事録には、集会における発言者全員の発言の要旨を記録または記載する必要はない。

問 **127**

書面で作成された集会の議事録について、集会に出席した区分所有者2人の署名は省略することができると定めることは、規約の定めとして有効である。

[H22]

答 122 ○

専有部分が数人の共有に属するときは，共有者は，議決権を行使すべき者**1人を定めなければならない**（区分所有法40条）。そして，専有部分が数人の共有に属するときは，**集会の招集通知**は，共有者間で定められた議決権を行使すべき者（**その者がないときは，共有者の1人**）にすれば足りる（35条2項）。

[H25]

答 123 ○

専有部分が数人の共有に属するときは，共有者は，議決権を行使すべき者**1人を定めなければならない**（区分所有法40条）。したがって，各共有者に議決権行使を認める定めは，規約として**の効力が生じない**。

[H22]

答 124 ○

集会では，規約に別段の定めがある場合および別段の決議をした場合を除き，**管理者**（または集会を招集した区分所有者の1人）**が議長となる**（区分所有法41条）。また，管理組合法人では，この規定における「管理者」は「理事」と読み替える（47条12項）。

[R4]

答 125 ×

集会の議事録は，**書面または電磁的記録により作成**しなければならない（区分所有法42条1項）。書面または電磁的記録のいずれで作成するかは**任意に選択できる**のであって，電磁的記録**により作成**する場合に，規約の規定または集会の決議は不要である。

[H22]

答 126 ○

集会の議事録に，議事の経過の要領およびその結果を記載し，または記録しなければならない（区分所有法42条2項）。しかし，集会における発言者全員の発言の要旨までをも記録・記載すべき旨の規定はない。

[H21]

答 127 ×

議事録が**書面**で作成されているときは，議長および**集会に出席した区分所有者の2人**（合計3人）がこれに署名しなければならない（区分所有法42条3項）。この規定は強行規定であり，規約で別段の定めはできない。

問 128

管理者がいる場合，規約に定めることにより，管理者が指名した者を規約の保管者とすることができる。

問 129

管理者は，集会において，毎年1回一定の時期に，その事務に関する報告をしなければならないが，規約の定めにより書面の送付をもって報告に代えることができる。

問 130

管理者が集会において毎年1回一定の時期に行わなければならない事務の報告については，規約または集会の決議で省略するものとすることはできない。

問 131

管理費を増額する規約の変更に係る集会の決議を行う場合における専有部分の賃借人は，会議の目的たる事項について利害関係を有するとして，区分所有法第44条第1項の規定により，集会に出席して意見を述べることができる。

問 132

甲マンション301号室の区分所有者Aが，専有部分をBに賃貸している場合，規約を変更しペットの飼育を禁止することについて集会で決議する場合，301号室でペットを飼育しているBは，利害関係を有するとして，集会に出席して当該規約変更に関する意見を述べることができる。

答 128
✕

規約は，**管理者が保管**しなければならない。ただし，**管理者がないとき**は，**建物を使用している区分所有者またはその代理人**で規約または**集会の決議で定めるものが保管**しなければならない（区分所有法33条1項）。したがって，管理者がいるときは，管理者が保管しなければならないのであって，規約に定めても，管理者が指名した者を規約の保管者とすることはできない。

答 129
✕

管理者は，集会において，毎年1回一定の時期に，その事務に関する**報告をしなければならない**（区分所有法43条）。つまり，あくまで「**集会**」において報告しなければならないのであり，規約でその旨を定めても，**書面の送付をもって，報告に代えること**はできない。

答 130
○

管理者は，集会において，**毎年1回一定の時期**に，その事務に関する報告をしなければならない（区分所有法43条）。この事務の報告については，規約または集会の決議で省略するものとすることはできない。

答 131
✕

区分所有者の承諾を得て専有部分を占有する者は，会議の目的たる事項につき利害関係を有する場合には，**集会に出席して意見を述べることができる**（区分所有法44条1項）。しかし，専有部分の賃借人にとって「管理費の増額」は，直接利害関係があるとはいえず，集会に出席して意見を述べることはできない。

答 132
○

ペットの飼育を禁止する規約が定められた場合，すでにペットを飼育している**専有部分の賃借人**（B）は，**直接に不利益を被る**ことになる。したがって，Bには利害関係があるといえ，Bは，**集会に出席して意見を述べることができる**。

第2章　区分所有法等

145

問 133 区分所有法または規約により集会において決議をすべき場合において，電磁的方法による決議をするためには，区分所有者の4分の3以上の承諾がなければならない。

問 134 区分所有法または規約により集会において決議すべきものとされた事項については，区分所有者全員の電磁的方法による合意があったときは，電磁的方法による決議があったものとみなされる。

問 135 区分所有法または規約により集会において決議すべきものとされた事項についての電磁的方法による決議は，集会の決議と同一の効力を有する。

問 136 規約を改正し，管理費等の支払義務について，賃借人も区分所有者と連帯してこれを負担しなければならない旨の定めを置いても，賃借人に対する効力は生じない。

[H30]

答 133

✕

区分所有法または規約により集会において決議をすべき場合，**区分所有者**全員の承諾があるときは，書面または電磁的方法**による決議**ができる（区分所有法45条１項）。

[H30]

答 134

○

区分所有法または規約により集会において決議すべきものとされた事項については，**区分所有者全員の書面または電磁的方法による合意**があったときは，**書面または電磁的方法による決議**があったものとみなされる（区分所有法45条２項）。

[H30]

答 135

○

区分所有法または規約により集会において決議すべきものとされた事項についての書面または電磁的方法**による決議**は，集会の決議と**同一の効力を有する**（区分所有法45条３項）。

[H20]

答 136

○

管理費等の支払義務を負うのは区分所有者である。**占有者**は，建物またはその敷地もしくは附属施設の使用方法につき，区分所有者が規約または集会の決議に基づいて負う義務と**同一の義務を負う**が（区分所有法46条２項），管理費支払義務は使用方法についての義務ではない。したがって，賃借人に管理費等の支払義務を負担させる旨の規約の定めは効力を生じない。

6 管理組合法人

重要度 B
問 137

一棟の建物に二以上の区分所有者が存する場合には，管理者が定められず，かつ，規約が設定されていなくても，区分所有法第３条に規定する区分所有者の団体が成立し，権利能力のない社団が存在する。

重要度 S★★★
問 138

区分所有法第３条に規定する区分所有者の団体は，区分所有者および議決権の各４分の３以上の多数による集会の決議で法人となる旨ならびにその名称および事務所を定めることで直ちに法人となることができる。

重要度 A
問 139

管理組合が主たる事務所の所在地において登記をすることによって管理組合法人となる場合において，管理組合法人の監事については登記はなされない。

137
✕

一棟の建物に二以上の区分所有者が存する場合には，**区分所有法第３条に規定する区分所有者の団体**（管理組合）**は成立する**が（区分所有法３条），「管理者が定められず，かつ，規約の設定がされていない場合」には，「**権利能力のない社団**」**が存在するとはいえない**。「**権利能力のない社団**」と言い得るためには，**団体としての組織を備え，多数決の原則**が行われ，**構成員が変更しても団体そのものが存続し**，その組織によって**代表の方法，総会の運営，財産の管理その他団体としての主要な点が確定している**ものでなければならないからである（判例）。

⚠ **ココも注意!** 「区分所有法第３条に規定する区分所有者の団体」は，設立の手続を要することなく，法律上当然に成立**する**。また，**集会を開き，規約を定め，管理者を置くことは，あくまでも任意**であり，義務づけられているわけではない。

 138
✕

区分所有法３条に規定する団体（管理組合）は，**区分所有者および議決権の各４分の３以上の多数による集会の特別決議で法人となる旨**ならびに**その名称および事務所**を定め，かつ，その**主たる事務所の所在地で登記をすることによって法人となる**（区分所有法47条１項）。したがって，特別決議で所定の事項を定めることで直ちに法人となるのではなく，さらに主たる事務所の所在地で登記をして，はじめて**法人となる**。

 139
○

管理組合は，主たる事務所の所在地で**登記**をすることにより**管理組合法人**となる（区分所有法47条１項）。そして，管理組合法人に関して**登記すべき事項**は，目的・業務，名称，事務所の所在場所，**代表権を有する者の氏名・住所および資格，共同代表の定めがあるときはその定め**であり（47条３項，組合等登記令２条），**監事は登記事項ではない**。

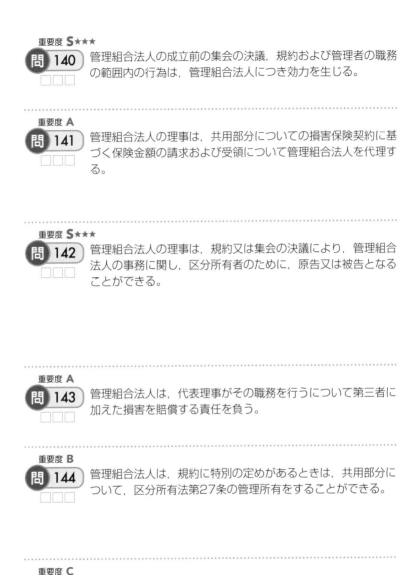

重要度 **S**★★★

問 140

管理組合法人の成立前の集会の決議，規約および管理者の職務の範囲内の行為は，管理組合法人につき効力を生じる。

重要度 **A**

問 141

管理組合法人の理事は，共用部分についての損害保険契約に基づく保険金額の請求および受領について管理組合法人を代理する。

重要度 **S**★★★

問 142

管理組合法人の理事は，規約又は集会の決議により，管理組合法人の事務に関し，区分所有者のために，原告又は被告となることができる。

重要度 **A**

問 143

管理組合法人は，代表理事がその職務を行うについて第三者に加えた損害を賠償する責任を負う。

重要度 **B**

問 144

管理組合法人は，規約に特別の定めがあるときは，共用部分について，区分所有法第27条の管理所有をすることができる。

重要度 **C**

問 145

管理組合法人は，財産目録を作成しなければならないが，常にこれを主たる事務所に備え置くことについては義務づけられていない。

[H20]

答 140
○

管理組合法人の成立前の集会の決議，規約および管理者の職務の範囲内の行為は，管理組合法人につき**効力を生ずる**（区分所有法47条5項）。

[H24]

答 141
×

管理組合法人は，共用部分等についての損害保険契約に基づく保険金額ならびに共用部分等について生じた損害賠償金および不当利得による返還金の請求および受領について，**区分所有者を代理する**（区分所有法47条6項）。つまり「理事」が「管理組合法人」を代理するのではない。

[R3]

答 142
×

管理組合法人は，**規約または集会の決議**により，その事務（共用部分等についての損害保険契約に基づく保険金額ならびに共用部分等について生じた損害賠償金および不当利得による返還金の請求および受領を含む）に関し，区分所有者のために，原告または被告となることができる（区分所有法47条8項）。原告または被告となるのは「法人自身」であり，「理事」ではない。

[R3]

答 143
○

管理組合法人は，代表理事その他の理事がその職務を行うについて**第三者に加えた損害を賠償する責任を負う**（区分所有法47条10項，一般社団法人及び一般財団法人に関する法律78条）。

[H20]

答 144
×

管理組合法人には，区分所有法上の管理者に関する規定が**適用されない**（区分所有法47条11項は，管理者に関する規定（25条～29条）を準用していない）。したがって，管理組合法人は，共用部分について，区分所有法27条の管理所有をすることができない。

[H26]

答 145
×

管理組合法人は，設立の時および毎年1月から3月までの間に財産目録を作成し，常にこれをその主たる事務所に備え置かなければならない（区分所有法48条の2第1項本文）。

問 146 管理組合法人には，理事は必ず置かなければならないが，監事については，置くかどうかを規約で定め，その定めに従い1人または数人の監事を置く。

問 147 理事が数人ある場合の管理組合法人の事務について，規約によって，理事の過半数ではなく，理事全員の合意で決する旨を定めることはできない。

問 148 理事が数人ある場合の管理組合法人を代表すべき理事の選定について，規約によって，理事の互選により選出する旨を定めることはできない。

問 149 理事が数人ある場合において，規約によって，管理組合法人を代表すべき理事を定めたときは他の理事は代表権を有せず，数人の理事が共同して管理組合法人を代表すべきことを定めたときはその数人の理事が共同してしなければ代表権を行使することができない。

問 150 管理組合の管理者と管理組合法人の理事は，任期は2年であるが，規約で3年以内において別段の期間を定めたときは，その期間とする。

答 146

✕

管理組合法人には，理事および監事を置かなければならない（区分所有法49条１項，50条１項）。置くかどうかを規約で定めるのではなく，**必ず置かなければならない。**

> ⚠️ **ココも注意！** 理事および監事は，原則として**集会の普通決議で選任する**（49条8項，50条4項，25条）。なお，監事は，理事または管理組合法人の使用人と**兼ねてはならない**（50条２項）。

答 147

✕

理事が数人ある場合において，規約に別段の定めがないときは，管理組合法人の事務は，**理事の**過半数で決する（区分所有法49条２項）。規約で別段の定めができるので，管理組合法人の事務について，理事全員の合意で決する旨の規約を定めることもできる。

答 148

✕

理事が数人ある場合，**各自**管理組合法人を代表する（区分所有法49条４項）。しかし，理事が数人ある場合，規約もしくは集会の決議によって，**管理組合法人を代表すべき理事**を定め，もしくは数人の理事が共同して**管理組合法人を代表すべきことを**定め，または規約の定めに基づき**理事の**互選によって**管理組合法人を**代表すべき理事を定めることもできる（同５項）。

答 149

○

理事が数人ある場合において，規約もしくは集会の決議によって，**管理組合法人を**代表すべき理事を定めたときは他の理事は代表権を有せず，数人の理事が共同して管理組合法人を代表すべきことを定めたときは，その数人の理事が共同してしなければ代表権を行使することができない（区分所有法49条５項）。

答 150

✕

管理組合法人の**理事の任期**は，２年とするが，**規約で３年以内**において**別段の**期間を定めたときは，その期間とする（区分所有法49条６項）。他方，管理者については，任期を制限する規定はない。

問 151

集会の決議による解任で退任した管理組合法人の理事は，後任者が就任するまでの間は，引き続きその職務を行う義務を負う。

問 152

前理事の解任に伴い管理組合法人の集会で新たに選任された理事Aは，規約または集会の決議によって禁止されていないときに限り，特定の行為の代理をマンション管理士に委任することができる。

問 153

理事が欠けた場合において，事務が遅滞することにより損害を生ずるおそれがあるときには裁判所によって仮理事が選任されるが，監事が欠けた場合には，事務が遅滞することにより損害を生ずるおそれがあるときであっても裁判所による仮監事の選任はなされない。

問 154

複数の理事がいる管理組合法人において，理事全員が共同して管理組合法人を代表する旨が規約によって定められている場合，そのうちの理事1人と管理組合法人との間で利益相反事項が生じるときには，当該利益相反事項と関わりのない他の理事が管理組合法人を代表することができる。

[H15]

理事が欠けた場合または規約で定めた理事の員数が欠けた場合には，任期の満了または辞任により退任した理事は，新たに選任された理事が就任するまで，なおその職務を行う（区分所有法49条7項）。しかし，解任された理事に業務を継続させるのはふさわしくないから，解任された理事は，引き続き職務を行わない。

[H21]

理事は，規約または集会の決議によって禁止されていないときに限り，特定の行為の代理を他人（たとえば，マンション管理士）に委任できる（区分所有法49条の3）。

⚠️ ココも注意！　ただし，規約によっても包括的に理事の行為を他人に委任することができる旨を定めることはできない。

[H30]

理事が欠けた場合で，事務が遅滞することにより損害を生ずるおそれがあるときは，裁判所は，利害関係人または検察官の請求により，仮理事を選任しなければならない（区分所有法49条の4第1項）。そして，この規定は監事についても準用される（50条4項）。したがって，監事が欠けた場合にも，同様にして仮監事が選任される。

[H30]

管理組合法人と理事との利益相反行為については，監事が管理組合法人を代表する（区分所有法51条）。この点，共同代表の定めがある管理組合法人においては，共同代表である理事の連名でなければ代表権が行使できないが，理事の1人と管理組合法人との間で利益相反事項が生じるときには，連名ができないため，監事が管理組合法人を代表する（同条）。

問 155

管理組合法人の事務のうち保存行為を除く事務に関しては，集会の決議につき特別の定数が定められている事項および義務違反者に対する訴訟を提起するために集会決議が求められている事項を除き，規約の定めにより，理事その他の役員で決することができる。

 問 156

管理組合法人の理事が職務の範囲内において第三者との間でした行為について当該法人の財産をもって債務を完済することができないときは，区分所有者は共用部分の持分の割合でその責めに任ずる。ただし，規約には別段の定めはないものとする。

 問 157

甲マンション管理組合法人は，乙銀行から融資を受けてマンションの修繕工事を実施したが，その後，甲の内部事情により，乙に対する毎月の返済を長期にわたり怠ったため，乙は，甲に対し，融資残額の一括返済を求めた。この場合において，乙がその融資残額につき甲の財産に対して行った強制執行がその効を奏しなかった場合，各区分所有者は，甲に資力があり，かつ，執行が容易であることを証明したときは，その融資残額の弁済の責任を免れる。

 問 158

管理組合法人は，建物の全部の滅失又は建物に専有部分がなくなったことのほか，区分所有者及び議決権の各4分の3以上の多数の集会の決議によっても解散する。

[H28]

管理組合法人の**事務**は，区分所有法に定めるもののほか，すべて集会の決議によって行う。ただし，集会の決議につき特別の定数が定められている事項および義務違反者に対する訴訟を提起するために集会の決議が求められている事項を除いては，規約で，**理事その他の役員が決する**とすることができる（区分所有法52条１項）。

[H27]

管理組合法人の**代表である理事**が職務の範囲内でした行為により生じた債務は，**法人に帰属する**。**法人の財産**をもってその債務を完済できないときは，**区分所有者**は，規約で別段の定めがない限り，共用部分の持分割合と同一の割合で，その**債務の弁済の責任を負う**（区分所有法53条１項，14条）。

[H18]

管理組合法人の**財産**に対して行った強制執行がその効を奏しなかった場合は，各区分所有者は，原則として共用部分の持分割合で，その弁済の責任を負う（区分所有法53条２項）。しかし，区分所有者が，管理組合法人に資力があり，かつ，執行が容易であることを**証明**したときは，その**債務の弁済の責任を免れる**（同３項）。

[R3]

管理組合法人は，①建物（一部共用部分を共用すべき区分所有者で構成する管理組合法人にあっては，その共用部分）の**全部の滅失**，②建物に**専有部分がなくなった**こと，③**集会の決議**によって**解散**する（区分所有法55条１項）。そして，③の集会の決議は，**区分所有者および議決権の各４分の３以上の多数**で行う（同２項）。

問 159

□□□

甲マンション管理組合法人において，分譲業者Aによる甲マンションの全区分所有権の買取りは，甲マンション管理組合法人の解散事由である。

問 160

□□□

建物に専有部分がなくなったことにより解散した管理組合法人の残余財産は，区分所有法第3条の団体に帰属する。

7 義務違反者に対する措置

問 161

□□□

区分所有者の管理費等の滞納によって，共用部分等の管理に要する費用が不足し管理が不十分になったり，他の区分所有者の立替えの必要が生じたりする場合は，当該区分所有者の滞納は，区分所有者の共同の利益に反する行為に該当する。

159

✕

管理組合法人の解散事由は，次の３つに限られる（区分所有法
55条１項）。

> ① **建物**（一部共用部分を共用すべき区分所有者で構成す
>   る管理組合法人にあっては，その共用部分）の**全部の滅
>   失**
> ② **建物に専有部分がなくなった**こと
> ③ **集会の特別決議**があったこと

したがって，分譲業者によるマンションの全区分所有権の買取
りは，それだけでは解散事由に該当せず，当該マンション管理
組合法人の**解散事由とはならない**。

⚠️ **ココも注意！** 管理組合法人が破産手続開始決定を受けることも，それ自
体は当該マンション管理組合法人の**解散事由とはならない**。

- -

[H19]

 160

✕

建物に専有部分がなくなったことにより解散した管理組合法人
の残余財産は，規約に別段の定めがある場合を除いて，共用部
分の持分の割合と同一の割合で**各区分所有者に帰属**する（区分
所有法56条，14条）。ただ，集会の決議により解散した場合に
は，区分所有法３条の団体（管理組合）が存続するのであるか
ら，残余財産は「**区分所有法３条の団体**」に帰属する。

⚠️ **ココも注意！** 管理組合法人が**解散**したときは，破産手続開始の決定によ
る解散の場合を除き，理事がその清算人となるが，規約に別段の定めが
あるとき，または集会において理事**以外の者**を選任したときは，その者
が**清算人**となる（55条の３）。

- -

[H27]

 161

○

管理費，修繕積立金等の管理経費の不払が長期間にわたり，**多
額に滞納**されたことにより建物の管理上，**重大な支障**となって
おり，かつ，将来とも**改善の可能性がない**場合，当該管理費等
の滞納は，建物の管理に関し共同の利益に反する行為に当たる
（判例）。この判例の趣旨から，本問のケースも共同の利益に反
する行為に該当する。

問 162

甲マンションの区分所有者Aが管理者Bを誹謗中傷する内容の文書を貼付・配布する等の行為を行い、当該行為が名誉毀損に当たる場合、Aの行為によって甲マンションの正常な管理または使用が阻害される等当該行為が区分所有法第6条第1項の共同の利益に反する行為に該当するときは、A以外の他の区分所有者の全員は、Aに対して、当該行為の停止を求めることができる。

 問 163

区分所有者の共同の利益に反する行為をしている区分所有者に対して、管理者が、その行為の停止を請求する訴訟を提起することは、規約で定めることも集会の決議で決することもできる。

 問 164

区分所有者Aは、ペットとしての犬の飼育が規約で禁止されているにもかかわらず、ペットとして小型犬の飼育を始めた。甲マンション管理組合の管理者が再三にわたり中止するよう申し入れたが、Aは、その申入れを無視して犬の飼育を継続している。甲がAの犬の飼育の差止めの訴訟を提起する場合の集会の議事は、区分所有者および議決権の各過半数で決することができる。

 問 165

共用部分たるピロティ部分に壁を設置して物置としていた区分所有者に対して当該壁の撤去とその部分の明渡しを求める訴えについては、集会において指定された区分所有者は、集会の決議により、訴訟の原告となることができる。

[H25]

区分所有者が６条１項に規定する行為（共同の利益に反する行為）をした場合またはその行為をするおそれがある場合には，他の区分所有者の全員または管理組合法人は，区分所有者の共同の利益のため，その**行為を**停止し，その**行為の**結果を除去し，またはその**行為を予防**するため必要な措置を執ることを請求することができる（区分所有法57条１項）。

[H19]

管理者または**集会において指定された区分所有者**は，集会の決議により，他の区分所有者の全員のために，行為の停止を請求する訴訟を提起できる（区分所有法57条２項・３項）。この訴訟の提起は，集会の決議によらなければならない。

[H18]

甲がＡの犬の飼育の差止めの訴訟を提起する場合の集会の議事は，**区分所有者および議決権の各**過半数で決することができる（区分所有法57条２項，39条１項）。

[H23]

「共用部分たるピロティ部分に壁を設置して物置としていた区分所有者に対して当該壁の撤去とその部分の明渡しを求める訴え」は，区分所有者に対する**行為の停止等の請求の訴え**である（区分所有法57条１項）。したがって，管理者または集会において指定された区分所有者は，集会の決議により，義務違反区分所有者以外の区分所有者の全員のために，この訴訟を提起（訴訟の原告となる）できる（同３項）。

問 166

区分所有者Aは，ペットとしての犬の飼育が規約で禁止されているにもかかわらず，ペットとして小型犬の飼育を始めた。甲マンション管理組合の管理者が再三にわたり中止するよう申し入れたが，Aは，その申入れを無視して犬の飼育を継続している。甲がAの犬の飼育の差止めの訴訟を提起する集会の決議をする場合，あらかじめ，Aに弁明する機会を与える必要がある。

問 167

管理組合の集会において，マンション全体に響きわたる騒音を発生させている区分所有者に対し，その騒音の差止め等について訴訟を含む法的な措置を執るための決議をする場合，騒音の差止め訴訟の提起を議題とする集会には，その訴訟の相手方である区分所有者は，出席して議決権を行使することができる。

問 168

専有部分の使用の禁止を請求する訴訟の提起と管理組合法人の解散は，集会において区分所有者および議決権の各4分の3以上の多数で決議しなければならない。

問 169

管理費等の滞納による義務違反者に対しては，区分所有法第57条の差止請求および第58条の専有部分の使用禁止の請求を行った上で，それでも功を奏さない場合でなければ，同法第59条による区分所有権および敷地利用権の競売請求は認められない。

問 170

管理者は，区分所有法第59条の規定による区分所有権および敷地利用権の競売について，規約または集会の決議により，訴えをもって請求することができる。

[H18]

 答 166

✕

甲がAの犬の飼育の**差止め**の訴訟を提起する集会の決議をする場合，Aに**弁明する機会**を与える必要はない（区分所有法57条）。

[H15]

答 167

◯

行為の停止等の請求訴訟の提起を議題とする集会においても，その訴訟の**被告となるべき区分所有者**も，出席して議決権を行使することができる。義務違反者である区分所有者も，自己の利益のために，集会に出席し，議決権を行使することが許される。

[H20]

答 168

◯

「専有部分の使用の禁止を請求する訴訟の提起」（区分所有法58条1項・2項），「管理組合法人の解散」（55条2項）は，**区分所有者および議決権の各4分の3以上の多数**で決議しなければならない。

[H27]

答 169

✕

区分所有法59条の規定により区分所有権および敷地利用権の**競売を請求**する場合に，これに先立って，差止請求・使用禁止請求が必要である旨の要件はない。つまり，区分所有者の共同生活上の障害が著しく，他の方法によってはその障害を除去して共用部分の利用の確保や区分所有者の共同生活の維持を図ることが困難であるといえれば，差止請求・使用禁止請求をしていなくても，**競売を請求**できる。

[H30]

 答 170

✕

区分所有法59条の規定による区分所有権および敷地利用権の競売については，管理者は，集会の決議により，他の区分所有者全員のために，訴訟を提起できる（区分所有法59条2項，57条3項）。つまり，「**規約**」によって行うことは認められていない。

重要度 S★★★

問 171

区分所有法第59条の規定による競売請求の判決に基づく競売の申立ては，その判決が確定した日から6ヵ月以内に行わなければならない。

重要度 S★★★

問 172

マンション内で共同利益背反行為を行っている占有者に対して，区分所有者の全員が集会の決議により訴えを提起しようとする場合，占有者が専有部分の転借人であるときに，専有部分の賃貸借契約を解除し，専有部分の引渡しを請求するためには，転貸人と転借人に加え，原賃貸人である区分所有者を共同被告として，訴えを提起しなければならない。

重要度 A

問 173

Aは，マンションの区分所有者Bからその専有部分を賃借しているが，他の区分所有者からの停止の請求を無視して，数年にわたりバルコニーで野鳩の餌付けおよび飼育をし，著しい悪臭，騒音等を生じさせたため，B以外の区分所有者全員は，AB間の賃貸借契約の解除およびAの賃借部分の引渡しの請求を行うこととした場合，この請求を行うに当たっては，必ず集会で区分所有者および議決権の各4分の3以上の多数で決議しなければならない。

重要度 S★★★

問 174

マンション内で共同利益背反行為を行っている占有者に対して，区分所有者の全員が集会の決議により訴えを提起しようとする場合，区分所有者および区分所有者から専有部分を賃借している占有者に対して，専有部分の賃貸借契約を解除し，専有部分の引渡しを求める訴えを提起するための決議をするには，あらかじめ当該区分所有者に対して弁明の機会を与えなければならない。

[H30]

区分所有法59条1項の規定による競売請求の判決に基づく**競売の申立て**は，その**判決が確定した日から6ヵ月を経過**したときは，**することができない**（区分所有法59条3項）。

[H28]

占有者に対する引渡請求訴訟は，共同利益背反行為を行っている占有者による専有部分の使用または収益を目的とする契約の解除およびその専有部分の引渡しを請求するものである（区分所有法60条1項）。**転借人**が共同利益背反行為者である場合，被告とすべきは転貸借契約の当事者である転貸人と転借人である。したがって，**原賃貸人である区分所有者**を共同被告とする必要はない。

[H13]

占有者が共同の利益に反する行為をした場合，占有者への契約解除や引渡し請求をするためには，**区分所有者および議決権の各4分の3以上の多数**による集会の決議によらなければならない（区分所有法60条2項，58条2項）。

[H28]

占有者への契約解除や引渡し請求の訴えを提起する集会の決議をするには，あらかじめ，その占有者に対し，**弁明する機会を**与えなければならない（区分所有法60条2項，58条3項）。そして，弁明の機会を与えるべき対象は，占有者であり，専有部分の賃貸人である区分所有者に対して**弁明の機会を与える必要はない**（判例）。

第2章　区分所有法等

重要度 A

問 175

甲マンションの301号室は，区分所有者Aが賃借人Bに賃貸し，Bから転借人Cに転貸されている。この場合におけるCの共同利益背反行為に対する管理者の区分所有法第60条の規定に基づく契約の解除および301号室の引渡しを請求する訴訟において，勝訴判決の結果，301号室の引渡しを受けた管理者は，遅滞なく，301号室をBに引き渡さなければならない。

8 復旧および建替え

重要度 A

問 176

マンションの滅失が建物の価格の2分の1以下に相当する部分の滅失であるときは，各区分所有者が滅失した共用部分を復旧することができるが，復旧の工事に着手するまでに集会において復旧又は建替えの決議があった場合はこの限りでない。

重要度 A

問 177

建物の価格の2分の1に相当する部分が滅失した場合において，区分所有者は，建物の一部が滅失した日から6ヵ月以内に単独で滅失した共用部分の復旧を行った場合に限り，他の区分所有者に対して，その復旧に要した金額を，共用部分の共有持分の割合に応じて償還すべきことを請求することができる。

重要度 A

問 178

建物の価格の2分の1に相当する部分が滅失した場合において，集会において滅失した共用部分を復旧する旨の決議をするときは，区分所有者および議決権の各4分の3以上の多数により決議しなければならない。

重要度 A

問 179

建物の価格の2分の1に相当する部分が滅失した場合において，集会において滅失した共用部分を復旧する旨の決議があったときには，区分所有者は，その復旧に要する費用の支払について，裁判所に相当の期限の許与を請求することはできない。

[H24]

答 175
○

勝訴判決に基づき**専有部分の引渡しを受けた者**は，遅滞なく，その専有部分を占有する権原**を有する者**にこれを引き渡さなければならない（区分所有法60条3項）。したがって，301号室の引渡しを受けた管理者は，遅滞なく，賃借権により301号室を占有する権原を有するBに引き渡さなければならない。

[R1]

答 176
○

小規模滅失の場合，各区分所有者は，**滅失した共用部分**および**自己の専有部分を復旧できる**（区分所有法61条1項本文）。ただし，復旧の工事に着手するまでに集会において復旧または建替えの決議があったときは，この限りでない（同ただし書）。

[H18]

答 177
×

共用部分を復旧した者は，他の区分所有者に対し，その復旧に要した金額を，共用部分の共有持分の割合**に応じて償還すべきこと**を請求できる（区分所有法61条2項，14条）。「6ヵ月以内」とする期限はない。

[H18]

答 178
×

小規模滅失の場合，集会において，滅失した共用部分を復旧する旨の決議をすることができるが（区分所有法61条3項），この場合，**区分所有者および議決権の各**過半数で足りる（39条1項）。

[H18]

答 179
○

共用部分を復旧した区分所有者から他の区分所有者に対して，復旧費用の償還が請求された場合，**裁判所**は，償還請求を受けた区分所有者の請求に基づき，**償還金の支払**について，相当の期限を**許与できる**（区分所有法61条15項・2項）。しかし，集会において滅失した共用部分を復旧する旨の決議があった場合，区分所有者は，その**復旧に要する費用の支払**について，裁判所に相当の期限の**許与を請求できる**旨の規定はない。

重要度 A

問 180

マンションの建物価格の2分の1を超える部分が滅失（大規模滅失）したために復旧決議がなされた場合において、買取指定者が指定されるときには、その指定は、復旧決議の日から2月以内になされる必要がある。

重要度 S★★★

問 181

建物の滅失した共用部分の復旧決議の後になされる買取指定者の指定と専有部分の使用の禁止を請求する訴訟の提起は、集会において区分所有者および議決権の各4分の3以上の多数で決議しなければならない。

重要度 A

問 182

甲マンションの建物価格の2分の1を超える部分が滅失したために、滅失した共用部分を復旧する旨の決議がなされた。その決議において、区分所有者全員10名のうち、A、Bら8名は決議に賛成し、CおよびDの2名は決議に賛成しなかった。この場合、CがAに対し買取請求権を行使したときに、Aは、Cの建物等の権利の全部をBに対して買い取るべきことを請求することができる。ただし、その決議の日から2週間以内に買取指定者の指定がなされなかったものとする。

[H20]

 答 180

✕

大規模滅失の復旧決議がなされた場合において，買取指定者が指定されるときには，その指定は，復旧決議の日から2週間以内になされる必要がある（区分所有法61条5項・8項）。

[H20]

 答 181

✕

大規模滅失の復旧決議の後になされる買取指定者の指定は，決議に賛成した区分所有者（その承継人を含む）の全員の合意が必要である（区分所有法61条5項・7項・8項）。なお，専有部分の使用の禁止を請求する訴訟の提起は，集会において区分所有者および議決権の各4分の3以上の多数による決議が必要である（58条2項）。

[H19]

 答 182

✕

請求を受けた決議賛成者（A）は，他の決議賛成者の全部または一部（Bら）に対し，決議賛成者以外の区分所有者（C・D）を除いて算定した共用部分の持分割合に応じて当該建物およびその敷地に関する権利を時価で買い取るべきことを請求できる（区分所有法61条7項後段）。したがって，Aは，Bに対して，Cの建物等の権利の「全部」を買い取るべきことを請求することはできない。

重要度 B

問 183

大規模滅失が生じた場合において，復旧および建替えのいずれの決議も集会においてなされないまま滅失から6ヵ月が経過したときは，各区分所有者は，他の区分所有者に対し，その有する建物および敷地に関する権利を時価で売り渡すべきことを請求することができる。

重要度 A

問 184

マンションの滅失が建物の価格の2分の1を超えるときは，復旧の決議をした集会の議事録には，その決議についての各区分所有者の賛否をも記載し，又は記録しなければならない。

重要度 A

問 185

マンションの建替え決議を会議の目的とする集会を招集するときは，その招集通知は，当該集会の会日より少なくとも2月前に発しなければならない。

重要度 S★★★

問 186

建替え決議において，現在の建物の敷地の周囲の土地を購入して，現在の建物の敷地と新たに購入した土地を含む拡張された一体の土地は，再建建物の敷地とすることができない。

重要度 B

問 187

建替え決議において，現在の建物の敷地と等価交換した現在の建物の敷地と同面積の隣接した土地は，再建建物の敷地とすることができない。

重要度 A

問 188

居住用のマンションを取り壊して，その敷地に新たに区分所有された住居の部分のある商業用ビルを建築する旨の決議は，区分所有者および議決権の各5分の4の多数によっても決議をすることができない。

[H14]

大規模滅失が生じた場合において，建物の一部が滅失した日から6ヵ月以内に復旧または建替えの決議がないときは，各区分所有者は，他の区分所有者に対し，建物およびその敷地に関する権利を時価で買い取るべきことを請求することができる（区分所有法61条14項）。売り渡すべきことを請求することはできない。

[R1]

大規模滅失における復旧決議をした集会の議事録には，その決議についての各区分所有者の賛否をも記載し，または記録しなければならない（区分所有法61条6項）。

[H20]

建替え決議を会議の目的とする集会を招集するときは，集会招集の通知は，当該集会の会日より少なくとも2ヵ月前に発しなければならない（区分所有法62条1項・4項）。

[H23]

集会においては，区分所有者および議決権の各5分の4以上の多数で，建物を取り壊し，かつ，「当該建物の敷地もしくはその一部の土地または当該建物の敷地の全部もしくは一部を含む土地」に新たに建物を建築する旨の決議（建替え決議）をすることができる（区分所有法62条1項）。つまり，建替え前の建物の敷地と一部でも重なっている土地であれば，再建建物の敷地とすることができる。

[H23]

建替え前の敷地と等価交換した土地は，たとえ隣接していても，建替え前の敷地と全く重なっていないので，再建建物の敷地とすることはできない。

[H18]

建替え決議において，用途は制限されていないので，居住用のマンションを取り壊して，その敷地に新たに区分所有された住居の部分のある商業用ビルを建築することができる（区分所有法62条1項）。

重要度 A

問 189 建替え決議を会議の目的とする集会の招集の通知は，当該集会の会日より少なくとも2月前に，各区分所有者に発しなければならない。規約でこの期間を伸長することも短縮することもできる。

重要度 A

問 190 マンションの建替え決議を会議の目的とする集会を招集した者は，当該集会の会日より少なくとも1月前までに，当該招集の際に通知すべき事項について区分所有者に対して説明を行うための説明会を開催しなければならない。

重要度 A

問 191 建替え決議があったときは，集会を招集した者は，建替え決議に賛成しなかった区分所有者（その承継人を含む。）に対し，建替え決議の内容により建替えに参加するか否かを回答すべき旨を，決議の日から2ヵ月以内に書面で催告しなければならない。

重要度 A

問 192 買受指定者は，建替えに参加しない区分所有者に対して売渡請求権を行使した場合，その意思表示が相手方に到達した時に，相手方の何らの応答がなくても，直ちに，区分所有権等を取得することができる。

重要度 S★★★

問 193 建替え決議に賛成した各区分所有者若しくは建替え決議の内容により建替えに参加する旨を回答した各区分所有者（これらの者の承継人を含む。）又は買受指定者は，建替え決議で建替えに反対する旨の投票をし，その後建替えに参加するか否かの書面による催告に対し無回答で催告期間を終えた区分所有者（その承継人を含む。）に対して，催告期間満了の日から2ヵ月以内に，区分所有権及び敷地利用権を時価で売り渡すべきことを請求することができる。

[H27]

答 189

✕

建替え決議を会議の目的とする集会を招集するときは、**集会の招集の通知**は、当該集会の会日より少なくとも**2ヵ月前**に発しなければならない。この期間は、**規約**で伸長することができる（区分所有法62条4項）が、**短縮**することはできない。

[H20]

答 190

○

マンションの建替え決議を会議の目的とする集会を招集した者は、当該集会の会日より少なくとも**1ヵ月前**までに、当該招集の際に通知すべき事項について区分所有者に対し説明を行うための説明会を開催しなければならない（区分所有法62条6項）。

[R3]

答 191

✕

建替え決議があったときは、集会を招集した者は、「**遅滞なく**」、建替え決議に賛成しなかった区分所有者（その承継人を含む）に対し、建替え決議の内容により**建替えに参加するか否かを回答すべき旨を書面で催告**しなければならない（区分所有法63条1項）。催告をすること自体について、2ヵ月以内にといった期限は定められていない。

[H16]

答 192

○

売渡請求権（区分所有法63条5項前段）は、その行使の意思表示が相手方に到達すると直ちに、売買契約が成立し、区分所有権等が請求権行使者に移転する（形成権）。したがって、相手方の応答がなくても、直ちに、区分所有権等を取得することができる。

[R3]

答 193

○

建替え決議に賛成した各区分所有者もしくは建替え決議の内容により建替えに参加する旨を回答した各区分所有者（これらの者の承継人を含む）または買受指定者は、催告期間満了の日から**2ヵ月以内**に、**建替えに参加しない旨を回答した区分所有者**（その承継人を含む）に対し、**区分所有権および敷地利用権を時価で売渡請求ができる**（区分所有法63条5項前段）。そして、建替え決議で建替えに反対する旨の投票をし、その後建替えに参加するか否かの書面による**催告**に対し無回答で催告期間を終えた区分所有者（その承継を含む）は、**建替えに参加しない旨を回答したものとみなされる**（同4項）。

問 194 建替え決議成立後の売渡請求権の行使に関し，建替え決議に賛成した各区分所有者または建替え決議の内容により建替えに参加する旨を回答した各区分所有者（これらの者の承継人を含む）は，買受指定者を指定することができるが，その指定については，これらの者の全員の合意を要する。

重要度 B

問 195 甲マンションの集会においてマンションの建替え決議が成立した。Eは建替え決議に賛成した区分所有者であり，A，B，C及びDはいずれも建替え決議に賛成しなかった区分所有者である。決議後，集会招集者が建替え決議に賛成しなかった区分所有者に対して建替え決議の内容により建替えに参加するか否かを回答すべき旨を書面で催告した場合において，Cが建替えに参加しない旨を回答し，EがCに区分所有権及び敷地利用権を時価で売り渡すべきことを請求した場合において，EはCに対して建物の移転登記手続の履行を求めるためには，売買代金を提供しなければならない。

重要度 B

問 196 建替え決議の日から2年以内に正当な理由がなく建物の取壊しの工事に着手しない場合，売渡請求権の行使により区分所有権等を売り渡した者は，この期間満了の日から起算して6ヵ月以内に，買主が支払った代金相当額をその区分所有権等を現在有する者に提供して，これらの権利を売り渡すべきことを請求することができる。

[H22]

 答 194

建替え決議成立後の**売渡請求権の行使**に関し，買受指定者**を指定するための要件**として，建替え決議に賛成した，もしくは建替え決議の内容により建替えに参加する旨を回答した各区分所有者（これらの者の承継人を含む）の全員の合意が必要である（区分所有法63条5項）。

[R5]

 答 195

EがCに区分所有権及び敷地利用権を売り渡すべきことを請求すると，**直ちに売買契約が成立**する（区分所有法63条5項，民法555条）。この効果として，Cの区分所有権及び敷地利用権がEに移転し，**C**は**専有部分の引渡義務**及びその**登記を移転する義務**を負い，**E**は時価による**売買代金の支払義務**を負う。この両者の義務は同時履行の関係となる（533条）。したがって，EがCに対して建物の移転登記手続の履行を求めるためには，売買代金を提供しなければならない。

[H16]

 答 196

建替え決議の日から**2年以内**に建物の取壊しの工事に着手しない場合には，区分所有権または敷地利用権を売り渡した者は，この期間の満了の日から**6ヵ月以内**に，買主が支払った代金に相当する金銭をその区分所有権または敷地利用権を現在有する者に提供して，これらの権利を売り渡すべきことを請求することができる。ただし，建物の取壊しの工事に着手しなかったことにつき正当な理由があるときは，売り渡すべきことを請求することができない（区分所有法63条7項）。

9 団地・罰則

問 197 一団地内に専有部分のある建物であるＡ棟およびＢ棟がある場合，団地管理組合において，Ａ棟およびＢ棟の管理又は使用について団地規約が定められているときであっても，Ａ棟の区分所有者の集会で，Ａ棟の管理組合における管理者を定めることができる。

問 198 団地管理組合の集会における議決権については，規約に別段の定めがない限り，団地内の土地または附属施設（これらに関する権利を含む）の持分割合による。

問 199 団地管理組合の集会においては，区分所有法第57条の共同の利益に反する行為の停止等の訴訟を提起するための決議をすることができない。

問 200 一団地内の数棟の建物の全部を所有する者が，当該団地内の建物の専有部分と附属施設たる建物について，公正証書により規約を設定し団地共用部分とすることができる。

[H27]

答 197

団地が成立し，**団地管理組合**において，団地内建物の管理・使用について団地規約が定められている場合であっても，団地内の区分所有建物では，棟ごとの**管理組合**は，なお存続する。これは，団地に準用されておらず，団地では決することのできない各棟の事項については，各棟ごとに管理する必要があるからである。したがって，Ａ棟の区分所有者の集会で，**Ａ棟の管理組合**における**管理者**を定めることができる（区分所有法65条，66条）。

[H21]

答 198

各団地建物所有者の**議決権**は，規約に別段の定めがない限り，**土地等**（これらに関する権利を含む）の持分の割合による（区分所有法66条後段，38条）。

[H21]

答 199

団地管理組合で管理を行う場合，義務違反者に対する措置（区分所有法57条〜60条）は**準用されていない**（66条参照）。義務違反者に対する措置は，団地全体で処理する問題ではなく，各棟で処理するべき問題だからである。

 ココも注意！ 敷地利用権，復旧・建替え，規約共用部分，規約敷地，共用部分の管理所有等の規定も，団地の管理には準用されていない。

[H20]

答 200

一団地内の**附属施設たる建物**（専有部分を含む）は，団地規約により団地共用部分とすることができる（区分所有法67条1項）。そして，一団地内の数棟の建物の全部を所有する者は，公正証書により，一団地内の附属施設たる建物（専有部分を含む）を団地共用部分とする団地規約を設定できる（同2項）。

問 201

団地管理規約に団地共用部分の定めを設けることにより，団地管理組合の管理者を団地共用部分の所有者と定めることができる。

問 202

一団地内の附属施設たる建物が，団地建物所有者の全部ではなく，一部の共有に属するものである場合であっても，団地建物所有者は，規約によって団地共用部分とすることができる。

問 203

団地内に専有部分のある建物であるＡ棟及びＢ棟があり，団地の敷地は団地建物所有者の共有に属している。この場合において，Ａ棟及びＢ棟が所在する土地は，当然にＡ棟及びＢ棟の団地建物所有者によって構成される団地管理組合における団地共用部分となる。

問 204

団地管理組合における団地共用部分の各共有者の持分は，その有する建物または専有部分の床面積の割合による。

問 205

団地内の専有部分のある建物であるＡ棟およびＢ棟の区分所有者が共有する駐車場については，団地管理組合の集会における規約の設定の決議のほか，これに加えて，当該駐車場の共有者およびその持分の過半数の同意を得て規約を定めることができる。

[R4]

 答 201

✗

団地内の附属施設である建物（専有部分を含む）は，団地管理規約により，団地共用部分とすることができる（区分所有法67条1項）。もっとも，**管理所有**について規定する区分所有法27条は，**団地の管理者には準用されていないので**（66条参照），団地管理組合の管理者を団地共用部分の所有者とすることはできない。

- - - - - - - - - - - - - - - - - - - -

[R3]

 答 202

✗

団地共用部分について規定する区分所有法67条は，**法律上当然に団地の管理対象物となる附属施設**のうち，**建物**（専有部分を含む）について規約により共用部分にできるとしたものである（区分所有法65条，67条1項参照）。したがって，**団地共用部分とすることができるのは，団地建物所有者**全員の共有に属する**附属施設たる建物に限られる**から，一団地内の附属施設たる建物が，一部の団地建物所有者の共有に属するものである場合には，当該建物は団地共用部分とすることができない。

- - - - - - - - - - - - - - - - - - - -

[R5]

 答 203

✗

団地共用部分とすることができるものは，団地内に存在する「**附属施設たる独立した建物**」又は団地内に存在する「**区分所有建物の専有部分たり得る部分**」である（区分所有法67条1項）。A棟及びB棟が所在する土地は，団地管理組合の管理の対象とはなるが（65条），団地共用部分とはならない。

- - - - - - - - - - - - - - - - - - - -

[H21]

 答 204

○

団地管理組合における**団地共用部分の各共有者の持分**は，規約に別段の定めがない限り，その有する建物または専有部分の床面積の割合による（区分所有法67条3項，14条1項・4項）。

- - - - - - - - - - - - - - - - - - - -

[H26]

 答 205

✗

一団地内の土地（A棟およびB棟の区分所有者が共有する駐車場）が当該団地内の一部の建物の所有者（A棟およびB棟の区分所有者）の共有に属する場合における当該土地について団地管理規約を定めるには，**共有者**（A棟およびB棟の区分所有者）**の4分の3以上でその持分の4分の3以上を有するものの同意**が必要である（区分所有法68条1項1号）。「過半数の同意」では足りない。

重要度 A

問 206

団地管理組合法人は，団地共用部分に係る損害保険契約に基づく保険金額の請求及び受領について，団地建物所有者を代理する。

重要度 B

問 207

団地管理組合法人の理事は，特定の行為の代理を他人に委任することを，規約又は集会の決議によって禁止されることはない。

重要度 B

問 208

一筆の敷地上に，甲棟，乙棟，丙棟が存在している。甲棟および乙棟は戸建て住宅，丙棟は専有部分のある建物であり，また，甲棟の所有者はA，乙棟の所有者はB，丙棟の区分所有者はC，D，Eである。敷地は，A，B，C，D，Eが共有している。この場合において，団地管理組合は，団地管理組合の集会において，共有持分の4分の3以上を有するものが承認し，かつ，Aの同意があれば，甲棟を管理するための団地規約を定める決議をすることができる。

重要度 A

問 209

一筆の敷地上に，甲棟，乙棟，丙棟が存在している。甲棟および乙棟は戸建て住宅，丙棟は専有部分のある建物であり，また，甲棟の所有者はA，乙棟の所有者はB，丙棟の区分所有者はC，D，Eである。敷地は，A，B，C，D，Eが共有している。この場合において，Bが乙棟を取り壊し，かつ，従前の乙棟の所在地に新たに建物を建築しようとする場合には，団地管理組合の集会において議決権の4分の3以上の多数による承認の決議を得なければならない。

[R1]

答 206 ○

団地管理組合法人は，団地共用部分に係る損害保険契約に基づく保険金額ならびに団地共用部分等について生じた損害賠償金および不当利得による返還金の**請求および受領**について，団地建物所有者を代理する（区分所有法66条，47条６項）。

[R1]

答 207 ×

団地管理組合法人の理事は，規約または**集会の決議**によって禁止されていないときに限り，**特定の行為**の代理を他人に委任できる（区分所有法66条，49条の３）。この委任については，条文上，規約または集会の決議によって「禁止されていないときに限り」認められており，規約または集会の決議により禁止されることもあるので，本問は誤っている。

[H30]

答 208 ×

団地内の「専有部分のある建物」については，当該建物の管理組合の集会において区分所有者および議決権の各４分の３以上の多数による決議があれば，団地管理組合の集会において，当該建物を管理するための団地管理規約**を定める**ことができる（区分所有法68条１項２号）。

[H30]

答 209 ○

団地内建物の全部または一部が専有部分のある建物であり，かつ，その団地内の特定の建物（特定建物）の所在する土地が団地建物所有者の共有に属する場合，当該特定建物が戸建て住宅（乙棟）であるときは，その所有者の同意があり，かつ，**団地管理組合の集会において議決権の４分の３以上の多数による**承認の決議（**建替え承認決議**）を得たときは，当該特定建物（乙棟）の所有者は，その建物を取り壊し，かつ，当該土地またはこれと一体として管理・使用をする団地内の土地に，**新たに建物を建築**できる（区分所有法69条１項２号）。

問 210 団地管理組合の集会において建替え承認決議を行う場合には，集会を招集した者は，集会の会日より少なくとも1月前までに，団地内建物所有者に対し建替えに関する説明会を開催しなければならない。

問 211 一団地内にA，BおよびCの三棟のマンションがある場合，Aマンションの集会において建替え決議に反対した区分所有者は，団地管理組合の集会における建替え承認決議においても，反対の議決権を行使することができる。

問 212 一団地内にA，BおよびCの三棟のマンションがある場合，建替え承認決議に係るAマンションの建替えが，Bマンションの建替えに特別の影響を及ぼすべきときは，Aマンションの建替えは，団地管理組合の建替え承認決議に係る集会において，Bマンションの区分所有者全員の議決権の4分の3以上の議決権を有する区分所有者の賛成を得なければ行うことができない。

問 213 一団地内にA，BおよびCの三棟のマンションがある場合，AマンションおよびCマンションの団地建物所有者は，それぞれのマンションの建替えを目的とする集会において，区分所有者および議決権の各5分の4以上の多数で，両マンションの建替えについて一括して建替え承認決議に付する旨の決議ができる。

[R2]

建替え決議（区分所有法62条6項）の場合と異なり，建替え承認決議については，集会を招集した者が，当該集会の会日より少なくとも1ヵ月前までに，当該招集の際に通知すべき事項について団地内建物所有者に対し説明を行うための説明会を開催しなければならない旨の規定はない。

[H22]

団地管理組合の集会における建替え承認決議において，建替え決議を行ったマンションの区分所有者は，全員賛成する旨の議決権を行使したものとみなされる（区分所有法69条3項）。したがって，Aマンションの建替え決議に反対した区分所有者は，建替え承認決議において，反対の議決権を行使することはできない。

[H22]

建替え承認決議に係る建替えが，建替え対象マンション以外の建物の建替えに特別の影響を及ぼすときは，その影響を受ける建物の区分所有者の議決権の4分の3以上が建替え承認決議に賛成していることが必要である（区分所有法69条5項1号）。したがって，Aマンションの建替えは，建替え承認決議に，Bマンションの区分所有者の議決権の4分の3以上の賛成を得なければ行うことができない。

[H22]

団地内の2以上のマンションの建替えをする場合，それぞれのマンションの建替えを目的とする集会において，区分所有者および議決権の各5分の4以上の多数で，これら2以上の特定建物の建替えについて一括して建替え承認決議に付する旨の決議ができる（区分所有法69条7項）。

重要度 S★★★

問 214

団地内建物の一括建替え決議を行おうとする場合，団地建物所有者の集会において，団地内建物の区分所有者及び議決権の各5分の4以上の多数の賛成を得るとともに，Ａ棟及びＢ棟ごとに区分所有者の3分の2以上の者であって議決権の合計の3分の2以上の議決権を有するものが賛成することが必要である。

重要度 A

問 215

一団地内に専有部分のあるＡ棟およびＢ棟の2棟の建物がある。この団地内の建物の一括建替え決議を行おうとする場合の議決権割合は，団地管理組合の規約に議決権割合に関する別段の定めがある場合にはその定めによる。ただし，Ａ棟およびＢ棟が所在する土地は，団地建物所有者の共有に属しており，その共有者全員で構成する団地管理組合において，団地管理組合の規約が定められている。

重要度 A

問 216

甲管理組合の総会終了後，議長が議事録を作成したが，議長が総会で指名した議事録署名人の1人Ａが修正の必要があるとして署名を拒否した。この場合の，Ｅ理事の「Ａの署名を得られないからといって，議長が議事録を作成しないときは，過料に処せられることもある」という意見は，適切である。

重要度 C

問 217

管理者が，集会において，毎年1回一定の時期に，事務に関する報告をしなかったときは，20万円以下の過料に処せられることがある。

重要度 C

問 218

管理者が，区分所有者の会計帳簿の閲覧請求に対して，正当な理由がないのに，それを拒んだときは，20万円以下の過料に処せられることがある。

答 214

○

団地内建物の一括建替え決議は，団地建物所有者の集会におい
て，団地内建物の区分所有者および議決権の各5分の4以上の
多数の賛成を得るとともに，各棟ごとについて，区分所有者の3分
の2以上の者であって議決権の合計の3分の2以上の議決権を
有するものが賛成することが必要である（区分所有法70条1
項）。

[H28]

答 215

✕

団地内建物の一括建替え決議における各団地建物所有者の議決
権は，団地管理組合の規約に別段の定めがある場合であって
も，当該団地内建物の敷地の持分の割合による（区分所有法70
条2項，69条2項）。

[H23]

答 216

○

議長が，議事録を作成しない場合，20万円以下の過料に処せ
られる（区分所有法71条3号）。したがって，E理事の意見は，
適切である。

[H25]

答 217

○

管理者が，集会において，毎年1回一定の時期に事務に関する
報告をしなかった場合，20万円以下の過料に処せられる（区
分所有法71条4号，43条）。

[H25]

答 218

✕

管理者が，区分所有者の会計帳簿の閲覧請求を正当な理由なく
拒んだ場合については，罰則規定はない。

第2章 区分所有法等

10 マンション建替え等円滑化法

重要度 **A**

問 219 建替え合意者は，5人以上共同して，定款および事業計画を定め，都道府県知事（市の区域内にあっては，当該市の長。）の認可を受けてマンション建替組合を設立することができる。

重要度 **A**

問 220 マンション建替組合の設立の認可を申請しようとする者は，建替組合の設立について，建替え合意者の4分の3以上の同意を得なければならない。

重要度 **B**

問 221 建替組合が設立された際には，その法人登記を行わなければ，第三者に対抗することができない。

重要度 **A**

問 222 建替組合が施行するマンション建替事業に参加することを希望し，かつ，それに必要な資力および信用を有する者であって，定款で定められたものは，参加組合員として，建替組合の組合員となる。

重要度 **S**★★★

問 223 マンション建替事業に関し，権利変換計画の変更は，組合員の議決権及び持分割合の各過半数で決することができる。

[R5]

答 219
○

建替え合意者は，５人以上共同して，定款・事業計画を定め，知事（市の区域内では市長）の認可を受けてマンション**建替組合**を設立できる（建替え等円滑化法９条１項，13条）。

[H24]

答 220
○

建替組合の設立の認可を申請しようとする建替え合意者は，組合の設立について，**建替え合意者の４分の３以上の同意**を得なければならない（建替え等円滑化法９条２項）。

[H17]

答 221
✕

知事等は，建替組合設立の認可をしたときは，遅滞なく，組合の名称，施行マンションの名称，およびその敷地の区域，事業施行期間等を公告しなければならない（建替え等円滑化法14条１項）。組合は，この公告があるまでは，組合の成立または定款もしくは事業計画をもって，組合員その他の第三者に対抗できない（同２項）。**組合設立の対抗要件**は，法人登記ではなく，**設立認可の公告**である。

[H20]

答 222
○

建替組合が施行するマンション建替事業に参加することを希望し，かつ，それに必要な**資力**および信用を有する者であって，定款で定められたものは，**参加組合員**として，組合の組合員となる（建替え等円滑化法17条）。

[R5]

答 223
✕

総会の決議事項のうち，**権利変換計画及びその変更**は，組合員の議決権及び持分割合の各５分の４以上で決する（建替え等円滑化法30条３項，27条７号）。

重要度 B
問 224

建替組合は，その事業に要する経費に充てるため，賦課金として参加組合員以外の組合員に対して金銭を賦課徴収することができる。

重要度 A
問 225

建替組合は，権利変換計画の認可を受けたときは，遅滞なく，登記所に，施行マンションの区分所有権および敷地利用権について，権利変換手続開始の登記を申請しなければならない。

重要度 C
問 226

権利変換手続開始の登記があった後においては，当該登記に係る施行マンションの区分所有権または敷地利用権を有する建替組合の組合員は，これらの権利を処分するときは，建替組合の承認を得なければならない。

重要度 A
問 227

施行マンションの区分所有権または敷地利用権を有する者は，建替組合に対し，権利の変換を希望せず，自己の有する区分所有権または敷地利用権に代えて金銭の給付を希望する旨を申し出ることができる。

重要度 B
問 228

建替組合は，権利変換計画の認可を申請しようとするときは，権利変換計画について，あらかじめ，総会の議決を経るとともに組合員以外の施行マンションまたはその敷地について権利を有する者の同意を得なければならない。

[H26]

答 224

○

建替組合は，その事業に要する経費に充てるため，賦課金として参加組合員**以外の組合員**に対して金銭を賦課徴収することができる（建替え等円滑化法35条1項）。

⚠️ **ココも注意！** 賦課金の納付について，相殺をもって組合に対抗することができない（同3項）。

[H22]

答 225

✕

建替組合は，建替組合設立認可の公告があったときは，遅滞なく，登記所に，**施行マンションの区分所有権・敷地利用権と隣接施行敷地の所有権・借地権**について，権利変換手続開始の登記を申請しなければならない（建替え等円滑化法55条1項1号）。

[H25]

答 226

○

権利変換手続開始の登記があった後においては，当該登記に係る施行マンションの区分所有権もしくは敷地利用権を有する者または当該登記に係る隣接施行敷地の所有権もしくは借地権を有する者は，これらの権利を処分するときは，**施行者**（本問の場合は建替組合）**の承認を得なければならない（建替え等円滑化法55条2項）。

[H22]

答 227

○

建替組合設立認可の公告があったときは，施行マンションの区分所有権・敷地利用権を有する者は，その**公告日から30日以内**に，建替組合に対し，権利の変換を希望せず，自己の有する区分所有権・敷地利用権に代えて金銭の**給付を希望する旨**を申し出ることができる（建替え等円滑化法56条1項）。

[H23]

答 228

○

建替組合は，**権利変換計画の認可**を申請しようとするときは，権利変換計画について，あらかじめ，総会の議決を経るとともに施行マンションまたはその敷地について権利を有する者（組合員を除く）および隣接施行敷地がある場合におけるその隣接施行敷地について，**権利を有する者の**同意を得なければならない（建替え等円滑化法57条2項）。

問 229 マンション建替組合は，区分所有権等以外の権利を有する者から同意を得られないときは，その同意を得られない理由および同意を得られない者の権利に関し損害を与えないようにするための措置を記載した書面を添えて，権利変換計画の認可を申請することができる。

 問 230 建替組合において，権利変換計画について総会の議決があったときは，建替組合は，当該議決に賛成しなかった組合員に対し，当該議決があった日から2月以内に，区分所有権および敷地利用権を時価で売り渡すべきことを請求することができる。

 問 231 建替組合は，権利変換計画を定めるときは，審査委員の3分の2以上の同意を得なければならない。

 問 232 権利変換期日において，権利変換計画の定めるところに従い，施行マンションの敷地利用権は失われ，施行再建マンションの敷地利用権は新たに当該敷地利用権を与えられるべき者が取得する。

 問 233 建替組合は，権利変換期日後遅滞なく，施行再建マンションの敷地につき，権利変換後の土地に関する権利について必要な登記を申請しなければならない。

 問 234 施行者は，権利変換計画に基づき補償金を支払う必要がある者に対して，施行再建マンションの建築工事完了の公告の日までに，当該補償金を支払わなければならない。

[H24]

建替組合は，区分所有権等以外の権利を有する者から同意を得られないときは，その**同意を得られない理由**および**同意を得られない者の権利に関し損害を与えないようにするための措置**を記載した書面を添えて，**権利変換計画の認可**を申請することができる（建替え等円滑化法57条3項）。

[H23]

建替組合において，権利変換計画について総会の議決があったときは，建替組合は，当該**議決があった日から2ヵ月以内**に，議決に賛成しなかった組合員に対し，区分所有権および敷地利用権を時価で売り渡すべきことを請求することができる（建替え等円滑化法64条1項）。

[H26]

建替組合は，権利変換計画を定め，または変更しようとするときは，**審査委員の過半数の同意**を得なければならない（建替え等円滑化法67条）。

[H23]

権利変換期日において，権利変換計画の定めるところに従い，施行マンションの敷地利用権は失われ，施行再建マンションの敷地利用権は，新たに敷地利用権を与えられるべき者が取得する（建替え等円滑化法70条1項）。

[H21]

建替組合は，**権利変換期日後**遅滞なく，**施行再建マンションの敷地**（保留敷地を含む）につき，権利変換後の土地に関する権利について**必要な登記**を申請しなければならない（建替え等円滑化法74条1項）。

[H19]

施行者は，補償金を支払う必要がある者に対して，権利変換期日までに当該補償金を支払わなければならない（建替え等円滑化法75条）。

問 235

建替組合は，設立認可の公告があった場合，権利変換期日前でも，施行マンションまたはその敷地（隣接施行敷地を含む）を占有している者に対し，期限を定めて，その明渡しを求めることができる。

 問 236

施行再建マンションの建築工事が完了したときは，遅滞なく，施行再建マンションおよび施行再建マンションに関する権利について，当該施行再建マンションの区分所有権を与えられた者が必要な登記を申請しなければならない。

 問 237

敷地分割組合が実施する敷地分割事業に関し，特定要除却認定を受けた場合においては，団地内建物を構成する特定要除却認定を受けたマンションの敷地（当該特定要除却認定マンションの敷地利用権が借地権であるときは，その借地権）の共有者である当該団地内建物の団地建物所有者（「特定団地建物所有者」）及び議決権の各5分の4以上の多数で，敷地分割決議をすることができる。

 問 238

マンション敷地売却組合設立の認可を申請しようとするマンション敷地売却合意者は，組合の設立について，マンション敷地売却合意者の5分の4以上の同意を得なければならない。

 問 239

マンション敷地売却組合には，役員として，理事3人以上および監事2人以上を置く。また，役員として，理事長1人を置き，理事の互選により選任する。

[H20]

建替組合は，**権利変換期日**後マンション建替事業に係る工事のため必要があるときは，施行マンションまたはその敷地（隣接施行敷地を含む）を占有している者に対し，**期限を定めて**，その明渡しを求めることができる（建替え等円滑化法80条1項）。つまり，明渡しを求めることができるのは，権利変換期日「後」である。

[H26]

施行者は，施行再建マンションの建築工事が完了したときは，遅滞なく，**施行再建マンション**および**施行再建マンション**に関する権利について必要な登記を申請しなければならない（建替え等円滑化法82条1項）。

[R4]

特定要除却認定を受けた場合，団地内建物を構成する特定要除却認定マンションの敷地（当該特定要除却認定マンションの敷地利用権が借地権であるときは，その借地権）の共有者である当該団地内建物の団地建物所有者（以下「**特定団地建物所有者**」という）は，**団地建物所有者集会**において，**特定団地建物所有者及び議決権の各5分の4以上の多数**で，当該特定団地建物所有者の共有に属する**団地内建物の敷地又はその借地権を分割する旨の決議**をすることができる（建替え等円滑化法115条の2，115条の4第1項）。

[H27]

マンション敷地売却組合の設立の認可を申請しようとするマンション敷地売却合意者は，組合の設立について，**マンション敷地売却合意者の4分の3以上の同意**（議決権の合計が4分の3以上であり，かつ，**敷地利用権の持分の価格**の合計も4分の3以上となる場合に限る）を得なければならない。（建替え等円滑化法120条2項）。

[R2]

マンション敷地売却組合には，役員として，**理事3人以上および監事2人以上**を置く（建替え等円滑化法126条1項）。また，役員として，**理事長1人**を置き，理事長は，**理事の互選**により選任する（同2項）。

問 240

マンション敷地売却組合が分配金取得計画について認可を申請しようとするときは，分配金取得計画について，あらかじめ，総会において出席組合員の議決権および敷地利用権の持分の価格の各4分の3以上の特別の議決を経る必要がある。

重要度 B

問 241

マンション敷地売却組合の組合員の数が30人を超える場合は，総会に代わってその権限を行わせるために総代会を設けることができる。

重要度 B

問 242

マンション敷地売却組合は，分配金取得計画の認可を受けたときは，遅滞なくその旨を公告し，および関係権利者に関係事項を書面で通知しなければならない。

重要度 A

問 243

分配金取得計画に定める権利消滅期日以後においては，売却マンションおよびその敷地に関しては，売却マンションおよびその敷地に関する権利について，マンション敷地売却組合の申請により必要な登記がされるまでの間は，他の登記をすることができない。

重要度 B

問 244

総会の議決によりマンション敷地売却組合を解散する場合の当該議決については，分配金取得計画に定める権利消滅期日後に限り行うことができる。

重要度 B

問 245

敷地分割組合が実施する敷地分割事業に関し，敷地権利変換計画においては，除却マンション敷地となるべき土地に現に存する団地内建物の特定団地建物所有者に対しては，除却敷地持分が与えられるように定めなければならない。

[H29]

答 240

×

マンション敷地売却組合は，**分配金取得計画**について認可を申請しようとするときは，**分配金取得計画**について，あらかじめ，**総会の議決**を経なければならない（建替え等円滑化法141条２項）。そして，この**総会の議決**は，**出席した組合員の議決権の過半数**で行う（建替え等円滑化法129条，29条１項）。

[R2]

答 241

×

マンション敷地売却組合の組合員の数が「**50人**」を超える組合は，総会に代わってその権限を行わせるために**総代会**を設けることができる（建替え等円滑化法131条１項）。

[H30]

答 242

○

マンション敷地売却組合は，**分配金取得計画**もしくはその変更の認可を受けたとき，または分配金取得計画について一定の軽微な変更をしたときは，**遅滞なく，その旨を公告**し，および**関係権利者**に，**関係事項を書面で通知**しなければならない（建替え等円滑化法147条１項）。

[H30]

答 243

○

マンション敷地売却組合は，**権利消滅期日後遅滞なく**，売却マンションおよびその敷地に関する権利について必要な**登記を申請**しなければならない（建替え等円滑化法150条１項）。そして，**権利消滅期日以後**において，売却マンションおよびその敷地に関しては，**この登記がされるまでの間**は，他の登記ができない（同２項）。

[H30]

答 244

×

マンション敷地売却組合は，①設立についての認可の取消し，②総会の議決，③事業の完了またはその完了の不能により**解散**する（建替え等円滑化法137条１項）。そして，②総会の議決は，**権利消滅期日「前」に限り**，**行うことができる**（同２項）。

[R4]

答 245

○

敷地権利変換計画においては，除却マンション敷地となるべき土地に現に存する団地内建物の特定団地建物所有者に対しては，**除却敷地持分が与えられる**ように定めなければならない（建替え等円滑化法193条１項）。

問 246 敷地分割組合が実施する敷地分割事業に関し，敷地権利変換手続開始の登記があった後においては，組合員は，当該登記に係る団地内建物の所有権及び分割実施敷地持分を処分するときは，都道府県知事の承認を得なければならない。

重要度 S★★★

 問 247 敷地分割組合が実施する敷地分割事業に関し，総会の決議により組合を解散する場合は，組合員の議決権及び分割実施敷地持分の割合の各4分の3以上で決する。

11 被災マンション法

重要度 B

 問 248 敷地共有者等集会の構成員は，政令指定災害によって全部または一部が滅失した建物の区分所有者及び区分所有者以外の敷地の共有者である。

[R4]

答 246 ✕

敷地分割組合は，設立の認可の公告があったときは，遅滞なく，登記所に，分割実施敷地に現に存する団地内建物の所有権（専有部分のある建物にあっては，区分所有権）及び分割実施敷地持分（既登記のものに限る）について，**敷地権利変換手続開始の登記**を申請しなければならない（建替え等円滑化法189条1項）。そして，**この登記があった後**においては，組合員は，当該登記に係る団地内建物の所有権及び分割実施敷地持分を処分するときは，「組合の承認」を得なければならない（同2項）。都道府県知事の承認を得るのではない。

[R4]

答 247 ◯

敷地分割組合は，①設立についての認可の取消し，②総会の議決，③事業の完了またはその完了の不能により，解散するが（建替え等円滑化法186条1項），**総会の決議により解散**する場合，組合員の議決権及び分割実施敷地持分〔分割実施敷地に存する建物（専有部分のある建物にあっては，専有部分）を所有するための当該分割実施敷地の所有権または借地権の共有持分をいう〕の割合の各4分の3以上で決する（177条8号，179条）。

[R4]

答 248 ✕

敷地共有者等集会は，政令指定災害によって区分所有建物の**全部が滅失**した場合及び政令指定災害により区分所有建物の**大規模一部滅失**（区分所有法61条5項）が生じ，**その後当該区分所有建物が取り壊された場合**に開催される（被災マンション法2条）。そして，その**構成員**となるのは，その建物に係る**敷地利用権**として数人で有する所有権その他の権利（敷地共有持分等）を有する者（敷地共有者等）である（同条）。したがって，**区分所有者以外の敷地の共有者**は，構成員とはならない。

問 249 大規模な火災，震災その他の災害で政令で定めるものにより区分所有建物の全部が滅失した場合において，区分所有建物に係る敷地利用権が数人で有する所有権その他の権利であったときに，その権利を有する者は，政令の施行の日から起算して3年が経過する日までの間は，集会を開き，規約を定め，および管理者を置くことができる。

問 250 政令指定災害により，区分所有建物の一部が滅失した後，区分所有者全員の同意によって区分所有建物の全部を取り壊したときにも，政令の施行の日から起算して3年が経過する日までの間は，敷地共有者等集会を開くことが認められる。

問 251 大規模な火災，震災その他の災害で政令で定めるものにより，区分所有建物の全部が滅失した場合，区分所有建物において管理者として定められていた者は，敷地共有者等によって管理者と定められていなくても，再建決議をするための集会を招集することができる。

問 252 大規模な火災，震災その他の災害で政令で定めるものにより，区分所有建物の全部が滅失した場合における敷地共有者等の集会において，決議手続きや説明会の開催等について規約を定めることはできない。

[H29]

政令指定災害により区分所有建物の**全部**が**滅失**した場合，区分所有建物に係る敷地利用権が数人で所有する所有権その他の権利であったときに，その権利を有する者（**敷地共有者等**）は，**政令の施行の日から起算して3年を経過する日までの間は，集会（敷地共有者等集会）を開き，および管理者を置くことができる**。しかし，敷地共有者等集会は，再建決議や敷地売却決議が行われるまでの暫定的な管理を目的とするものであるから，**規約を定めることはできない**（被災マンション法2条）。

[R4]

政令指定災害により区分所有建物の**一部**が**滅失**した場合において，**その後**に取壊し決議（被災マンション法11条）または，区分所有者全員の同意に基づいて，当該区分所有建物の**全部**が**取り壊された**ときは，敷地共有者等は，**政令施行日から3年が経過する日までの間は，敷地共有者等集会を開くことができる**（2条）。

[R3]

敷地共有者等が開く集会は，**管理者**または**敷地共有者等が招集**する（被災マンション法3条1項，区分所有法34条1項・3項本文・4項・5項本文）。しかし，**この敷地共有者等が置く管理者は，敷地共有者等集会の決議によって選任される**（被災マンション法3条1項，区分所有法25条1項）。区分所有建物において管理者として定められていた者が，当然に敷地共有者等が置く管理者となるのではない。したがって，区分所有建物において管理者として定められていた者でも，敷地共有者等によって管理者と定められていなければ，再建決議（被災マンション法4条）をするための集会を招集できない。

[R3]

敷地共有者等の集会においては，**規約を定めることはできない**（被災マンション法2条参照）。敷地共有者等の集会の目的は，当該敷地の管理一般にかかわる決議を行うことにあるのではなく，一定期間内に再建または敷地の売却に関する決議を成立させることにあり，当該敷地の暫定的な管理を円滑に行うことを目的とするものだからである。

問 253 大規模な火災，震災その他の災害で政令で定めるものにより区分所有建物の全部が滅失した場合において，敷地共有者等集会における敷地共有者等の各自の議決権は，敷地共有持分等の価格の割合による。

問 254 大規模な火災，震災その他の災害で政令で定めるものにより，区分所有建物の全部が滅失した場合において，敷地共有者等の集会を開くに際し，敷地共有者等に管理者がない場合の集会の招集権者は，議決権の5分の1以上を有する敷地共有者等であって，この定数を規約で減ずることはできない。

問 255 敷地共有者等の集会を招集するに当たり，敷地共有者等の所在を知ることができないときは，集会の招集の通知を，滅失した区分所有建物に係る建物の敷地内の見やすい場所に掲示してすることができるが，敷地共有者等の所在を知らないことについて過失があったときは，到達の効力を生じない。

問 256 区分所有建物の全部が滅失した後に敷地共有者等が敷地共有持分等を譲渡した場合であっても，滅失の当時にその敷地共有持分等を有していた者は敷地共有者等の集会における議決権を有する。

問 257 大規模な火災，震災その他の災害で政令で定めるものにより区分所有建物の全部が滅失した場合において，敷地共有者等が開く集会においては，敷地共有者等の議決権の5分の4以上の多数によって，再建決議をすることができる。

[H23]

 答 253

敷地共有者等集会における敷地共有者等の各自の**議決権**は，敷地共有持分等の価格**の割合**による（被災マンション法３条１項，区分所有法38条）。

[H30]

 答 254

敷地共有者等の集会の招集については，区分所有法の規定が多く準用されている。敷地共有者等の集会を開くに際し，敷地共有者等に**管理者がないとき**は，**議決権の５分の１以上を有する敷地共有者等**は，**集会を招集できる**（被災マンション法３条１項，区分所有法34条５項本文）。しかし，この集会は規約を定めることはできない。したがって，この**定数を規約で減ずることはできない**。

[H30]

 答 255

敷地共有者等の集会を招集する者が敷地共有者等の**所在を知ることができないとき**は，その招集の通知は，滅失した区分所有建物に係る建物の**敷地内の見やすい場所に掲示してする**ことができる（被災マンション法３条２項）。そして，この通知は，**掲示をした時に到達した**ものとみなされるが，敷地共有者等の集会を招集する者が，当該敷地共有者等の**所在を知らないことについて過失があったとき**は，**到達の効力を生じない**（同３項）。

[H30]

 答 256
✕

敷地共有者等の集会において**議決権を行使**できるのは，敷地共有持分等を有する**敷地共有者等**である（被災マンション法２条，３条１項，区分所有法38条）。したがって，**敷地共有持分等を譲渡した敷地共有者等**は，敷地共有者等の集会において**議決権を有しない**。

[R5]

 答 257

敷地共有者等が開く集会においては，**敷地共有者等の議決権の５分の４以上の多数**によって，**再建決議ができる**（被災マンション法４条１項）。

重要度 A

問 258 大規模な火災，震災その他の災害で政令で定めるものにより区分所有建物の全部が滅失した場合において，敷地共有者等が開く集会においては，滅失した区分所有建物の敷地の一部を含み，かつ滅失した区分所有建物の敷地ではない土地を含む土地上に，新たに建物を建築する旨の再建決議をすることができる。

重要度 A

問 259 マンションの建物の全部が滅失した場合における「敷地売却決議」は，敷地共有者等集会において，敷地共有者等の議決権の5分の4以上の多数でしなければならない。

重要度 C

問 260 大規模な火災，震災その他の災害で政令で定めるものにより区分所有建物の全部が滅失した場合において，敷地共有者等のうち5分の1を超える議決権を有する者は，政令の施行の日から起算して1月を経過する日の翌日以後当該施行の日から起算して3年を経過する日までの間に，敷地の共有物分割の請求をすることができる。

重要度 C

問 261 大規模な火災，震災その他の災害で政令で定めるものにより区分所有建物の全部が滅失した場合において，敷地共有者等の集会において敷地売却決議をするときは，売却の相手方となるべき者の氏名または名称および売却による代金の見込額を定めなければならない。

[R5]

答 258

再建される建物の敷地の要件は、「滅失した区分所有建物の敷地若しくはその一部の土地又は当該建物の敷地の全部若しくは一部を含む土地」とされている（被災マンション法4条1項）。これは、**元の敷地と少なくとも一部重なっている敷地であることが求められている**ということである。したがって、滅失した区分所有建物の敷地の一部を含み、かつ滅失した区分所有建物の敷地ではない土地を含む土地上に、新たに建物を建築する旨の再建決議をすることができる。

[H26]

答 259

マンションの建物の**全部が滅失**した場合、敷地共有者等集会においては、敷地共有者等の議決権の**5分の4以上の多数**で、敷地共有持分等に係る**土地を売却する旨の決議（敷地売却決議）**をすることができる（被災マンション法5条1項）。

⚖️ **比較しよう！**　「全部滅失」の場合のその他の決議（4条1項）

規模	決議	決議要件
全部滅失	再建決議	議決権の5分の4以上

[H29]

答 260

敷地共有者等は、**政令の施行日から起算して1ヵ月を経過する日の翌日以後**、施行日から起算して**3年を経過する日までの間**は、敷地共有持分等に係る土地またはこれに関する権利について、分割の請求をすることができない。ただし、**5分の1を超える議決権**を有する敷地共有者等は、この期間内であっても**分割請求をすることができる**（被災マンション法6条1項）。

[H29]

答 261

建物敷地売却決議においては、次の事項を定めなければならない（被災マンション法5条2項）。

① **売却の相手方**となるべき者の**氏名・名称**
② 売却による代金の見込額

問 262

大規模な火災，震災その他の災害で政令で定めるものにより区分所有建物の一部が滅失した場合において，当該政令の施行の日から起算して1年を経過する日までの間に，被災区分所有法及び区分所有法の定めるところにより開催される区分所有法第34条の規定による集会（この問いにおいて「区分所有者集会」という。）に関し，区分所有者集会の招集の通知は，区分所有者が災害前に管理者に対して通知を受けるべき場所を届け出ていた場合には，その場所に宛ててすることができる。

 問 263

大規模な火災，震災その他の災害で政令で定めるものにより区分所有建物の一部が滅失した場合において，当該政令の施行の日から起算して1年を経過する日までの間に，被災区分所有法及び区分所有法の定めるところにより開催される区分所有法第34条の規定による集会（この問いにおいて「区分所有者集会」という。）に関し，区分所有者集会の招集の通知は，当該集会を招集する者が区分所有者の所在を知っていたときであっても，区分所有建物又はその敷地内の見やすい場所に掲示してすることができる。

 問 **264**

大規模な火災，震災その他の災害で政令で定めるものにより区分所有建物の一部が滅失した場合において，当該政令の施行の日から起算して1年を経過する日までの間に，被災区分所有法及び区分所有法の定めるところにより開催される区分所有法第34条の規定による集会（この問いにおいて「区分所有者集会」という。）に関し，区分所有建物に係る敷地利用権が数人で有する所有権その他の権利であるときは，区分所有者集会において，区分所有者，議決権及び当該敷地利用権の持分の価格の各4分の3以上の多数で，当該区分所有建物及びその敷地を売却する旨の決議をすることができる。

[R1]

答 262

✕

区分所有者集会の招集の通知は，区分所有者が政令で定める**災害が発生した時**以後に管理者に対して通知を受けるべき場所を通知したときは，その場所に宛ててすれば足りる（被災マンション法8条2項前段）。したがって，区分所有者が災害前に届け出ていた場所に宛てて通知することはできない。

[R1]

答 263

✕

区分所有者集会の招集の通知は，区分所有者集会を招集する者が**区分所有者の所在を知る**ことができないとき**は**，当該区分所有建物またはその敷地内の見やすい場所に**掲示**してできる（被災マンション法8条3項）。したがって，区分所有者の所在を知っていたときには，掲示による通知ができない。

[R1]

答 264

✕

区分所有建物に係る敷地利用権が数人で有する所有権その他の権利であるときは，**区分所有者集会**において，**区分所有者，議決権**および**当該敷地利用権の持分の価格**の各5分の4以上の多数で，当該区分所有建物およびその敷地を売却する旨の決議（**建物敷地売却決議**）ができる（被災マンション法9条1項）。各4分の3以上ではない。

第2章　区分所有法等

問 265

□□□.

マンションの建物の一部が滅失した場合における建物の「取壊し決議」は，区分所有者集会において，区分所有者，議決権および敷地利用権の持分の価格の各5分の4以上の多数でしなければならない。

×

マンションの建物の**一部が滅失**（大規模滅失）した場合，区分所有者集会において，区分所有者および議決権の各5分の4以上の多数で，当該区分所有建物を**取り壊す旨の決議（取壊し決議）**をすることができる（被災マンション法11条1項）。取壊し決議の場合は，決議内容が建物の取壊しのみであり，敷地の売却が伴わないので「敷地利用権の持分の価格」は決議要件とはされていない。

⚖比較しよう！ 「一部滅失」の場合のその他の決議
（9条1項，10条1項）

規模	決議	決議要件
一部滅失	建物敷地売却決議	区分所有者・議決権・敷地利用権の持分価格の各5分の4以上
	建物取壊し敷地売却決議	

マンション標準管理規約・管理事務に関する諸法令

1 専有部分等の範囲・敷地，共用部分等の共有・用法

重要度 **C**

問 1

駐輪場を使用する者は使用料を管理組合に支払わなければならない旨が売買契約以前の総会で決議されていた場合で，規約に駐輪場使用料の規定がなく，売買契約時に駐輪場使用料に係る説明を受けなかった場合でも，買主である新区分所有者は，駐輪場を使用するときは，管理組合に駐輪場使用料を支払わなければならない。

重要度 **C**

問 2

標準管理規約（単棟型）によれば，区分所有権の対象となる専有部分は，住戸番号を付した住戸とする。

重要度 **B**

問 3

標準管理規約によれば，窓枠および窓ガラスは専有部分とされているので，当該部分の工事費用は，長期修繕計画に計上してはならない。

重要度 **C**

問 4

専有部分の価値の違いに基づく価値割合を基礎とした議決権割合を定める場合には，分譲契約等によって定まる敷地等の共有持分についても，価値割合に連動させることができる。

CHECK POINT

ここでの学習では，区分所有法と対比させる視点が重要だ。特に，区分所有法の内容を変更する規定と確認する規定，標準管理規約独自の規定を区別しよう。

[H27]

答 1

○

規約および**総会の決議**は，区分所有者の包括承継人および特定承継人に対しても，その効力を有する（標準管理規約単棟型5条1項）。したがって，駐輪場使用料に係る説明を受けなかったとしても，特定承継人である買主には，駐輪場使用料についての**総会決議**の効力が及ぶため，駐輪場使用料を支払わなければならない。

[H13]

答 2

○

対象物件のうち**区分所有権の対象となる**専有部分は，「**住戸番号を付した住戸**」とする（標準管理規約7条1項）。

 ココも注意！ 区分所有者は，その専有部分を「専ら住宅として使用」するものとし，他の用途に供してはならない（12条1項）。

[H14]

答 3

✕

窓枠および**窓ガラス**は，専有部分**に含まれない**（標準管理規約7条2項3号）。したがって，工事費用は，共用部分として長期修繕計画に計上すべきである。

[H29]

答 4

○

専有部分の価値の違いに基づく価値割合を基礎とした**議決権割合**を定める場合には，**分譲契約等によって定まる敷地等の共有持分**についても，**価値割合に連動させる**ことが考えられる（標準管理規約10条関係コメント③，46条関係コメント③）。

重要度 B

問 5 住戸と地階にある倉庫を共に所有する区分所有者が，倉庫のみを分離して他の区分所有者および専有部分の賃借人に譲渡することができるものとすると規約に定めることはできない。

重要度 C

問 6 暴力団の排除について規約を定める場合，専有部分の用途として，暴力団事務所としての使用や，暴力団員を反復して出入りさせる等の行為について禁止することは，適切である。

重要度 B

問 7 専用使用権が設定されていなかった屋上テラスに面する住戸の区分所有者に，屋上テラスの専用使用を認め，専用使用料を徴収するものとすると規約に定めることはできない。

重要度 B

問 8 区分所有者Aが，その専有部分を第三者Bに貸与しようとする場合，Aは，管理組合と駐車場使用契約を締結しAが使用している駐車場を，引き続きBに使用させることができる。

重要度 C

問 9 マンションの駐車場に関し，マンション管理士が理事会で行った「駐車場が不足している場合には，駐車場使用料を近傍の駐車場料金と均衡を失しないよう設定することが必要ですが，利便性の差異を加味して考えることも必要です。」という助言は，適切である。

重要度 B

問 10 駐車場使用契約には，管理費，修繕積立金の滞納等の規約違反の場合は，次回の選定時の参加資格をはく奪することができる旨の規定を設けることができる。

[H18]

 答 5
◯

倉庫または車庫も専有部分となっているときは，倉庫（車庫）のみを他の区分所有者へ**譲渡する場合を除き**，住戸と倉庫（車庫）とを分離し，または専有部分と敷地および共用部分等の共有持分とを分離して**譲渡，抵当権の設定等の処分をしてはならない**（標準管理規約11条関係コメント②）。つまり，譲渡の相手方が専有部分の賃借人の場合には，分離処分できる旨を規約で定めることはできない。

[H28]

 答 6
◯

暴力団の排除のため，**暴力団事務所としての使用**や，暴力団員を反復して出入りさせる等の行為について**禁止する**旨の規定を追加することもできる（標準管理規約12条関係コメント⑥）。

[H18]

 答 7
✕

バルコニーおよび**屋上テラス**が全ての住戸に附属しているのではない場合には，**別途専用使用料の徴収**について規定することもできる（標準管理規約14条関係コメント③）。

[H21]

 答 8
✕

区分所有者がその所有する専有部分を，他の区分所有者または第三者に**譲渡**または**貸与**したときは，その区分所有者の**駐車場使用契約は効力を失う**（標準管理規約15条3項）。したがって，Aの駐車場使用契約は，効力を失うので，Bに引き続き駐車場を使用させることはできない。

[H28]

 答 9
◯

駐車場が**全戸分ない場合**等には，駐車場使用料を**近傍の同種の駐車場料金と均衡を失しないよう設定**すること等により，区分所有者間の公平を確保することが必要である。なお，**近傍の同種の駐車場料金との均衡については，利便性の差異も加味して考える**ことが必要である（標準管理規約15条関係コメント⑨）。

[H26]

 答 10
◯

駐車場使用細則，駐車場使用契約等に，管理費，修繕積立金の滞納等の規約違反の場合は，**契約を解除できる**かまたは次回の選定時の**参加資格をはく奪**することができる旨の規定を定めることもできる（標準管理規約15条関係コメント⑦）。

重要度 A

問 11

標準管理規約を採用している管理組合の業務について，第三者が屋上に広告塔を設置することを認めるためには，当該規約を改正しなければならない。

重要度 A

問 12

区分所有者は，専有部分の排水管（枝管）の取替え工事を行おうとするときに，設計図，仕様書及び工程表を添付した申請書を理事長に提出して書面による承認を得た場合には，承認の範囲内で，専有部分の修繕等に係る共用部分の工事を行うことができる。

重要度 A

問 13

住居専用の甲マンションの区分所有者Aから，自己の専有部分（3LDK・60㎡）を簡単な壁で小さな空間に区切り12室に改造した上で，入居者の募集を行い，多人数に貸し出したいとして『専有部分修繕等工事申請書』が理事長あて提出された。この件に対する対応についての理事会におけるC理事の「Aが理事長の承認を受けないで工事を行った場合は，理事会の決議を経て，理事長は，管理組合を代表して，その差止め，排除または原状回復のための必要な措置の請求に関し，訴訟その他法的措置をとることができます。」という意見は，適切でない。

管理組合は，**総会の決議**を経て，敷地および共用部分等（駐車場および専用使用部分を除く）の一部について**第三者に使用させる**ことができる（標準管理規約16条2項）。この対象となるのは，広告塔・看板等であり（同関係コメント②），規約を改正する必要はない。

[R5]

区分所有者は，その**専有部分の修繕等**であって**共用部分又は他の専有部分に影響を与えるおそれのあるもの**を行おうとするときは，あらかじめ，**理事長にその旨を**申請し，**書面による承認**を受けなければならない（標準管理規約17条1項）。本肢の専有部分の排水管（枝管）の取替え工事は，「共用部分又は他の専有部分に影響を与えるおそれのある」ものにあたる（同関係コメント②）。この場合において，区分所有者は，設計図，仕様書及び工程表を添付した申請書を理事長に提出しなければならない（同2項）。そして，書面による承認を得た場合には，区分所有者は，**承認の範囲内**において，**専有部分の修繕等に係る共用部分の工事**を行うことができる（同4項）。

[H25]

適切である。区分所有者は，その**専有部分**について，**修繕等で**あって共用部分または他の専有部分に影響を与えるおそれのあるものを行おうとするときは，あらかじめ，**理事長にその旨を**申請し，**書面**（または電磁的方法）による承認を受けなければならない（標準管理規約17条1項）。そして，承認を受けないで，専有部分の修繕等の工事を行った場合には，第67条に定める規定により，**理事会の決議**を経て，理事長は，その是正のため必要な勧告または指示，もしくは警告を行うか，その**差止め**，**排除**または**原状回復のための必要な措置**等をとることができる（同関係コメント⑬）。

重要度 S★★★

問 14

共用部分又は他の専有部分に影響を与えるおそれがない専有部分の修繕等を行おうとする場合には，理事長の承認を受けなくても実施することができる。

重要度 A

問 15

主要構造部にエアコンを直接取り付けようとする場合には，あらかじめ，理事長にその旨を届け出ることにより，実施することができる。

重要度 S★★★

問 16

区分所有者Aから水道管の枝管の取替え工事につき承認申請があった場合には，理事長は，自らの判断でその承認をすることができる。

重要度 B

問 17

マンションの区分所有者が，自己の所有する専有部分の修繕を行う場合，理事長の承認を受けて専有部分の設備交換にあわせて専有部分に属する配管（枝管）の取替え工事を行う場合において，共用部分内に係る工事については，管理組合が当該工事を実施するよう理事長に要請しなければならない。

区分所有者は，その**専有部分**について，修繕，模様替えまたは建物に定着する物件の取付け若しくは取替え（以下「**修繕等**」という）であって共用部分または他の専有部分に影響を与えるおそれのあるものを行おうとするときは，**あらかじめ，理事長にその旨を申請し，書面**（または電磁的方法）**による承認を受けなければならない**（標準管理規約17条1項）。したがって，影響を与えるおそれがなければ，当該承認は不要である。

⚠️ ココも注意！　区分所有者は，**当該承認を要しない修繕等**のうち，工事業者の立入り，工事の資機材の搬入，工事の騒音，振動，臭気等工事の実施中における共用部分または他の専有部分への影響について管理組合が事前に把握する必要があるものを行おうとするときは，あらかじめ，**理事長にその旨を届け出なければならない**（同7項）。

‥‥‥‥‥‥‥‥‥‥‥‥‥‥‥‥‥‥‥‥‥‥‥‥‥‥‥‥‥‥‥‥‥

主要構造部に直接エアコンを取り付けることは，「**共用部分または他の専有部分に影響を与えるおそれのある**」ものにあたるので，あらかじめ，**理事長にその旨を申請し，書面による承認**を受けなければならない（標準管理規約17条関係コメント②）。したがって，単なる理事長への届出では足りない。

‥‥‥‥‥‥‥‥‥‥‥‥‥‥‥‥‥‥‥‥‥‥‥‥‥‥‥‥‥‥‥‥‥

理事長は，水道管の枝管の取替え工事等の**専有部分の修繕等**の工事の承認申請について，理事会の決議により，その**承認**または**不承認**を決定しなければならない（標準管理規約17条3項）。つまり，自らの判断で承認することはできない。

‥‥‥‥‥‥‥‥‥‥‥‥‥‥‥‥‥‥‥‥‥‥‥‥‥‥‥‥‥‥‥‥‥

配管（配線）の枝管（枝線）の取付け，取替え工事に当たって，**共用部分内に係る工事**についても，理事長の承認を得れば，**区分所有者が行うことができる**（標準管理規約17条関係コメント③）。

問 18 区分所有者の一人が，その専有部分及びこれに附属する部分につき修繕等をする場合の手続きに関し，理事長の承認を受けた修繕等の工事後に，当該工事により共用部分や他の専有部分に影響を生じたときには，管理組合の責任と負担により必要な措置を講じなければならない。

問 19 専有部分のユニットバス設置工事の実施について，理事長の指定するマンション管理士がその状況を調査するために設置工事等の箇所への立入りを請求した場合において，区分所有者は，正当な理由がない限りこれを拒否できない。

問 20 区分所有者Aが修繕等につき理事長に承認を申請した場合において，これを承認するかどうかの調査に特別な費用を要するときは，理事長は，Aにその費用を負担させることができる。

問 21 組合員は，専有部分の賃貸をする場合には，規約及び使用細則に定める事項を賃借人に遵守させる旨の誓約書を管理組合に提出しなければならない。

問 22 暴力団の排除について規約を定める場合，賃借人が暴力団員であることが判明した場合において，区分所有者が賃貸借契約を解約しないときは，管理組合は，区分所有者に代理し，解約権を行使することができるとすることは，適切である。

答 18
✕

理事長の承認を受けた修繕等の工事後に，当該工事により**共用部分または他の専有部分に影響が生じた**場合は，当該「**工事を発注した区分所有者の責任と負担**」により必要な措置をとらなければならない（標準管理規約17条6項）。

[H21]

答 19
◯

区分所有者は，その専有部分について，ユニットバスの設置等の**専有部分の修繕等**を行おうとするときは，あらかじめ，**理事長から書面**（または電磁的方法）による承認を受けなければならない（標準管理規約17条1項）。この場合，理事長またはその指定を受けた者は，必要な範囲内において，修繕等の箇所に**立ち入り**，必要な調査を行うことができ，区分所有者は，正当な理由がなければこれを**拒否できない**（同5項）。

[H17]

答 20
◯

理事長は，専有部分の修繕等の工事の承認の判断に際して，調査等により特別な費用がかかる場合には，**申請者に負担させる**ことが適当である（標準管理規約17条関係コメント⑥）。

[R2]

答 21
✕

組合員は，その貸与に係る契約にこの規約および使用細則に定める事項を**遵守する旨の条項**を定めるとともに，「契約の相手方（賃借人）」に，この規約および使用細則に定める事項を**遵守する旨の誓約書を管理組合に「提出させなければならない」**（標準管理規約19条2項）。したがって，管理組合に対する誓約書の提出の主体は，組合員ではなく，賃借人である。

[H28]

答 22
◯

区分所有者は，その専有部分を**第三者に貸与する場合**には，「契約の相手方が暴力団員**であることが判明**した場合には，何らの**催告を要せずして**，区分所有者はその契約を解約することができること」および「区分所有者が解約権を行使しないときは，**管理組合は，区分所有者に代理して解約権を行使することができること**」を，その貸与に係る契約に定めなければならない（標準管理規約19条の2第1項2号・3号）。

重要度 C

問 23 暴力団の排除について規約を定める場合，専有部分の貸与に関し，暴力団員への貸与を禁止することに加え，暴力団関係者，準構成員等についても貸与を禁止することは，適切である。

2 管理

重要度 S★★★

問 24 専用使用権が設定されているバルコニーの手すりの経年劣化に対し補修塗装を要する場合，専用使用権者の責任と負担においてこれを行わなければならない。

重要度 A

問 25 標準管理規約を採用している管理組合の業務について，管理組合が共用部分である給水管の本管と専有部分である枝管とを一体として取り替える工事を行うためには，当該規約を改正しなければならない。

重要度 S★★★

問 26 標準管理規約によれば，共用部分配管設備の清掃等に要する費用は，共用設備の保守維持費として管理費を充当することが可能である。

重要度 S★★★

問 27 標準管理規約によれば，共用部分の配管の取替えはそれだけでかなり多額の費用がかかるため，特別決議により実施する必要がある。

[H28]

答 23

○

必要に応じ，貸与を禁止する相手方の範囲を，**暴力団員**だけでなく，各都道府県が定めている暴力団排除条例等を参考に暴力団関係者や準構成員等を追加することも認められている（標準管理規約19条の２関係コメント①）。

[H20]

答 24

×

バルコニー等の**保存行為**のうち，通常の使用に伴うものについては，**専用使用権を有する者がその責任と負担**においてこれを行わなければならない（標準管理規約21条１項ただし書）。しかし，バルコニー等の**管理**のうち，**計画修繕等**については，管理組合がその責任と負担において行わなければならない（21条関係コメント③）。手すりの補修塗装工事は，計画修繕工事に該当するので，管理組合の責任と負担において行うことになる。

[H22]

答 25

×

専有部分である設備のうち共用部分と**構造上一体**となった部分の管理を共用部分の管理と一体として行う必要があるときは，管理組合がこれを行うことができる（標準管理規約21条２項）。この対象となる設備としては，配管，配線等があり（21条関係コメント⑦），規約を改正する必要はない。

[R4]

答 26

○

配管の清掃等に要する費用については，「**共用設備の保守維持費**」として管理費を充当することが可能である（標準管理規約21条関係コメント⑦）。

[R4]

答 27

×

給水管更生・更新工事は，普通決議により実施可能と考えられるとされている（標準管理規約47条関係コメント⑥（オ））。したがって，共用部分の配管の取替えについては，特別決議により実施する必要はない。

問 28 標準管理規約によれば，共用部分の配管の取替えと専有部分の配管の取替えを同時に行うことにより，専有部分の配管の取替えを単独で行うよりも費用が軽減される場合には，これらについて一体的に工事を行うことも考えられる。

問 29 標準管理規約によれば，あらかじめ長期修繕計画において専有部分の配管の取替えについて記載し，その工事費用を修繕積立金から拠出することについて規約に規定しておくことにより，修繕積立金を取り崩すことができる。

問 30 台風により窓ガラスが割れたため専有部分に雨が吹き込んでいる場合であっても，当該専用部分の区分所有者は，事前に理事長に申請して書面による承認を受けたうえで，窓ガラスの張替え工事を実施する必要がある。

問 31 理事長は，災害等の緊急時においては，総会または理事会の決議によらずに，敷地および共用部分等の必要な保存行為を行うことができ，そのために必要な支出を行うこともできる。

28
○

共用部分の配管の取替えと専有部分の配管の取替えを**同時に行**うことにより，専有部分の配管の取替えを**単独で行うよりも費**用が軽減される場合には，これらについて**一体的に工事**を行うことも考えられるとされている（標準管理規約21条関係コメント⑦）。

 29
○

専有部分の配管の取替えの費用については，あらかじめ長期修繕計画において**専有部分の配管の取替えについて記載**し，その**工事費用を修繕積立金から拠出**することについて規約に規定するとともに，**先行**して工事を行った区分所有者への**補償の有無**等についても**十分留意**することで，修繕積立金を取り崩すことができる（標準管理規約21条関係コメント⑦）。

 30
×

区分所有者は，**バルコニー等の保存行為**のうち，**通常の使用に**伴うものの場合又はあらかじめ理事長に申請して書面による承認を受けた場合を除き，敷地及び共用部分等の**保存行為を行う**ことができない。ただし，**専有部分の使用に支障**が生じている場合に，当該専有部分を所有する区分所有者が行う保存行為の実施が，緊急を要するものであるときは，当該区分所有者は，**保存行為を行うことができる**（標準管理規約21条３項）。すなわち，台風等で住戸の窓ガラスが割れた場合に，専有部分への雨の吹き込みを防ぐため，割れたものと同様の仕様の窓ガラスに張り替えるには，当該窓ガラスの専用使用権者は，**理事長の承認を受けることなく行うことができる**（同関係コメント⑧）。

 31
○

理事長は，**災害等の緊急時**においては，**総会または理事会の決議によらずに**，敷地および共用部分等の必要な保存行為**を行う**ことができ（標準管理規約21条６項），あわせて当該行為に**必要な支出**を行うこともできる（58条６項）。

第3章　マンション標準管理規約

問 32 区分所有者の一人が，その専有部分及びこれに附属する部分につき修繕等をする場合の手続きに関し，専有部分の内装工事とあわせて防犯上の観点から玄関扉を交換する工事の申請があった場合において，管理組合が計画修繕として同等の工事を速やかに実施できないときには，申請者はあらかじめ理事長の書面による承認を受けることにより，当該工事を自己の責任と負担において実施することができる。

問 33 管理組合は，管理を行うために必要な範囲内において，他の者が管理する専有部分または専用使用部分への立入りを請求することができ，その請求を正当な理由なく拒否した者は，その結果生じた損害を賠償しなければならない。

問 34 理事長は，災害や事故等により緊急に立ち入らないと共用部分等または他の専有部分に対して物理的にまたは機能上重大な影響を与えるおそれがあるときは，専有部分または専用使用部分について，立ち入ることができるが，原状回復義務を負う。

問 35 落雷により共用部分である電気設備について生じた損害について，管理組合が締結していた損害保険契約に基づき保険金額を請求し，受領するには，理事長は，理事会の決議を経なければならない。

答 32
◯

区分所有者は，管理組合が共用部分のうち各住戸に附属する窓枠，窓ガラス，**玄関扉**その他の開口部に**係る改良工事**であって，防犯，防音又は断熱等の**住宅の性能の向上等に資するもの**について**速やかに実施できない場合**には，あらかじめ理事長に**申請して書面による承認**を受けることにより，当該工事を当該区分所有者の責任と負担において実施できる（標準管理規約22条2項）。

答 33
◯

管理組合は，管理を行うために必要な範囲内において，**他の者が管理する専有部分または専用使用部分への立入りを請求する**ことができる（標準管理規約23条1項）。そして，立入り請求をされた者は，正当な理由がなければ**これを拒否してはならず**，正当な理由なく**立入りを拒否した者**は，その結果生じた**損害を賠償しなければならない**（同2項・3項）。

答 34
◯

理事長は，**災害，事故等が発生した場合**であって，緊急に立ち入らないと共用部分等または他の専有部分に対して物理的にまたは機能上重大な影響を与えるおそれがあるときは，専有部分または専用使用部分に**自ら立ち入り**，または**委任した者に立ち入らせることができる**（標準管理規約23条4項）。そして，立入りをした者は，速やかに立入りをした箇所を**原状に復さなければならない**（同5項）。

答 35
✕

区分所有者は，共用部分等に関し，管理組合が火災保険，地震保険その他の損害保険の契約を締結することを承認する（標準管理規約24条1項）。**理事長**は，この契約に基づく**保険金額の請求および受領**について，**区分所有者を**代理する（同2項）。つまり，理事会の決議は不要である。

重要度 B
問 36

組合員の管理費に滞納が生じた場合の措置について，理事長から相談を受けたマンション管理士が行った「組合員が所有している専有部分を賃貸に供し，賃貸借契約で賃借人が管理費を負担する旨が規定されているときであっても，滞納管理費の請求は区分所有者に対して行います。」という助言は，適切ではない。

重要度 S★★★
問 37

管理費等の額については，各区分所有者の共用部分の共有持分に応じて算出するものとし，使用頻度等は勘案しない。

重要度 C
問 38

管理費の滞納がある区分所有者が専有部分を売却する場合で，売買契約書に売主側が売買代金から滞納管理費を支払う旨の定めがあるときは，管理組合は，買主である新区分所有者に対し，滞納管理費の支払を請求することはできない。

重要度 S★★★
問 39

ＷＥＢ会議システムで理事会が開催できるようにするための理事全員分の器材一括購入費用は，修繕積立金を取り崩して充当することができる。

重要度 A
問 40

管理組合の防災活動について，助言を求められたマンション管理士の理事会での「防災に関する専門家に対し，マンション全体の防災体制や管理組合の運営等に関する相談や，助言，指導を得る際には，管理費から費用を拠出することができます。」という発言は，適切ではない。

答 36
✕

適切である。**区分所有者**は，敷地および共用部分等の管理に要する経費に充てるため，**管理費**および**修繕積立金**を管理組合に納入しなければならない（標準管理規約25条1項）。たとえ賃貸借契約で賃借人が管理費を負担する旨が規定されているときであっても，滞納管理費の請求は**区分所有者**に対して行う。

[H30]

答 37
○

管理費等の額は，各区分所有者の共用部分の共有持分に**応じて算出**するものとし，管理費等の負担割合を定めるに当たっては，**使用頻度等**は勘案しない（標準管理規約25条2項，同関係コメント①）。

[H27]

答 38
✕

管理組合が管理費等について有する債権は，**区分所有者**の特定承継人に対しても行うことができる（標準管理規約26条）。そして，売買契約書に売主側が売買代金から滞納管理費を支払う旨の特約は，管理組合の請求権に影響を及ぼさず，管理組合は，売主・買主に対して債権の全額を請求することができる。したがって，管理組合は，**買主**（特定承継人）である新区分所有者に対し，滞納管理費の支払を請求できる。

[R4]

答 39
✕

WEB会議システムで理事会が開催できるようにするための理事全員分の器材一括購入費用は，**備品費**として管理費から充当する（標準管理規約27条4号）。修繕積立金を取り崩して充当することはできない。

[H23]

答 40
✕

適切である。本問の費用は，「**専門的知識を有する者**の活用に要する費用」として管理費から充当できる（標準管理規約27条9号）。

第3章　マンション標準管理規約

問 41

各居住者が各自の判断で自治会，町内会等に加入する場合に支払うこととなる自治会費は，地域住民相互の親睦や福祉，助け合い等を図るため居住者が任意に負担するものであるから，管理費等とは別のものである。

問 42

修繕積立金は，使途が限定されており，一定年数の経過ごとに計画的に行う修繕に要する経費に充当する場合に限って取り崩すことができる。

問 43

建物の建替えに係る合意形成に必要となる事項の調査費用については管理費から支出することとされているが，各マンションの実態に応じて，修繕積立金から支出する旨を規約に定めることもできる。

問 44

通常総会を５月に開催している甲マンション管理組合の収支予算（会計期間は４月１日から翌年３月31日までとする）に関して，大規模修繕工事に要する費用に充てるため，金融機関から資金の借入を予定しているが，今年８月から始まる借入に伴う償還については，修繕積立金をもって充てることとし，今年度の収支予算において，修繕積立金会計に所要の額を計上していることは，適切である。

[H15]

各居住者が**各自の判断**で自治会または町内会等に加入する場合に支払うこととなる**自治会費**または**町内会費**等は，地域住民相互の親睦や福祉，助け合い等を図るため居住者が任意に負担するものであり，マンションを維持・管理していくための費用である**管理費等**とは別のものである（標準管理規約27条関係コメント③）。

[H15]

積み立てた修繕積立金は，「一定年数の経過ごとに計画的に行う修繕」のほか，「**不測の事故**その他**特別の事由**により**必要となる修繕**」「**敷地および共用部分等の変更**」「**建物の建替えおよびマンション敷地売却に係る合意形成に必要となる事項の調査**」「その他敷地および共用部分等の管理に関し，区分所有者全体の利益のために**特別に必要となる管理**」に要する経費に充当する場合にも取り崩すことができる（標準管理規約28条1項）。

[H30]

管理組合は，**建物の建替えに係る合意形成に必要となる事項の調査費用**については，修繕積立金から取り崩すことができる（標準管理規約28条1項4号）。ただし，建替え等に係る調査に必要な経費の支出は，各マンションの実態に応じて，**管理費**から支出する旨を**規約に定める**こともできる（同関係コメント⑧）。

[H25]

管理組合は，特別の管理に関する業務を行うため必要な範囲内において，**借入れ**をすることができる（標準管理規約63条）。この場合，**修繕積立金をもってその償還に充てる**ことができる（28条4項）。8月は「今年度」であるから，今年度の修繕積立金会計に借入に伴う償還について，所要の額を計上しておく必要がある。

重要度 B

問 45

□□□

マンションの駐車場に関し，マンション管理士が理事会で行った「今後，駐車場に空き区画が出るようになった場合，組合員以外の方に外部貸しする方法がありますが，その駐車場使用料収入は，駐車場の管理に要する費用に充当した後に管理費全体の不足額に充当することができるため，管理費不足への対策として有効な方法です。」という助言は，適切である。

3 管理組合

重要度 A

問 46

□□□

区分所有者ではなくなったにもかかわらずその旨の届出を出していないＡが，事前の連絡もなく総会会場へ来て，届出を出していない以上出席資格があるとして出席を求めてきた場合は，その出席を認めなければならない。ただし，Ａは，理事会において総会に出席する必要があると認められた者ではない。

重要度 A

問 47

□□□

長期修繕計画書および修繕履歴情報は，理事長が保管し，かつ，所定の掲示場所に，保管場所を掲示しなければならない。

重要度 A

問 48

□□□

官公署，町内会等との渉外業務は，標準管理規約において管理組合の業務とされていない。

重要度 A

問 49

□□□

管理組合の防災活動について，助言を求められたマンション管理士の理事会での「火災や震災などの災害から住民の生命，身体，財産を守ることも管理組合の重要な役割の一つであり，防災に関する業務は管理組合の業務として認められます。」という発言は，適切ではない。

[H28]

答 45
×

適切でない。**駐車場使用料**その他の敷地および共用部分等に係る使用料は、それらの**管理に要する費用**に充てるほか、修繕積立金として積み立てる（標準管理規約29条）。したがって、駐車場使用料収入を**管理費全体の不足額**に充当することはできない。

[H22]

答 46
×

組合員の資格は、区分所有者となったときに取得し、区分所有者でなくなったときに喪失する（標準管理規約30条）。区分所有者でなくなった場合は、届出をしていなくても当然に組合員の資格を失うことになり、総会への出席権も失う。

[H25]

答 47
×

理事長は、長期修繕計画書・設計図書・修繕等の履歴情報を保管し、組合員または利害関係人の理由を付した書面（または電磁的方法）による請求があったときは、これらを**閲覧**させなければならず、閲覧については、**相当の日時・場所等を指定することができる**（標準管理規約64条2項）。しかし、これらの「保管場所を掲示する」必要はない。

[H17]

答 48
×

「**官公署、町内会等との渉外業務**」は、管理組合の業務とされている（標準管理規約32条11号）。

[H23]

答 49
×

適切である。火災や震災などの災害から住民の生命、身体、財産を守ることを目的とする「**防災**」**に関する業務**は、管理組合の業務とされている（標準管理規約32条12号）。

長期修繕計画の見直しを行う前提として，管理組合として劣化診断（建物診断）を併せて行う必要がある。

重要度 **S★★★**

問 51

長期修繕計画の見直しに要する経費の充当については，修繕積立金から取り崩さなければならない。

重要度 **A**

問 52

理事長は，理事のうちから，理事会で選任されるが，理事の承認を得ずにいつでも辞任することができる。

重要度 **A**

問 53

外部専門家を役員として選任できることとする場合，理事および監事は総会で選任し，理事長，副理事長および会計担当理事は，理事のうちから，理事会で選任する。

重要度 **S★★★**

問 54

甲マンション管理組合のA理事が死亡し，同居する配偶者Bおよび甲マンション以外に居住する子CがAの区分所有権を共同相続した場合，規約に別段の定めを置かなくても，総会で甲マンション以外に居住するCを理事に選任することができる。

[H23]

 答 50

「**長期修繕計画の作成または変更（見直し）**」および「修繕工事の実施」の前提として，劣化診断（**建物診断**）を管理組合として併せて行う必要がある（標準管理規約32条関係コメント③）。

[H23]

 答 51

「長期修繕計画の作成または変更に要する経費」および「長期修繕計画の作成等のための劣化診断（建物診断）に要する経費」の充当については，管理組合の財産状態等に応じて**管理費または修繕積立金のどちらからでもできる**（標準管理規約32条関係コメント④前段）。

[H19]

 答 52

区分所有法に定める管理者である**理事長**は，**理事**のうちから，理事会で**選任**する（標準管理規約35条3項，38条2項）。管理者には民法の委任の規定が準用されるので（区分所有法28条）受任者である管理者は，いつでも**委任契約を解除**することができるため（民法651条1項），理事長は，理事の承認を得ずに，いつでも**辞任**することができる。

[H28]

 答 53

外部専門家を役員として選任できることとする場合，**理事および監事**は，総会で**選任**する（標準管理規約35条2項）。そして，**理事長，副理事長**および**会計担当理事**は，理事のうちから，理事会で**選任**する（同3項）。

 ココも注意！ 役員の選任は，総会の**普通決議事項**であり，総会出席組合員の議決権**の過半数**で決しなければならない（48条2号，47条2項）。

[H24]

答 54

理事および監事は，組合員のうちから，**総会で選任**する（標準管理規約35条2項）。組合員であればよく，マンションに居住していることまで求められていないから，規約に別段の定めを置かなくても，総会で甲マンション以外に居住するCを理事に選任することができる。

問 55

解任された理事長は，次の理事長が選任されるまでの間，引き続きその職務を行う。

問 56

役員は半数改選とし，役員の任期を2年とする旨を規約に定めることができる。

問 57

外部専門家を役員として選任できることとした場合，外部専門家が役員に選任された後に組合員となり，その後，その外部専門家が組合員でなくなったときは，当然に役員としての地位を失う。

問 58

甲マンション管理組合のA理事が死亡し，同居する配偶者Bおよび甲マンション以外に居住する子CがAの区分所有権を共同相続した場合，規約に「理事が死亡等により任期途中で欠けた場合，補欠の役員を理事会の決議で選任することができる。」との定めがあれば，理事会決議でBを理事に選任することができる。

[H19]

答 55 ✗

任期満了または辞任によって**退任する役員**（理事・監事）は，後任の役員が就任するまでの間，**引き続きその職務を行う**（職務続行義務，標準管理規約36条３項）。しかし，解任された理事長に職務を続行させることは適当ではないので，後任が選任されていないときでも，職務続行義務を負わない。

[H29]

答 56 ○

役員を半数改選とし，**役員の任期を２年**とする旨を規約に定めることができる（標準管理規約36条１項，同関係コメント①・②）。

[R3]

答 57 ✗

外部の専門家として選任された役員は，専門家としての地位に着目して役員に選任されたものであるから，当該役員が役員に選任された後に組合員となった場合にまで，組合員でなくなれば，当然に役員としての地位**も失うとするのは相当でない**（標準管理規約36条関係コメント③）。

[H24]

答 58 ○

組合員である役員が転出，死亡その他の事情により任期途中で欠けた場合には，組合員から**補欠の役員を理事会の決議**で選任することができると，**規約に規定することもできる**（標準管理規約36条関係コメント④）。

第３章　マンション標準管理規約

問 59

暴力団の排除について規約を定める場合，暴力団員または暴力団員でなくなった日から2年を経過しない者は役員にはなれないとすることは，適切である。

問 60

理事会において，次期通常総会に提出する役員選任の議案書作成に当たり，役員の選任要件について意見を求められたマンション管理士の「細則において，派遣元の法人が銀行取引停止処分を受けている場合は外部専門家として役員となることができないとされているので，それに該当する外部専門家であるC氏は，役員候補者から外すべきです。」という助言は，適切ではない。

問 61

理事長が，役員の活動経費や報酬に関する定めがないにもかかわらず，理事長としての活動に応ずる必要経費および報酬を受領したことは，適切である。

問 62

管理組合が，理事長が代表取締役を務める施工会社と共用部分の補修に係る工事請負契約を締結しようとする場合において，理事長がその利益相反取引に関し，理事会を招集し承認を受けようとすることについて，マンション管理士が役員に対して行った「理事長がこの理事会で承認を受けるには，当該取引について重要な事実の開示が必要です。」という助言は，適切ではない。

[H28]

答 59
×

適切ではない。**暴力団員等**（**暴力団員**又は**暴力団員でなくなっ
た日から5年を経過しない者**をいう）は，役員になることがで
きない（標準管理規約36条の2第3号）。

⚠ **ココも注意!** 上記に加え，次の①②も役員の欠格要件である（36条の2
第1号・2号）。

> ① 精神の機能の障害により役員の職務を適正に執行するに当たっ
>   て必要な認知，判断及び意思疎通を適切に行うことができない
>   者・破産者で復権を得ないもの
> ② 禁錮以上の刑に処せられ，その執行を終わり，又はその執行を
>   受けることがなくなった日から5年を経過しない者

[H29]

答 60
×

適切である。**外部の専門家から役員の選任**をする場合，細則に
おいて「銀行取引停止処分を受けている法人から派遣される役
職員は，外部専門家として**役員となることができない**」と定め
られている場合は，これに該当する者は，役員となることはで
きない（標準管理規約36条の2関係コメント②イ，35条4項）。
したがって，銀行取引停止処分を受けている法人から派遣され
た外部専門家であるC氏は，役員候補から外すべきである。

[H25]

答 61
×

適切でない。**役員**は，別に定めるところにより，**役員としての
活動に応ずる必要経費**の支払と報酬を受けることができる（標
準管理規約37条2項）。本問では，役員の活動経費や報酬に関
する定めがないため，これらを受領することはできない。

[H28]

答 62
×

適切である。**役員**は，役員が**自己または第三者のために管理組
合と取引**をしようとするときには，理事会において，その取引
につき**重要な事実を開示**し，その**承認を受けなければならない**
（標準管理規約37条の2第1号）。

問 63 職員の採用または解雇を行うことは，総会の決議によらず，理事長が理事会の承認または決議のみで行うことができる。

問 64 管理者である理事長に管理費等の横領などの不正の疑いがあり，かつ，通常総会の招集すらしないので，他の役員や組合員は，理事長を解任する方法を検討している。この場合において，一人の区分所有者が，裁判所に対し，理事長に不正な行為があるとしてその解任を請求することができる。

問 65 理事長は，組合員からの要請があれば，その都度，その組合員に対し，管理組合の業務の執行に関する報告をしなければならない。

問 66 管理者である理事長が総会で管理組合の業務執行に関する報告をするときは，各組合員からの質疑に対して適切に応答する必要があるので，理事長自身はWEB会議システム等により報告することはできない。

問 67 理事長が，理事会の承認を得て，総会における事務報告の一部を会計担当理事に委任し，報告させたことは，適切である。

[H24]

答 63

理事長は，理事会の承認を得て，職員を採用し，または解雇することができる（標準管理規約38条1項2号）。

[H19]

答 64

理事長は，区分所有法に定める管理者であり（標準管理規約38条2項），管理者に不正な行為その他その職務を行うに適しない事情があるときは，各区分所有者は，その**解任**を裁判所に請求できる（区分所有法25条2項）。

[H23]

答 65

理事長は，通常総会において，組合員に対し，前会計年度における管理組合の**業務の執行に関する報告**をしなければならない（標準管理規約38条3項）。つまり，組合員の要請の都度，報告をしなければならないわけではない。

[R4]

答 66

理事長は，**通常総会**において，組合員に対し，**前会計年度における管理組合の業務の執行に関する報告**をしなければならない（標準管理規約38条3項）。これについては，ＷＥＢ会議システム等を用いて開催する通常総会において，理事長が当該システム等を用いて出席し報告を行うことも可能であるが，ＷＥＢ会議システム等を用いない場合と同様に，各組合員からの質疑への応答等について適切に対応する必要があることに留意すべきであるとされている（同関係コメント②）。

[H25]

答 67

理事長は，理事会の承認を受けて，他の理事に，その**職務の一部を委任**することができる（標準管理規約38条5項）。

問 68

管理組合が，理事長が代表取締役を務める施工会社と共用部分の補修に係る工事請負契約を締結しようとする場合において，理事長がその利益相反取引に関し，理事会を招集し承認を受けようとすることについて，マンション管理士が役員に対して行った「理事会の承認が得られても，理事長は当該取引では代表権を有しないので，監事か他の理事が，管理組合を代表して契約することになります。」という助言は，適切ではない。

問 69

管理組合における代理行為または代理人に関し，マンション管理士が行った「理事長に事故があるときは，副理事長が理事長を代理しますが，その場合，個々の代理行為に当たっては理事会の承認を得なければなりません。」という助言は，適切である。

問 70

管理費等の収納，保管，運用，支出等の会計業務は，監事が担当する。

問 71

組合員Aが甲マンション外に居住しており，自身の住所を管理組合に届け出ていない場合には，管理組合は，総会の招集の通知の内容をマンション内の所定の掲示場所に掲示することによって，招集の通知に代えることができる。

問 72

監事は，管理組合の業務の執行および財産の状況について不正があると認めるときは，臨時総会を招集することができる。

[H28]

答 68 ✕

適切である。**管理組合と理事長との利益が相反する事項**については，**理事長は，代表権を有しない**。この場合においては，監事または理事長以外の理事が管理組合を代表する（標準管理規約38条6項）。また，たとえ理事会の承認が得られていても，利益相反取引である以上，理事長には代表権がなく，監事または理事長以外の理事が，管理組合を代表して契約しなければならない。

[H28]

答 69 ✕

適切でない。**副理事長**は，理事長を補佐し，理事長に事故があるときは，**その職務を代理し**，理事長が欠けたときは，その職務を行う（標準管理規約39条）。つまり，**副理事長**は，理事長に事故があるときは**当然に代理する**ことができ，個々の代理行為に当たって理事会の承認を得る必要はない。

[H15]

答 70 ✕

管理費等の**収納，保管，運用，支出等**の会計業務は，会計担当理事が行う（標準管理規約40条3項）。監事は，管理組合の業務の執行および財産の状況を**監査**し，その結果を**総会に報告**しなければならない（41条1項）。

[H30]

答 71 ◯

総会の招集通知は，管理組合に対し組合員が**届出をしたあて先に発する**ものとする。ただし，その**届出**のない組合員に対しては，**対象物件内の**専有部分の所在地あてに発するものとする（標準管理規約43条2項）。また，当該通知は，対象物件内に居住する組合員および届出のない組合員に対しては，その内容を所定の**掲示場所に掲示**することによって，これに代えることができる（同3項）。

[H25]

答 72 ◯

監事は，管理組合の業務の執行および財産の状況について**不正があると認めるとき**は，臨時総会を招集することができる（標準管理規約41条3項）。

第3章　マンション標準管理規約

重要度 A

問 73

管理者である理事長に管理費等の横領などの不正の疑いがあり，かつ，通常総会の招集すらしないので，他の役員や組合員は，理事長を解任する方法を検討している。この場合において，監事が，臨時総会を招集して，理事長の不正について報告し，その総会において理事長の解任の方法について検討することができる。

重要度 B

問 74

理事が不正の行為をしたと認める場合には，監事は，理事長に理事会の招集を請求することができるが，その請求から5日以内に，その請求があった日から2週間以内の日を理事会の日とする招集通知が発せられないときは，監事が理事長に代わり，理事会を招集しなければならない。

重要度 A

問 75

理事長は，通常総会を，毎年1回新会計年度が開始された後3ヵ月以内に招集しなければならない。

重要度 S★★★

問 76

ＷＥＢ会議システム等を用いた総会を招集するには，少なくとも総会開催の日の2週間前までに日時，ＷＥＢ会議システム等にアクセスする方法及び会議の目的を示して組合員に通知を発しなければならない。

[H19]

答 73
〇

監事は，管理組合の業務の執行および財産の状況について**不正があると認めるときは**，臨時総会を招集できる（標準管理規約41条3項）。また，**役員の解任は**，**総会の議決事項**であるから（48条2号），監事は，理事長の不正を発見した場合に臨時総会を招集し，その総会において解任方法を検討することもできる。

[H28]

答 74
✕

適切でない。**監事は**，理事が不正な行為をしている等の事実があると認める場合に，必要があると認めるときは，**理事長に対し，理事会の招集を請求する**ことができる（標準管理規約41条5項・6項）。そして，この**請求があった日から5日以内に**，その**請求があった日から2週間以内の日を理事会の日とする理事会の招集の通知が発せられない場合は**，その請求をした**監事は**，**理事会を招集する**ことができる（同7項）。ただし，この場合の**監事による理事会の招集は**，あくまで**任意であって義務ではない**。

[H18]

答 75
✕

理事長は，通常総会を，**毎年1回新会計年度開始以後2ヵ月以内**に招集しなければならない（標準管理規約42条3項）。

[R4]

答 76
〇

総会を招集するには，少なくとも総会開催日の**2週間前**（会議目的が建替え決議またはマンション敷地売却決議であるときは2ヵ月前）までに，**会議の日時，場所**（ＷＥＢ会議システム等を用いて会議を開催するときは，その**開催方法**）および**目的**を示して，組合員に**通知を発しなければならない**（標準管理規約43条1項）。そして，ＷＥＢ会議システム等を用いて会議を開催する場合における通知事項のうち，「**開催方法**」については，当該ＷＥＢ会議システム等に**アクセスするためのＵＲＬ**が考えられ，これに合わせて，なりすまし防止のため，ＷＥＢ会議システム等を用いて出席を予定する組合員に対しては個別に**ＩＤおよびパスワードを送付**することが考えられるとされている（同関係コメント第1項関係）。

第3章　マンション標準管理規約

重要度 A

問 77 理事長は，緊急を要する場合には，理事会の承認を得て，5日を下回らない範囲において，総会の招集の通知を発することができる。

重要度 S★★★

問 78 組合員が専有部分を賃貸した場合で，当該組合員が総会招集通知のあて先の届出をしなかったときは，招集通知の内容をマンション内の掲示板に掲示すれば足りる。

重要度 S★★★

問 79 総会の目的が建替え決議や敷地売却決議であるときは，それらの説明会はWEB会議システム等で行うことができるが，決議そのものはWEB会議システム等で行うことはできない。

重要度 S★★★

問 80 専有部分の賃借人が会議の目的につき利害関係を有する場合において，総会に出席して意見を述べる旨の通知があったときは，総会の招集の通知を発した後遅滞なく，その通知の内容を，所定の掲示場所に掲示しなければならない。

重要度 A

問 81 組合員が組合員総数および議決権総数の5分の1以上に当たる組合員の同意を得て，会議の目的を示して総会の招集を請求した場合は，理事長は，臨時総会の招集の通知を発しなければならないが，通知を発することについて理事会の決議を経ることを要しない。

[H18]

答 77

総会を招集するには，少なくとも会議を開く日の**2週間前**までに，会議の日時，場所および目的を示して，組合員に**通知を発**しなければならない（標準管理規約43条1項）。そして，緊急を要する場合には，理事長は，理事会の承認を得て，**5日間を下回らない**範囲において，この期間を**短縮**できる（同9項）。

[H27]

答 78

総会の招集通知は，対象物件内に居住する組合員および通知のあて先の届出のない組合員に対しては，その内容を**所定の場所に掲示する**ことをもって，これに代えることができる（標準管理規約43条3項）。

[R4]

答 79

建替え決議または**マンション敷地売却決議**を目的とする総会を招集する場合，少なくとも会議を開く日の**1ヵ月前**までに，当該招集の際に通知すべき事項について組合員に対し説明を行うための**説明会を開催**しなければならない（標準管理規約43条7項）。これについては，総会と同様に，**WEB会議システム等**を用いて**説明会を開催**することも可能である（同関係コメント第7関係）。また，**決議そのものをWEB会議システム等で行うことも可能**である（標準管理規約47条1項参照）。

[H18]

答 80

区分所有者の承諾を得て専有部分を占有する者は，会議の目的につき利害関係を有する場合には，**総会に出席して意見を述べる**ことができる（標準管理規約45条2項）。この場合には，意見陳述権を有する占有者に総会の開催を知らせるために，組合員に招集通知を発した後遅滞なく，その内容を，所定の掲示場所に掲示しなければならない（43条8項）。

[H30]

答 81

組合員が組合員総数の5分の1以上および議決権総数の5分の1以上に当たる組合員の同意を得て，会議の目的を示して**総会の招集**を請求した場合，理事長は，2週間以内に，その請求日から4週間以内の日を会日とする臨時総会の招集通知を発しなければならない（標準管理規約44条1項）。そして，**理事長**は，当該**通知を発することにつき，理事会の決議を必要としない**。

問 82

組合員総数の5分の1以上および議決権総数の5分の1以上に当たる組合員の同意を得て、組合員Aが防犯カメラの設置を目的として臨時総会の招集を理事長に請求した。この場合、臨時総会の議長は、出席組合員の議決権の過半数により、理事長以外の組合員の中から選任されなければならない。

重要度 S★★★

 問 83

総会の議案の内容に応じて、組合員以外の者が総会に出席することを認めるか否かを決定することは、理事会の権限で行うことができる。

重要度 A

 問 84

管理費等を上乗せして家賃を支払っている賃借人は、大幅な修繕積立金値上げを議題とする場合には、利害関係人として総会に出席し意見を述べることができる。

重要度 B

 問 85

管理組合の理事長から、総会の運営に関する助言を求められたマンション管理士が行った「組合員総数及び議決権総数の各4分の3以上で決する決議において組合員総数を計算する場合、1人の組合員が複数の住戸を所有しているときも、数人の組合員が一戸の住戸を共有しているときも、組合員は1人と計算します。」という発言は、適切ではない。

重要度 A

問 86

総会における議決権行使書の取扱いに関し、住戸1戸を2人が共有している場合において、共有者それぞれから賛否の異なる議決権行使書が提出されているときは、あらかじめ2人のうち1人を議決権を行使する者として届出があったとしても、それらの議決権行使書は2通とも無効票として取り扱わなければならない。

[H20]

答 82
✕

標準管理規約44条1項（組合員による総会招集請求）の規定により招集された臨時総会において，**議長**は，総会に**出席した組合員**の議決権の過半数をもって，組合員の中から選任する（44条3項）。臨時総会の議長の資格については，組合員であること以外制限はないので，理事長であってもかまわない。

[H17]

答 83
○

組合員のほか，**理事会が必要と認めた者**は，総会に出席することができる（標準管理規約45条1項）。

⚠️ **ココも注意！** 理事会が必要と認める者の例としては，マンション管理業者，管理員，マンション管理士等がある（同コメント）。

[R5]

答 84
✕

区分所有者の承諾を得て専有部分を占有する者は，会議の目的につき**利害関係を有する場合**には，総会に**出席して意見を述べる**ことができる（標準管理規約45条2項前段）。しかし，修繕積立金の支払義務を負うのは区分所有者（賃貸人）である。したがって，賃借人は**修繕積立金の値上げに利害関係を有していない**。よって，賃借人は，利害関係人として総会に出席することは認められない。

[H27]

答 85
✕

適切である。1人の組合員が複数の住戸を所有している場合，**組合員は1人**と計算する。また，**住戸1戸が数人の共有**に属する場合，その議決権行使については，これら共有者をあわせて**1人の組合員**とみなす（標準管理規約46条2項）。

[R3]

答 86
✕

住戸1戸が数人の共有に属する場合，共有者は，**議決権を行使する者1名を選任**し，その者の氏名をあらかじめ総会開会までに理事長に届け出**なければならない**（標準管理規約46条2項・3項）。そして，議決権行使者として届出がされていない者の議決権行使書は無効となるが，**届出がされている者の議決権行使書は有効**として取り扱わなければならない。

問 87

総会における議決権行使書の取扱いに関し，マンション管理業者との間で管理委託契約を締結する旨の議案に係る決議に際しては，当該マンション管理業者の役員でもある組合員については，議案に利害関係を有することから，その者から提出された議決権行使書は，当該議案の賛否の計算からは排除しなければならない。

問 88

組合員の配偶者は，その組合員の住戸に同居していなくても，その組合員の代理人として総会に出席することができる。

問 89

甲マンションの105号室を所有している組合員Aの取扱いについて，Aが区分所有する105号室にAの孫Bが居住していない場合であっても，BはAの代理人として総会に出席して議決権を行使することができる。

問 90

組合員が総会で代理人により議決権を行使する場合において，その住戸の賃借人は，当該代理人の範囲には含まれない。

[R3]

答 87
×

組員の有する総会での議決権行使は，**議案に利害関係があっ
たとしても**認められる。したがって，議案に利害関係のあるマ
ンション管理業者の役員でもある組合員から提出された議決権
行使書も，当該議案の賛否の計算に「算入」しなければならな
い。

⚠ **ココも注意!**　理事会においては，「理事会の決議について特別の利害関
係を有する理事は，議決に加わることができない。」とのルールがある
が（標準管理規約53条３項），これときちんと**区別**すること。

[R3]

答 88
○

組員が**代理人により議決権を行使しようとする場合**におい
て，その**組員の代理人となれるもの**は，①その組合員の配偶
者（婚姻の届出をしていないが事実上婚姻関係と同様の事情に
ある者を含む），②一親等の親族，③その組合員の住戸に同居
する親族，④他の組合員である（標準管理規約46条５項１〜３
号）。したがって，組合員が代理人により議決権を行使しよう
とする場合，その**組員の配偶者**（婚姻の届出をしていないが
事実上婚姻関係と同様の事情にある者を含む）は，組合員と**同
居をしていなくても代理人になることができる**（46条５項１
号）。

[H30]

答 89
×

上記 **答 88** 参照。
したがって，**同居していない孫**B（二親等の親族）は，代理人
として総会に出席して**議決権を行使できない**。

[R2]

答 90
○

組員が総会で代理人により議決権を行使する場合，その住戸
（専有部分）の**賃借人**は，当該**代理人の範囲**に該当しない（標
準管理規約46条５項参照）。

第３章　マンション標準管理規約

重要度 S★★★

問 91

甲マンションの105号室を所有している組合員Aの取扱いについて，Aが区分所有する105号室にAと同居している子Cは，Aに代わって管理組合の役員となることができる（規約には外部専門家を役員として選任できることとしていないものとする）。

重要度 S★★★

問 92

電磁的方法が利用可能な場合，理事会において，管理組合の総会を当日欠席する者の議決権行使について，書面による議決権行使をやめて，電磁的方法による議決権の行使に変更するとしたことは，適切ではない。

重要度 A

問 93

各組合員の議決権は，過半数で決する事項については1住戸1議決権と，それ以外の事項については共用部分の共有持分の割合によるものとすると規約に定めることはできない。

重要度 C

問 94

専有部分の価値の違いに基づく価値割合を基礎とした議決権割合を定める場合において，事後的にマンションの前方に建物が建築され，眺望の変化等により価値割合に影響を及ぼす変化があったときは，議決権割合の見直しを行う必要がある。

重要度 S★★★

問 95

提出された議決権行使書の議案の賛成欄に丸印はついているが，本人の署名および部屋番号の記載しかなく，押印がない場合でも，議案に賛成として取り扱うことができる。

[H30]

 91 ✕

役員について，外部専門家を役員として選任できることとしていない場合，管理組合の役員である**理事**および**監事**は，**組合員のうちから**，**総会で選任**する（標準管理規約35条2項）。したがって，**組合員と同居している子**であるからといって，親に代わって**役員になること**はできない。

[H19]

 92 ◯

電磁的方法が利用可能な場合，組合員は，**書面による議決権の行使**に代えて，**電磁的方法によって議決権を行使**することができる（標準管理規約46条7項）。組合員は，いずれの方法も行使できるのであり，理事会において，電磁的方法のみに限定してしまうことは，適切ではない。

[H18]

 93 ✕

住戸の数を基準とする議決権と**専有面積を基準とする議決権**を併用することにより対応することも可能である（標準管理規約46条関係コメント②）。本問のように「普通決議事項については1住戸1議決権，特別決議事項については共用部分の共有持分の割合」とする議決権の基準を併用する定めもすることができる。

[H29]

 94 ✕

専有部分の価値の違いに基づく価値割合を基礎とした**議決権割合**を定める場合には，前方に建物が建築されたことによる眺望の変化等の各住戸の価値に影響を及ぼすような**事後的な変化**があったとしても，それによる議決権割合の見直しは原則として行わないものとする（標準管理規約46条関係コメント③）。

[H25]

 95 ◯

書面による議決権の行使とは，総会には出席しないで，総会の開催前に**各議案ごとの賛否を記載した書面**（いわゆる「議決権行使書」）を総会の招集者に提出することである（標準管理規約46条関係コメント⑥）。この際，押印は要件とされていないので，議案の賛成欄に丸印がついており，本人の署名と部屋番号の記載があれば，賛成として取り扱うことができる。

重要度 S★★★

問 96 管理組合が，集会所における集会とＷＥＢ会議システムを併用して総会を行おうとする場合，ＷＥＢ会議システムにより出席する組合員の議決権行使の取扱いを，あらかじめ管理規約に定めておく必要がある。

重要度 S★★★

問 97 標準管理規約によれば，あらかじめ管理規約でＷＥＢ会議システム等を用いて総会が開催できる旨定めている場合に限り，当該方法により総会を開催することができる。

重要度 A

問 98 総戸数50戸の甲マンション管理組合の理事長Ａが総会を招集したところ，会日の前日までに出席の回答をした組合員はＡを含め9名，委任状提出者は6名であったので，Ａは，出欠の意思表示がなされていない4名の組合員に電話をして出席の約束を取り付け，他の理事にも同様の働きかけを依頼した。この総会が成立するため，他の理事が出席の約束を取り付け，または委任状を集める必要がある最少の議決権数は，6個である。ただし，甲の規約には，住戸1戸につき1個の議決権を有すると定められており，出席の意思表示をした者は総会に出席するものとする。

重要度 A

問 99 マンション敷地売却決議は，組合員総数の5分の4以上および議決権総数の5分の4以上で行うことができる。

[R5]

答 96

✕

ＷＥＢ会議システム等を**用いて**総会に出席している組合員が議決権を行使する場合の取扱いは，ＷＥＢ会議システム等を**用いずに**総会に出席している組合員が議決権を行使する場合と**同様**であり，区分所有法39条３項に規定する規約の定めや集会の決議（＝電磁的方法による議決権行使を認めるための規約の定めや集会の決議）は**不要**である（標準管理規約46条関係コメント⑧）。

[R4]

答 97

✕

標準管理規約では，「**総会の会議**（ＷＥＢ会議システム等を**用いて開催する会議を**含む）は，議決権総数の半数以上を有する組合員が出席しなければならない」とされており，当然にＷＥＢ会議システム等を用いた方法で総会の会議を開催できる（標準管理規約47条１項）。

[H16]

答 98

◯

総会の会議は，**議決権総数の半数以上**（本問では25名以上）を有する組合員が出席しなければならない（標準管理規約47条１項）。本問では，９名，６名，４名の合計19名が最終的に出席の意思表示をしており，残り６名の出席の約束または委任状の提出があれば総会は成立することになる。

[H30]

答 99

✕

マンション敷地売却決議は，組合員総数，議決権総数および敷地利用権の持分の価格の**各５分の４以上**で行うこととされる（標準管理規約47条５項）。

重要度 S★★★

問 100

総会において議決権を行使することができない傍聴人としてＷＥＢ会議システム等を用いて議事を傍聴する組合員については，定足数の算出においては出席組合員には含まれないと考えられる。

重要度 A

問 101

甲マンション管理組合とＡマンション管理会社との間で管理委託契約を締結している場合，管理委託契約を解約する議案について，賛成者が反対者を上回ったとしても，棄権が多く，出席組合員の議決権の過半数を得ていない場合は，甲は，管理委託契約を解約することはできない。

重要度 A

問 102

「大規模修繕工事の実施・玄関の階段への車椅子用スロープの併設・共用廊下等への手すりの設置・これらの費用についての修繕積立金の取崩し」を議題とする総会が開催され，その席上，組合員から出た高齢者対策のみでなく，盗難防止対策こそ急を要するものであり，玄関等に防犯カメラを設置すべきであるという意見は，議長が取り上げてその総会に諮らなければならない。

重要度 A

問 103

総会の前の日に共用部分の漏水で緊急に工事が必要となった場合，理事長が，総会当日に理事会を開催し，工事の実施等を議案とする旨の決議を経て総会に提出したとしても，その総会で緊急の工事の実施を決議することはできない。

[R4]

答 100　○

定足数について，議決権を行使することができる組合員が**WEB会議システム等を用いて出席**した場合には，定足数の算出において出席組合員に含まれると考えられる。これに対して，**議決権を行使できない傍聴人**（例えば，専有部分の**共有者**だが**議決権行使者ではない区分所有者**）として**WEB会議システム等を用いて議事を傍聴する組合員については，出席組合員には含まれないと考えられる（標準管理規約47条関係コメント①）。

[H15]

答 101　○

総会の議事は，**出席組合員の議決権の**過半数で決する（標準管理規約47条2項）。管理委託契約の締結（解約）は，総会の議決事項であるので（48条16号），賛成者が反対者を上回ったとしても，**出席組合員の議決権の**過半数を得ていない場合は，管理委託契約を解約することはできない。

[H19]

答 102　×

総会においては，**招集通知によりあらかじめ通知した事項**についてのみ，決議することができる（標準管理規約47条10項）。「盗難防止対策としての防犯カメラの設置」に関する意見は，あらかじめ通知した事項とはいえないので，議長が取り上げてその総会に諮る必要はない。

[R1]

答 103　○

総会においては，あらかじめ通知した事項についてのみ，**決議できる**（標準管理規約47条10項，43条1項）。したがって，本肢のような場合でも，総会で緊急の工事の実施等を決議できない。

⚠ **ココも注意!**　理事長は，**災害等の緊急時**においては，総会または理事会の決議によらずに，**敷地および共用部分等の必要な保存行為ができる**（21条6項）。

重要度 A

問 104

総会において，議長も決議に参加して議決権を行使し，その結果として賛否同数の場合には，議長の決するところによる。

重要度 A

問 105

給水管更生工事と地下ピット型機械式駐車場を新設する工事は，総会に出席した組合員の議決権の過半数の決議により実施できる。

重要度 A

問 106

建物の外壁に新たにエレベーターを外付けする工事と防犯カメラを設置する工事は，総会に出席した組合員の議決権の過半数の決議により実施できる。

重要度 A

問 107

不要になった高置水槽を撤去する工事と光ファイバー・ケーブルを空き管路内に通す工事は，総会に出席した組合員の議決権の過半数の決議により実施できる。

重要度 A

問 108

管理費に余剰が生じ修繕積立金が不足する場合に，管理費を引き下げ，修繕積立金を引き上げることは，総会の普通決議で行うことができる。

重要度 S★★★

問 109

使用細則を変更することは，総会の決議によらず，理事長が理事会の承認または決議のみで行うことができる。

[H18]

 104

×

総会の議事は，出席組合員の議決権の過半数で決する（標準管理規約47条2項）。この場合，**議長を含む出席組合員の議決権の過半数**で決議し，過半数の賛成を得られなかった議事は否決とすることを意味する（47条関係コメント②）。議長の決するところによるのではない。

[H17]

 105

×

「**給水管更生工事**」は，普通**決議**で実施可能である（標準管理規約47条関係コメント⑥（オ））。しかし，「機械式駐車場を新設する工事」は，特別多数**決議**が必要である（同（カ））。

[H17]

 106

×

「**エレベーターを新たに設置する工事**」は，特別多数**決議**が必要である（標準管理規約47条関係コメント⑥（ア））。なお，「防犯カメラを設置する工事」は，普通**決議**で実施可能である（同（ウ））。

[H17]

 107

○

「**高置水槽の撤去工事**」は，普通**決議**で実施可能である（標準管理規約47条関係コメント⑥（カ））。「光ファイバー・ケーブルを空き管路内に通す工事」も，普通**決議**で実施可能である（同（エ））。

[H25]

 108

○

「**管理費等および使用料**の額ならびに賦課徴収方法」は総会の**議決事項**である（標準管理規約48条6号）。そして，これについては特別決議事項とはされていないので，総会の**普通決議**で行うことができる。

[H24]

 109

×

「**規約および使用細則等の制定，変更または廃止**」は，総会の**議決事項**である（標準管理規約48条1号）。

⚖ **比較しよう！** 規約の制定，変更または廃止は，総会の特別決議が必要であるが，使用細則等の制定，変更または廃止は，総会の普通決議で足りる。

第3章 マンション標準管理規約

問110

修繕積立金の運用方法を変更することは，総会の決議によらず，理事長が理事会の承認または決議のみで行うことができる。

問111

役員活動費の支払方法を決定することは，総会の決議によらず，理事長が理事会の承認または決議のみで行うことができる。

問112

組合員総数の5分の1以上および議決権総数の5分の1以上に当たる組合員の同意を得て，組合員Aが防犯カメラの設置を目的として臨時総会の招集を理事長に請求した。この場合，臨時総会の議事録は，議長が作成・保管し，所定の掲示場所に保管場所を掲示しなければならない。

問113

「専有部分の賃借人から，総会議事録の閲覧請求があったが，理由を付した書面による請求ではなかったため，閲覧を認めなかった。」との理事長の対応は，適切である。

問114

役員が任期中に欠けた場合には，理事会が決定した補欠役員候補者について賛否を問う回覧板を回し，反対者がいても組合員数の過半数の賛成があれば補欠の役員とすることができる。

[H24]

 答 110

「**修繕積立金の保管**および**運用方法の変更**」は，**総会の議決事項**である（標準管理規約48条7号）。

[H24]

 答 111

「**役員活動費**の額および支払方法の決定」は，**総会の議決事項**である（標準管理規約48条2号）。

[H20]

 答 112

総会の議事については，議長は，書面（または電磁的記録）により，**議事録を作成**しなければならない（標準管理規約49条1項）。しかし，**議事録を保管**し，所定の掲示場所に，**議事録の保管場所を掲示**しなければならないのは，**理事長**である（同3項・4項）。

⚠ ココも注意! 　議事録には，議事の経過の要領およびその結果を記載し，**議長および議長の指名する2名の総会に出席した**組合員がこれに**署名**（または電子署名）しなければならない（49条2項）。

[R2]

 答 113

理事長は，総会議事録を保管し，組合員または利害関係人の書面（または電磁的方法）による請求があったときは，**議事録の閲覧**をさせなければならない（標準管理規約49条3項）。当該請求書面については，**特に理由を付さなければならないとする定めはない**。

[H22]

 答 114

規約により総会で決議すべきとされた事項は，**組合員全員の書面による合意**があれば，**書面による決議**があったものとみなす（標準管理規約50条2項）。また，**書面による決議**は，総会の決議と同一の効力を有する（同3項）。役員の選任は，総会で決議すべき事項なので，賛否を問う回覧板を回すことで，**書面による決議**として扱うことができるが，**組合員全員の賛成（合意）が必要**であり，過半数の賛成では足りない。

問 115

理事会は，管理組合の業務執行の決定だけでなく，業務執行の監視・監督機関としての機能を有する。

問 116

監事から出席する旨の通知のあった理事会において，理事の半数以上は出席していたが監事がやむを得ず欠席していた場合には，その日の理事会は成立せず，その理事会でなされた決議は無効である。

問 117

理事会において総会に提出する規約変更案を決議する場合には，理事総数の4分の3以上の賛成が必要である。

問 118

理事の1人が一定数以上の理事の同意を得て理事長に対し，理事会の招集を請求したにもかかわらず，理事長が招集しない場合には，その請求をした理事が理事会を招集することができる。

[H28]

理事会は，**管理組合の業務執行の決定**だけでなく，**業務執行の監視・監督機関**としての機能を有する（標準管理規約51条関係コメント①）。

⚠️ **ココも注意！** 理事会の職務は次の①〜③である（51条2項）。

①　規約・使用細則等・総会の決議により理事会の権限として定められた管理組合の業務執行の決定
②　理事の職務の執行の監督
③　理事長・副理事長・会計担当理事の選任および解任

[H21]

監事は，**理事会に出席し，必要があると認めるときは，意見を述べなければならない**が（標準管理規約41条4項），**理事会の構成員ではなく，議決権も有しない**（51条1項）。また，理事会の会議は，理事の半数**以上**が出席しなければ開くことができず，その議事は**出席理事**の過半数で決する（53条1項）。したがって，監事が欠席しても理事会は成立し，その理事会でなされた決議は有効である。

[R1]

理事会の会議は，理事の半数以上が出席しなければ開くことができず，その議事は出席理事の過半数で決する（標準管理規約53条1項）。**理事会**においては，**決議内容によって決議要件に差は生じない**。

[H21]

理事が一定数以上の理事の同意を得て**理事会の招集**を請求した場合には，**理事長**は速やかに理事会を招集しなければならない（標準管理規約52条2項）。この場合，請求があった日から一定の日以内に，その請求があった日から一定の日以内の日を理事会の日とする**理事会の招集の通知が発せられない場合**には，その請求をした理事は，**理事会を自ら招集することができる**（同3項）。

問 119

緊急を要する場合において，理事の過半数の承諾があれば，理事長は，会日の5日前に理事会の招集通知を発することにより，理事会を開催することができる。

問 120

理事会において定める理事会の開催通知に必要な期間は，総会の招集手続に関する規約の規定が準用されるので，緊急を要する場合であっても，5日間を下回ることはできない。

問 121

管理組合が，理事長が代表取締役を務める施工会社と共用部分の補修に係る工事請負契約を締結しようとする場合において，理事長がその利益相反取引に関し，理事会を招集し承認を受けようとすることについて，マンション管理士が役員に対して行った「この理事会で決議を行う場合，理事長は議決権を行使することはできません。」という助言は，適切でない。

問 122

理事長は，理事会の議事録を保管し，所定の掲示場所に議事録の保管場所を掲示して，区分所有者または利害関係人からの閲覧請求があれば，閲覧させなければならない。

問 123

理事会の議事録には，議事の経過の要領および結果を記載し，議長である理事長と，理事会に出席した理事で議長が指名した者1人および監事1人がそれぞれ署名しなければならない。

[R3]

 緊急を要する場合には，理事長は，理事および監事全員の同意を得て，**5日間を下回らない範囲**において，**理事会の招集期間を短縮できる**（標準管理規約43条9項，52条4項）。

[H21]

 理事会の招集手続については，**総会の招集手続**の規定が**準用されている**ので（標準管理規約52条4項），緊急を要する場合でも，招集に必要な期間は，**5日間を下回ることはできない**のが原則である。（43条9項）。しかし，理事会の招集手続については，**理事会で別段の定めをすることができる**ので，定めをすれば，**5日間を下回ることも可能**である（52条4項ただし書）。

[H28]

 適切である。**理事会の決議**について特別の利害関係を有する理事は，**議決に加わることができない**（標準管理規約53条3項）。本問の理事長は，理事会の決議に特別の利害関係を有しているといえるので，理事会において**議決権を行使することができない**。

[H23]

 理事会の議事録については，**総会の議事録**の規定が**準用されている**ので（標準管理規約53条4項，49条），理事長は，理事会の議事録を保管し，区分所有者または利害関係人からの書面による閲覧請求があれば閲覧させなければならない。しかし，総会議事録の保管場所の掲示に関する規定（49条4項）は**準用されていない**ので，理事会の議事録の保管場所は掲示する必要がない。

[H22]

 理事会の議事録には，**総会の議事録**の規定が**準用されている**ので（標準管理規約53条4項，49条），議事録には，議事の経過の要領およびその結果を記載し，**議長**および**議長の指名する2名の理事会に出席した理事**がこれに署名しなければならない（49条2項）。監事の署名は不要である。

重要度 B

問 124 管理組合における代理行為または代理人に関し，マンション管理士が行った「外部専門家を理事に選任している場合には，その理事に事故があるときでも理事会への代理出席を認めるべきではありません。」という助言は，適切である。

重要度 C

問 125 理事会に理事がやむを得ず欠席する場合において，事前に議決権行使書または意見を記載した書面を出すことができる旨を認めるときは，あらかじめ通知された事項について，書面をもって表決することを認める旨を，理事会の決議によって定めることが必要である。

重要度 S★★★

問 126 総会提出議案は，理事の過半数の承諾があれば，書面または電磁的方法により理事会で決議することができる。

重要度 A

問 127 長期修繕計画の見直しが修繕積立金の額および支払方法に変更を及ぼさない場合は，理事会で新たな長期修繕計画を決議し，通常総会で報告すればよい。

[H28]

答 124

○

外部専門家など当人の個人的資質や能力等に着目して選任され
ている理事については，代理出席を認めることは適当でない
（標準管理規約53条関係コメント③後段）。

[H29]

答 125

✕

理事会に理事がやむを得ず欠席する場合には，代理出席による
のではなく，事前に議決権行使書または意見を記載した書面を
出せるようにすることが考えられる。これを認める場合には，
理事会に出席できない理事が，あらかじめ通知された事項につ
いて，書面をもって表決することを認める旨を，規約の明文の
規定で定めることが必要である（標準管理規約53条関係コメン
ト④）。

[R4]

答 126

✕

①専有部分の修繕工事，②共用部分等の保存行為，③窓ガラス
等の改良工事のそれぞれに関する理事会の承認または不承認に
ついては，理事の過半数の承諾があるときは，書面または電磁
的方法による決議によることができる（標準管理規約53条2
項，54条1項5号）。しかし，これら以外の理事会決議事項
（本問の総会提出議案もこれに該当する）については，書面ま
たは電磁的方法による決議はできない。

[H23]

答 127

✕

「長期修繕計画の作成または変更に関する案」は，理事会の議
決事項である（標準管理規約54条1項3号）。しかし，「長期修
繕計画の作成または変更（長期修繕計画の見直し）」は，総会
の議決事項であるので，修繕積立金の額および支払方法に変更
を及ぼさない場合でも，理事会では決議ができない（48条5
号）。

問 128　災害等により総会の開催が困難である場合に，応急的な修繕工事の実施について理事会決議をしたときは，工事の実施に充てるため修繕積立金の取崩しについては理事会決議で行うことができるが，資金の借入れについては総会決議が必要である。

重要度 S★★★

問 129　理事会で，理事長，副理事長及び会計担当理事の役職解任の決議をする場合，ＷＥＢ会議システム等によって行うことはできない。

重要度 A

問 130　窓枠，窓ガラス，玄関扉等の開口部改良工事に関する細則案を作成するため，専門委員会を設置することは，理事会の権限で行うことができる。

重要度 A

問 131　理事会活動に認められている経費以上の費用が必要な特定事項の調査を行わせるために専門委員会を設置する場合，当該専門委員会の設置について，総会の決議を必要とする。

重要度 A

問 132　理事会は，その責任と権限の範囲内において，専門委員会を設置し，専門委員会は，調査または検討した結果を理事会に具申する。

答 128

✕

災害等により総会の開催が困難**である**場合における応急的な修
繕工事の実施等は，理事会の決議で実施することができる（標
準管理規約54条1項10号）。そして，この決議をした場合にお
いては，理事会は，当該決議に係る応急的な修繕工事の実施に
充てるための**資金の借入れ**および**修繕積立金の取崩し**について
も**決議**することができる（同2項）。

[R4]

答 129

✕

理事長，副理事長および**会計担当理事**の選任および解任は，理
事会の決議により行う（標準管理規約54条1項11号）。この**理
事会の会議**（WEB会議システム等を用いて開催する会議を含
む）は，**理事の半数以上が出席**しなければ開くことができず，
その議事は**出席理事の過半数**で決するとされている（53条1
項）。したがって，理事会で，理事長，副理事長および会計担
当理事の役職解任の決議をする場合，WEB会議システム等に
よって行うことができる。

[H17]

答 130

〇

理事会は，その責任と権限の範囲内において，**専門委員会**を設
置し，特定の課題を調査または検討させることができる（標準
管理規約55条1項）。専門委員会とは，特別な案件に対する理
事会の**諮問機関**であり，その設置は，理事会が必要に応じて行
うことができる。

[H19]

答 131

〇

「専門委員会の検討対象が理事会の責任と権限**を越える事項**で
ある場合」や，「理事会活動に認められている経費以上の費用
が**専門委員会の検討に必要**となる場合」「運営細則の制定が必
要な場合」等は，専門委員会の設置に**総会の決議**が必要となる
（標準管理規約55条関係コメント①）。

[H28]

答 132

〇

理事会は，**その責任と権限の範囲内**において，専門委員会を設
置し，特定の課題を調査または検討させることができる（標準
管理規約55条1項）。そして，専門委員会は，**調査または検討
した結果を理事会に具申する**（同2項）。

問 133 大規模修繕と建替のどちらにするか比較検討させるため，修繕委員会に外部の専門家の参加を求めることができる。

4 会計

重要度 B

問 134 収支予算の変更は，理事長が理事会の承認を得て行うことができる。

重要度 S★★★

問 135 甲マンション（会計年度は4月～翌年3月）の理事会では，5月末に開催予定の通常総会までの新年度の経費の支出について協議している。この協議におけるA理事の「理事長は，4月から新年度の収支予算案について通常総会で承認を得るまでの間，理事会の承認を得て，経常的であり，かつ，通常総会の承認を得る前に支出することがやむを得ないと認められる経費の支出を行うことができます。」という発言は，適切ではない。

重要度 B

問 136 甲マンション（会計年度は4月～翌年3月）の理事会では，5月末に開催予定の通常総会までの新年度の経費の支出について協議している。この協議におけるB理事の「新年度の収支予算案について通常総会で承認を得るまでに支出した経費の支出は，通常総会で収支予算案の承認を得るとその予算案による支出とみなされます。」という発言は，適切ではない。

答 133

専門委員会は，検討対象に関心が強い**組合員を中心**に構成されるものであるが，必要に応じ検討対象に関する専門的知識を有する者（**組合員以外も含む**）の参加を求めることもできる（標準管理規約55条関係コメント②）。したがって，専門委員会である修繕委員会は，外部の専門家の参加を求めることができる。

[H15]

 答 134

収支予算を変更しようとするときは，理事長は，その案を臨時総会に提出し，その**承認**を得なければならない（標準管理規約58条2項）。

[H27]

 答 135

適切である。理事長は，会計年度の開始後，**通常総会で収支予算案の承認を得るまでの間に支出することがやむを得ない**と認められる，通常の管理に要する経費のうち，経常的なものについては，理事会の承認で支出することができる（標準管理規約58条3項1号）。なお，この支出をすることが認められる経費は，**前年の会計年度における同経費**の支出額のおよその範囲内であることが必要である（58条関係コメント②）。

⚠ **ココも注意!** 同様に「総会の承認を得て実施している長期の施工期間を要する工事に係る経費であって，**通常総会で収支予算案の承認を得るまでの間に支出することがやむを得ないと認められるもの**」も理事会の承認で支出することができる（同3項2号）。

[H27]

 答 136

適切である。会計年度の開始後，通常総会の承認を得るまでの間に，理事会の承認**を得て行った支出**は，収支予算案の承認を得るために開催された**通常総会**において，**収支予算案の承認**を得たときは，その収支予算案による支出**とみなされる**（標準管理規約58条4項）。

重要度 B

問 137

管理費については，その未払金額に，遅延損害金，違約金としての弁護士費用，督促費用および徴収費用を加算して徴収することが認められている。

重要度 S★★★

問 138

理事長は，未納の管理費等および使用料の請求に関し，管理組合を代表して訴訟を追行する場合には，総会の決議を経ることが必要である。

重要度 C

問 139

修繕積立金の一部を取り崩し，現在の区分所有者の所有年数に応じて返還することは，総会の普通決議で行うことができる。

重要度 C

問 140

組合員の管理費に滞納が生じた場合のあらかじめ規約で定めておくべき事項について，理事長から相談を受けたマンション管理士が行った「規約に遅延損害金を定める場合，その利率の設定については，手間や時間コストなどの回収コストが膨大になったとしても，利息制限法や消費者契約法等における遅延損害金利率を超えることはできません。」という助言は，適切である。

重要度 B

問 141

管理費に余剰が生じた場合に，これを修繕積立金に振り替えることは，総会の普通決議で行うことができる。

[H17]

答 137

〇

組合員が期日までに納付すべき管理費等を納付しない場合には，管理組合は，その未払金額について，一定の利率の遅延損害金と，**違約金としての弁護士費用**，督促および徴収の諸費用を加算して，その組合員に対して請求することができる（標準管理規約60条2項）。

- -

[H30]

答 138

✕

理事長は，**未納の管理費**等および**使用料の請求**に関して，理事会の決議により，管理組合を**代表**して，**訴訟その他法的措置を追行**できる（標準管理規約60条4項，54条1項7号）。

- -

[H28]

答 139

✕

組合員は，納付した**管理費等**および使用料について，その返還請求または分割請求をすることができない（標準管理規約60条6項）。本問の返還をするためには，規約を変更しなければならず，**総会の特別決議**が必要となる（47条3項1号）。

- -

[H28]

答 140

✕

適切でない。滞納管理費等に係る**遅延損害金の利率の水準**については，管理費等は，マンションの日々の維持管理のために必要不可欠なものであり，その滞納はマンションの資産価値や居住環境に影響し得る。また，管理組合による滞納管理費等の回収は，専門的な知識・ノウハウを有し大数の法則が働く金融機関等の事業者による債権回収とは違い，手間や時間コストなどの回収コストが膨大となり得る。これらのことから，**利息制限法や消費者契約法等における遅延損害金利率よりも高く設定する**ことも可能である（標準管理規約60条関係コメント④）。

- -

[H25]

答 141

✕

収支決算の結果，**管理費に余剰**を生じた場合には，その余剰は**翌年度における**管理費に**充当**する（標準管理規約61条1項）。したがって，修繕積立金に振り替えるためには，規約を変更しなければならない，特別決議が必要となり，普通決議で行うことはできない（47条3項1号）。

第3章 マンション標準管理規約

問 142 管理組合は，管理費に不足を生じた場合には，通常の管理に要する経費に限り，必要な範囲内において，借入れをすることができる。

問 143 組合員が，会計帳簿および什器備品台帳について，書面による閲覧請求をしてきた場合には，書面に閲覧理由が記載されていないときは，閲覧を拒むことができる。

問 144 「組合員から，役員活動費に係る会計処理を詳しく調べたいためとの理由を付した書面により，会計帳簿に加えこれに関連する領収書や請求書の閲覧請求があったが，会計帳薄のみの閲覧を認めた。」との理事長の対応は，適切である。

問 145 「組合員から，理事長を含む理事全員の解任を議題とする総会招集請求権行使のためとの理由を付した書面により，組合員名薄の閲覧請求があったが，閲覧を認めなかった。」との理事長の対応は，適切である。

5 雑則

問 146 計画修繕工事の実施に際し，区分所有者が，専有部分または専用使用部分への立入りを正当な理由なく拒否し続け，計画修繕工事の円滑な実施を妨げる場合には，理事長は，理事会の決議を経て，その是正等のため必要な勧告，指示等を行うことができる。

[H30]

管理費に**不足**を生じた場合，管理組合は組合員に対して，共用部分の共有持分に応じて算出された負担割合により，**その都度必要な金額の負担を求める**ことができる（標準管理規約61条2項，25条2項）。借入れはできない。

[H26]

理事長は，**会計帳簿・什器備品台帳・組合員名簿・その他の帳票類**を作成・保管し，組合員または利害関係人の理由を付した書面による請求があったときは，これらを**閲覧させなければならない**（標準管理規約64条1項・2項）。したがって，書面に閲覧理由が記載されていないときは，**閲覧を拒む**ことができる。

[R2]

理事長は，**会計帳簿**，什器備品台帳，組合員名簿及びその他の帳票類を，書面（または電磁的記録）により作成して保管し，組合員又は利害関係人の理由を付した**書面**（または電磁的方法）**による請求**があったときは，これらを**閲覧させなければならない**（標準管理規約64条1項）。当該帳票類には，領収書や請求書なども含まれる（同関係コメント②）。

[R2]

理事長は，会計帳簿，什器備品台帳，**組合員名簿**及びその他の帳票類を，書面（または電磁的記録）により作成して保管し，組合員又は利害関係人の理由を付した**書面**（または電磁的方法）**による請求**があったときは，これらを**閲覧**させなければならない（標準管理規約64条1項）。

[H28]

「区分所有者もしくはその同居人または専有部分の貸与を受けた者もしくはその同居人」（区分所有者等）が，法令，規約または使用細則等に違反したとき，または対象物件内における共同生活の秩序を乱す行為を行ったときは，**理事長は，理事会の決議**を経てその区分所有者等に対し，その**是正等のため必要な勧告または指示もしくは警告**を行うことができる（標準管理規約67条1項）。

問 147

理事長の是正勧告を受けて区分所有者がピアノへ取り付けた消音装置について，理事長がその状況を調査するために専有部分への立入りを請求した場合において，請求を受けた区分所有者は，正当な理由がない限りこれを拒否できない。

問 148

区分所有者Aが，その専有部分を第三者Bに貸与しようとする場合，Aは，Bの同居人が共同生活の秩序を乱す行為を行ったときは，その是正等のために必要な措置を講じなければならない。

問 149

第三者である運転者の過失による自動車事故により，マンションの外壁に損害が生じた場合において，原状回復のための必要な措置の請求に関し，当該運転者に対して訴訟その他法的措置をとるには，理事長は，理事会の決議を経なければならない。

問 150

敷地内にごみを不法投棄する近隣の住人に対し，ごみの撤去費用に係る損害賠償金の請求に関して区分所有者のために訴訟で原告になることは，理事長が理事会の決議に基づいて行うことができる。

問 151

総会決議により規約が改正された場合において，規約原本のほかに理事長が保管すべき書面は，改正後の規約（全文）を1通の書面とし，それが現に有効な規約である旨を記載した理事長の署名のほか，他の区分所有者全員が記名したものである。

[H21]

区分所有者等が，規約違反や共同生活の秩序を乱す行為等を行ったときは，理事長は，理事会の決議を経て，是正等のため必要な勧告等を行うことができるが（標準管理規約67条1項），その状況調査のため立入り請求できる旨の規定はない。したがって，立入り請求を受けた区分所有者等は，正当な理由がなくても立入りを拒否できる。

[H21]

区分所有者は，その同居人または**専有部分の貸与を受けた者**もしくはその同居人が，共同生活の秩序を乱す行為を行った場合には，その**是正等のため必要な措置**を講じなければならない（標準管理規約67条2項）。

[H22]

区分所有者等や**区分所有者等以外**の**第三者**が**敷地および共用部分等**において**不法行為**を行ったときは，理事長は，理事会の決議を経て，行為の差止め，排除または原状回復のための必要な措置の請求に関し，管理組合を代表して，訴訟その他法的措置を追行できる（標準管理規約67条3項1号）。

[H17]

区分所有者等や区分所有者等以外の第三者が**敷地および共用部分等**において**不法行為**を行ったときは，理事長は，理事会の決議を経て，敷地および共用部分等について生じた損害賠償金または不当利得による返還金の**請求**または**受領**に関し，区分所有者のために，訴訟において**原告**または**被告**となることができる（標準管理規約67条3項2号）。

⚠ **ココも注意!** この場合，理事長は，遅滞なく，区分所有者にその旨を通知しなければならない（同6項）。

[H23]

規約が**規約原本**の内容から総会決議により変更されているときは，理事長は，1通の書面に，現に有効な規約の内容と，その内容が規約原本および規約変更を決議した総会の議事録の内容と相違ないことを記載し，署名した上で，この書面を保管する（標準管理規約72条3項）。

問 152 組合員からの媒介の依頼を受けた宅地建物取引業者から現に有効な規約の内容を記載した書面の閲覧を請求された場合，理事長は，理由を付した書面を求める必要がある。

問 153 区分所有者と同居している親族が規約違反行為の是正の対象者になっている場合には，当該親族は，規約や総会決議の議事録の閲覧を請求することができる。

問 154 区分所有者または利害関係人から書面により現に有効な規約の内容を記載した書面の閲覧請求があったときは，理事長は，その閲覧につき，相当の日時，場所等を指定することができる。

問 155 規約原本がなくても，初めて規約を設定した際の総会の議事録があれば，それが規約原本の機能を果たすことになる。

答 152

✕

区分所有者または利害関係人の書面**による請求**があったとき
は，理事長は，規約原本や規約変更を決議した総会の議事録お
よび**現に有効な規約の内容を記載した書面**ならびに使用細則等
を**閲覧**させなければならない（標準管理規約72条4項）。組合
員からの媒介依頼を受けた宅地建物取引業者は，利害関係人に
あたるが（49条関係コメント①），規約等の閲覧には，**理由を
付した**書面による請求までは要求されていない。

[R5]

答 153

◯

区分所有者又は利害関係人の**書面による請求**があったときは，
理事長は，規約原本，規約変更を決議した総会の議事録及び現
に有効な規約の内容を記載した書面並びに使用細則等の**閲覧**を
させなければならない（標準管理規約72条4項）。この「**利害
関係人**」とは，敷地，専有部分に対する担保権者，差押え債権
者，賃借人，組合員からの媒介の依頼を受けた宅建業者等**法律
上の利害関係がある者**をいい，単に事実上利益や不利益を受け
たりする者，親族関係にあるだけの者等は対象とはならない
（64条関係コメント①，49条関係コメント①）。もっとも，本肢
のように，同居している親族が**規約違反行為の是正の対象者**と
なっている場合は，**単に親族関係にあるだけの者とはいえず**，
管理組合に対して規約や総会決議の議事録の閲覧を請求する**法
律上の利害関係がある者**と認められる（67条参照）。したがっ
て，当該親族は，規約や総会決議の議事録の閲覧を請求でき
る。

[H16]

答 154

◯

区分所有者または利害関係人から，書面により**現に有効な規約
の内容を記載した書面**（または電磁的方法）の閲覧請求があっ
たときは，理事長は，その**閲覧**につき，**相当の日時，場所等を
指定**することができる（標準管理規約72条4項・5項）。

[H16]

答 155

◯

規約原本がない場合には，分譲時の規約案および分譲時の区分
所有者全員の規約案に対する同意**を証する書面**，または初めて
規約を設定した際の総会の議事録が，規約原本の機能を果たす
ことになる（標準管理規約72条関係コメント①）。

277

6 団地型・複合用途型

住居専用の専有部分からなる数棟で構成される甲団地の団地管理組合から規約の作成を依頼されたマンション管理士の「規約の対象物件のうち共用部分の範囲を定める必要がありますが，団地共用部分と棟の共用部分とを区分して定め，その管理は，団地管理組合が両者を一括して行います。」という説明は，適切ではない。

住居専用の専有部分からなる数棟で構成される甲団地の団地管理組合から規約の作成を依頼されたマンション管理士の「各団地建物所有者および各区分所有者の共有持分割合を定める必要がありますが，これについては，土地および附属施設，団地共用部分ならびに棟の共用部分に分けることとします。」という説明は，適切ではない。

甲マンション団地管理組合の理事会における費用の負担等についての理事長の「棟の管理に相当する管理費の額および各棟修繕積立金の額については，それぞれの棟の各区分所有者の棟の共用部分の共有持分に応じて算出します。また，棟の管理に相当するもの以外の管理費の額および団地修繕積立金の額については，各団地建物所有者の土地の共有持分に応じて算出します。」という発言は，適切である。

甲マンション団地管理組合の理事会における費用の負担等についての理事長の「来年に予定されている一定年数の経過ごとに計画的に行う修繕では，附属施設である自転車置場，ごみ集積所，外灯設備の修繕も含まれています。その費用は，団地修繕積立金ではなく，各棟修繕積立金から支出することとします。」という発言は，適切である。

[H18]

適切である。共用部分の範囲については，「棟の**共用部分**」と「団地**共用部分**」を分けて定める（標準管理規約団地型8条，別表第2）。また，土地および共用部分等の管理については，団地管理組合がその責任と負担においてこれを行うものとする（21条1項）。

[H18]

適切である。団地における各団地建物所有者および各区分所有者の共有持分割合は，「**土地および附属施設**」「団地共用部分」「棟の共用部分」に分けて定める（団地型10条，別表第3）。

[H24]

管理費の額については，**棟の管理**に相当する額はそれぞれの棟の各区分所有者の棟の共用部分**の共有持分**に応じ，**それ以外の管理**（団地の管理）に相当する額は各団地建物所有者の土地の共有持分に応じて算出する（団地型25条2項）。また，**団地修繕積立金**の額については，各団地建物所有者の土地の共有持分に応じて算出する（同3項）。そして，**各棟修繕積立金**の額については，それぞれの棟の各区分所有者の棟の共用部分**の共有持分**に応じて算出する（同4項）。

[H24]

適切でない。土地，附属施設および団地共用部分の**一定年数の経過ごとに計画的に行う修繕**については，団地修繕積立金から支出する（団地型28条1項1号）。

重要度 B

問 160

専有部分のある建物であるＡ棟〜Ｄ棟（専有部分の床面積は同一でないものとする。）からなる団地において，地震で損傷したＡ棟およびＤ棟の外壁ならびにＢ棟にある団地管理事務所のフローリング床を補修するため，団地総会の普通決議により，それぞれの棟の修繕積立金を取り崩すことができる。

重要度 C

問 161

甲マンション団地管理組合の理事会における費用の負担等についての理事長の「駐車場使用料は，駐車場の管理に要する費用に充てるほか，各棟修繕積立金として積み立てることとされていますが，今後，団地共用部分等の修繕に多額の費用が見込まれるので，次の団地総会で出席組合員の議決権の過半数で決議し団地修繕積立金として積み立てることに変更します。」という発言は，適切である。

重要度 A

問 162

棟総会は，その棟の区分所有者が当該棟の区分所有者総数の５分の１以上および議決権総数の５分の１以上に当たる区分所有者の同意を得て，毎年１回招集しなければならない。

重要度 B

問 163

住居専用の専有部分からなる数棟で構成される甲団地の団地管理組合から規約の作成を依頼されたマンション管理士の「各組合員および各区分所有者の議決権の割合を定める必要がありますが，団地総会にあっては土地の共有持分割合とし，棟総会にあっては棟の共用部分の共有持分割合とします。」という説明は，適切ではない。

答 160

✕

「**各棟の共用部分**の不測の事故その他特別の事由により必要と
なる修繕に要する経費」のために，団地総会の普通決議によ
り，各棟修繕積立金を取り崩すことができる（団地型29条1項
2号，50条7号）。また，「**団地共用部分**の不測の事故その他特
別の事由により必要となる修繕に要する経費」は，団地総会の
普通決議により，団地修繕積立金から取り崩すことができる
（28条1項2号，50条7号）。したがって，団地総会の普通決議
により，**各棟の共用部分**であるA棟およびD棟の外壁の補修に
ついては，各棟修繕積立金を取り崩すが，**団地共用部分**である
団地管理事務所のフローリング床の補修は，団地修繕積立金か
ら取り崩すことになる。

答 161

✕

適切でない。**駐車場使用料**その他の土地および共用部分等に係
る使用料は，それらの管理に要する費用に充てるほか，団地建
物所有者の土地の共有持分に応じて**棟ごとに各棟修繕積立金**と
して積み立てることとされている（団地型31条）。これを団地
修繕積立金として積み立てることに変更することは，規約の変
更に該当するため，**組合員総数の4分の3以上および議決権総数
の4分の3以上**で決しなければならない（49条3項1号）。

答 162

✕

棟総会は，その棟の区分所有者が**当該棟の区分所有者総数の**
5分の1以上および**議決権総数の5分の1以上**に当たる区分所
有者の同意を得て招集するが，毎年1回招集するとはされてい
ない（団地型68条2項）。

答 163

✕

適切である。各組合員および各区分所有者の議決権の割合は，
団地総会にあっては土地の共有持分割合とし（団地型48条関係
コメント①，別表第5），**棟総会**にあっては棟の共用部分の共
有持分割合とすることが適当である（71条関係コメント①，別
表第5）。

第3章 マンション標準管理規約

問 164 団地内のＡ棟内で，Ａ棟の区分所有者が騒音，臭気等により共同の利益に反する行為を行っている場合に，区分所有法第57条により当該行為の停止を求める訴訟を提起する際には，訴えの提起および訴えを提起する者の選任を，Ａ棟の棟総会で決議する必要がある。

問 165 専有部分のある建物であるＡ棟，Ｂ棟，Ｃ棟及びＤ棟からなる団地における団地総会の決議に関し，Ｂ棟の建物の一部が滅失した場合において，滅失したＢ棟の共用部分の復旧を行うときは，団地総会の決議が必要である。

問 166 専有部分のある建物であるＡ棟，Ｂ棟，Ｃ棟及びＤ棟からなる団地における団地総会の決議に関し，Ｃ棟の屋上の補修を，一定年数の経過ごとに計画的に行う修繕により行う場合には，団地総会の決議が必要である。

問 167 専有部分のある建物であるＡ棟，Ｂ棟，Ｃ棟及びＤ棟からなる団地における団地総会の決議に関し，Ｄ棟の建替え等に係る合意形成に必要となる事項の調査の実施及びその経費に充当する場合のＤ棟の修繕積立金の取崩しを行うときは，団地総会の決議が必要である。

問 168 棟総会の議事録は，各棟において保管者を決めて保管し，他の棟の区分所有者を含めた団地管理組合の組合員またはその利害関係人からの請求があれば，閲覧させなければならない。

[H30]

 答 164
○

本問のような義務違反者に対して行う**行為の停止等の請求に関する訴えの提起および訴えを提起すべき者の選任**については，棟総会で決議する必要がある（団地型72条2号，区分所有法57条2項）。

[R3]

 答 165
✕

団地内の建物の一部が滅失した場合に，**滅失した棟の共用部分の復旧をする**ときには，「棟総会の決議」が必要である（団地型72条3号）。

[R3]

 答 166
○

団地内の建物につき，**一定年数の経過ごとに計画的に行う修繕**を行う場合には，団地総会の**決議が必要**である（団地型50条10号，29条1項1号）。

[R3]

 答 167
✕

建替え等に係る合意形成に必要となる事項の調査の実施及びその経費に充当する場合の各棟修繕積立金の取崩しをする場合には，「棟総会の決議」が必要である（団地型72条6号）。

[R4]

 答 168
✕

棟総会の議事録は，議長が理事長に引き渡さなければならない（団地型74条3項）。そして，理事長は，**棟総会の議事録を保管**し，その棟の**区分所有者または利害関係人の書面による請求**があったときは，**議事録の閲覧**をさせなければならない（74条4項）。したがって，保管義務者は「理事長」であり，閲覧請求権者は「その棟の」区分所有者または利害関係人である。

重要度 B

問 169　1階は店舗部分で2階から5階が住宅部分であるマンションの管理組合から規約の作成を依頼されたマンション管理士の「規約の対象物件のうち共用部分については，全体共用部分，住宅一部共用部分および店舗一部共用部分に区分しますが，一部共用部分も含めて全体を管理組合が一元的に管理します。」という説明は，適切でない。

重要度 B

問 170　1階は店舗部分で2階から5階が住宅部分であるマンションの管理組合から規約の作成を依頼されたマンション管理士の「全体共用部分は区分所有者全員の，住宅一部共用部分は住戸部分の区分所有者のみの，店舗一部共用部分は店舗部分の区分所有者のみの共有として，それぞれの共有持分を定めます。」という説明は，適切でない。

重要度 B

問 171　複合用途型のマンションにおいて，規約で店舗の営業時間は24時までと定められているにもかかわらず，24時以降も営業している105号室の区分所有者A等への対応を検討している理事会における理事Bの「営業時間等は共用部分の管理にはあたらないから，規約中の24時までしか営業できないとする規定は無効であり，規約違反行為であるとすることはできない。」という発言は，適切である。

重要度 B

問 172　複合用途型のマンションにおいて，店舗部分の区分所有者は，店舗のシャッターに，その店舗の名称，電話番号その他営業に関する広告を掲示することができる。

重要度 A

問 173　店舗のシャッターの破損が第三者による犯罪行為によることが明らかである場合のシャッターの修復の実施については，その店舗の区分所有者がその責任と負担においてこれを行わなければならない。

答 169 ×

適切である。区分所有者全員の共有物である敷地，全体共用部分および附属施設のほか，一部の区分所有者の共有物である一部共用部分についても**全体で一元的に管理**する（複合用途型全般関係コメント⑤）。

[H19]

答 170 ×

適切である。対象物件のうち，敷地，全体共用部分および附属施設は，区分所有者の共有とし，住宅**一部共用部分**は，住戸部分の区分所有者のみの共有とし，店舗**一部共用部分**は，店舗部分の区分所有者のみの共有とする（複合用途型9条1項・2項・3項）。また，この規定を前提として，それぞれの共有持分が定められる（10条，別表第3）。

[H24]

答 171 ×

適切でない。店舗としての使用については，当該マンション固有の特性や周辺環境等を考慮して，**店舗の種類，営業時間および営業方法等を具体的に規定**することもできる（複合用途型12条関係コメント⑥）。したがって，店舗の営業時間は24時までとする規約の定めも有効である。

[R3]

答 172 〇

区分所有者は，**シャッター**について，専用使用権を有する。そして，**各店舗のシャッター**については，**営業用広告掲示場所としての用法**が認められている（複合用途型別表4）。したがって，店舗部分の区分所有者は，店舗のシャッターに，その店舗の名称，電話番号その他営業に関する広告を掲示できる。

[R3]

答 173 ×

区分所有者は，**シャッター**について，専用使用権を有する。そして，店舗のシャッター等の破損が第三者による犯罪行為等によることが明らかである場合の保存行為の実施については，**通常の使用に伴わないものであるため，「管理組合」がその責任と負担においてこれを行う**（複合用途型21条関係コメント⑥）。

問 174

住居・店舗併用のマンションにおける店舗の営業時間の制限と住宅一部共用部分であるエレベーターの更新を決議する総会の場において，理事会の要請により出席していたマンション管理士が，住戸の区分所有者から，住宅一部共用部分であるエレベーターの更新については，住戸部分の区分所有者のみで構成する団体の集会で決議すべきではないかと意見があったので，「当該エレベーターについては，規約の対象となる物件となっているので，当総会で決議することとなります」と助言したことは，適切でない。

問 175

１，２階が店舗，３階以上が住宅の複合用途型マンションの住宅だけに設置されているバルコニーの床の防水工事を計画修繕として行う場合には，総会で決議し，その費用は全体修繕積立金を充当する。

問 176

複合用途型のマンションにおいて，建物のうち店舗部分の屋上を店舗の来客者専用駐車場として使用する場合，店舗部分の区分所有者から管理組合に対し支払われる駐車場使用料は，当該駐車場の管理費に充てるほか，全体修繕積立金として積み立てる必要がある。

問 177

複合用途型のマンションにおいて，住宅一部共用部分の修繕積立金を取り崩す場合には，総会決議において，全区分所有者の過半数の賛成とともに，住宅部分の区分所有者の過半数の賛成を得る必要がある。

[H23]

答 174

適切である。共用部分のうち住戸部分の区分所有者のみの共用に供されるべきことが明らかな部分を住宅**一部共用部分**といい，共用部分の範囲に含まれる（複合用途型８条２号）。また，敷地および共用部分等の管理については，管理組合がその責任と負担においてこれを行うものとする（21条１項）。したがって，住宅一部共用部分も管理組合で管理することになっているので，住宅**一部共用部分**であるエレベーターの更新を管理組合の総会で決議することができる。

[R4]

答 175

複合用途型マンションにおいて，**マンションの住宅だけに設置されているバルコニー**は，全体共用部分である（複合用途型別表２）。この全体共用部分であるバルコニーの床の防水工事を**計画修繕**として行うことは，**一定年数の経過ごとに計画的に行う修繕**に該当し，総会の決議が必要である（52条10号）。そして，全体共用部分の一定年数の経過ごとに計画的に行う修繕に必要となる費用は，**全体修繕積立金を取り崩して充当する**（30条１項１号）。

[R3]

答 176

駐車場使用料その他の敷地および共用部分等に係る**使用料**は，それらの管理**に要する費用**に充てるほか，全体修繕積立金として積み立てる（複合用途型33条）。

[R3]

答 177

特別の管理の実施ならびにそれに充てるための資金の借入れならびに全体修繕積立金，**住宅一部修繕積立金**および店舗一部修繕積立金の**取崩し**については，総会の決議**が必要**である（複合用途型52条10号）。この総会の決議は，議決権総数の半数以上**を有する組合員が出席**した上で，その出席組合員の議決権の過半数で**決する**。本肢のように，全区分所有者の過半数の賛成とともに，住宅部分の区分所有者の過半数の賛成を得る旨の規定はない。

重要度 A

問 178

複合用途型マンションの管理組合の理事長から，管理規約の変更に係る相談を受けたマンション管理士が行った「店舗共用部分の修繕は，店舗部会の決議があれば，総会の決議がなくても，店舗一部修繕積立金を取り崩してその費用を拠出することができます。」という回答は，適切である。

重要度 B

問 179

複合用途型マンションの管理組合では，規約を変更しようとする場合には，総会の決議に加え，住宅部会および店舗部会でのそれぞれの承認決議を必要とする。

重要度 C

問 180

複合用途型マンションの管理組合で収支決算を行った結果，全体管理費,住宅一部管理費,店舗一部管理費に余剰が生じた場合には，その余剰は翌年度におけるそれぞれの費用に充当する。

住宅部会および店舗部会は，管理組合としての意思を決定する機関ではないが，それぞれ住宅部分，店舗部分の一部共用部分の管理等について協議する組織として位置づけるものである（複合用途型60条関係コメント①）。したがって，店舗一部修繕積立金を取り崩すには，あくまでも総会の決議が必要である（52条10号，31条2項）。

[H27]

規約の制定，変更または廃止には，総会の決議が必要である（52条1号）。住宅部会および店舗部会は，管理組合としての意思を決定する機関ではなく，一部共用部分の管理等について「協議する組織」として位置付けられている（複合用途型60条関係コメント①）。したがって，規約の変更には総会の決議は必要だが，住宅部会および店舗部会の承認決議は不要である。

[H27]

収支決算の結果，全体管理費，住宅一部管理費または店舗一部管理費に余剰を生じた場合は，その余剰は翌年度におけるそれぞれの費用に充当する（複合用途型66条1項）。

第3章　マンション標準管理規約

重要度 C

問 1

Aが甲マンションの101号室の購入に際してB銀行から融資を受け，同室に抵当権の設定登記がされた場合において，Aが融資の残額を一括繰上げ返済したときの抵当権の抹消登記の登記権利者は，Bである。

重要度 B

問 2

マンションの登記簿は，その建物全体に関する一棟の建物を表示する表題部，その一棟の建物に属する区分された建物ごとの表題部ならびに甲区および乙区から構成される。

重要度 S★★★

問 3

一棟の建物の表題部の敷地権の目的たる土地の表示には，敷地権の種類，敷地権の割合，原因及びその日付，登記の日付が記載される。

重要度 S★★★

問 4

区分建物の表題部の敷地権の表示には，所在地および地番，地目，地積，登記の日付が記載される。

重要度 A

問 5

区分建物の敷地権の表示を登記する場合の敷地権の種類は，土地所有権または登記された地上権に限られる。

[H18]

答 1

×

登記権利者とは，権利に関する登記をすることにより，**登記上，直接に利益を受ける者**をいう（不動産登記法2条12号）。抵当権の抹消登記により直接に利益を受けるのは，登記上抵当権という負担がなくなる抵当権設定者である。したがって，抵当権抹消登記の申請における登記権利者は，Aである。

[H13]

答 2

○

区分建物に関する建物の登記簿は，**一棟の建物を表示する表題部**，各区分建物（専有部分）**の表題部**，各区分建物の甲区および乙区の構成になっている（不動産登記法12条，規則4条3項・4項，別表三）。

[H19]

答 3

×

マンションの一棟の建物の表題部の「**敷地権の目的である土地の表示**」には，敷地権の目的である土地の**所在**および**地番**，地目，地積，**登記の日付**等が記載される（不動産登記法44条1項9号，規則118条1号）。

[H19]

答 4

×

区分建物の表題部の**敷地権の表示**には，敷地権の種類，敷地権の割合，原因およびその日付等が記載される（不動産登記法44条1項9号，規則118条2号・3号）。

[H19]

答 5

×

登記された敷地利用権であって，**専有部分と分離して処分できないもの**を敷地権という（不動産登記法44条1項9号）。この登記できる敷地利用権は，所有権，地上権のほか賃借権も含まれる（3条1号・2号・8号）。したがって，所有権または地上権に限定されない。

問 6

区分建物に関する敷地権について表題部に登記がされたときは，当該敷地権の目的である土地の登記記録に，職権で，敷地権である旨の登記がされる。

 問 7

自己の所有する土地に新築したマンションの表題登記をした場合，区分建物の表題部に敷地権の表示がされる。

 問 8

区分建物が表題登記のある区分建物でない建物に接続して新築された場合には，当該区分建物の所有者がする表題登記の申請は，表題登記のある建物についての表題部の変更の登記の申請と併せてしなければならない。

 問 9

マンションの近傍にある駐車場を規約により敷地とした場合，規約により敷地となった日から１月以内に建物の表題部の変更登記を申請しなければならない。ただし，規約に別段の定めはないものとする。

 問 10

区分建物の合併の登記は，表題登記がある区分建物を登記記録上これと接続する他の区分建物である表題登記がある建物に合併し，これらを同一の登記記録に記録することによって，一個の建物とする登記である。

答 6

○

登記官は，表示に関する登記のうち，区分建物に関する敷地権について表題部に最初に登記をするときは，その敷地権の目的である土地の登記記録について，**職権**で，登記記録中の**所有権，地上権その他の権利が敷地権である旨の登記をしなければ**ならない（不動産登記法46条）。

答 7

○

新築マンションの表題登記は，原始取得者が一棟全体**の表題部**と各区分建物の**表題部を一括して申請**する（不動産登記法48条1項・2項）。この登記申請があると，登記官は区分建物の表題部に敷地権の表示の登記として一定事項を記録しなければならない（44条1項9号，規則118条）。

答 8

○

区分建物が**表題登記のある区分建物でない建物に接続して新築**された場合には，当該区分建物の所有者がする表題登記の申請は，表題登記のある建物についての表題部の変更の登記の申請と併せてしなければならない（不動産登記法48条3項）。

答 9

○

建物の表題部の登記事項に変更があったときは，表題部所有者または所有権登記名義人は，その変更日から1ヵ月以内に，変更登記を申請しなければならない（不動産登記法51条1項）。本問の場合，敷地が増えたことにより敷地権について変更があったことになり，1ヵ月以内に変更登記を申請しなければならない。

答 10

○

建物の合併の登記とは，「表題登記がある建物を登記記録上他の表題登記がある建物の附属建物とする登記」または「**表題登記がある区分建物**を登記記録上これと接続する**他の区分建物である表題登記がある建物**もしくは**附属建物**に合併して一個の建物とする登記」をいう（不動産登記法54条1項3号）。

重要度 A

問 11

表題登記がある区分建物を，これと接続する表題登記がある他の区分建物に合併して登記記録上一個の建物とする区分建物の合併の登記は，各区分建物の表題部所有者が相互に異なるときは，することができない。

重要度 B

問 12

共用部分である旨の登記は，当該共用部分である旨の登記をする区分建物の，所有権の登記名義人以外の者は申請することができない。

重要度 B

問 13

共用部分である旨の登記を申請する場合において，当該共用部分である建物に所有権以外の権利に関する登記があるときは，当該権利の登記名義人の承諾を得なければならない。

重要度 A

問 14

共用部分である旨の登記申請に際しては，当該区分建物について，表題部所有者の登記または権利に関する登記の抹消についても申請しなければならない。

重要度 B

問 15

共用部分である旨を定めた規約を廃止した場合には，当該区分建物の所有者は，当該規約の廃止の日から 1 ヵ月以内に，当該区分建物の表題登記を申請しなければならない。

[R3]

答 11

○

表題部所有者または所有権の登記名義人が相互に異なる**建物の合併登記**はできない（不動産登記法56条2号）。

[H28]

答 12

×

共用部分である旨の登記は，所有権の登記名義人以外に，建物の表題部所有者も申請することができる（不動産登記法58条2項）。

⚠ **ココも注意!** この場合の**共用部分である旨の登記**は，区分建物の表題部にその旨が記録される（規則4条3項，別表三）。

[H22]

答 13

○

共用部分である旨の登記は，その共用部分である建物に所有権登記以外の権利に関する登記があるときは，その権利に関する登記に係る権利の登記名義人の承諾があるときでなければ，申請することができない（不動産登記法58条3項）。

[H28]

答 14

×

登記官は，共用部分である旨の登記をするときは，**職権**で，当該建物について表題部所有者の登記または権利に関する登記を**抹消しなければならない**（不動産登記法58条4項）。つまり，「登記官が職権で抹消する」ので，当事者が申請する必要はない。

[H28]

答 15

○

共用部分である旨の登記がある建物について，共用部分である旨を定めた**規約を廃止した場合**には，当該建物の所有者は，当該**規約の廃止の日から1ヵ月以内**に，当該建物の**表題登記を申請しなければならない**（不動産登記法58条6項）。

問 16 滞納となっている管理費の回収のため，管理者が，区分所有法第7条の先取特権（この問いにおいて「先取特権」という。）に基づき滞納者が所有する敷地権付き区分建物を目的とする担保不動産競売の申立てをする場合において，滞納者が死亡し，敷地権付き区分建物につき相続を原因とする所有権移転登記がなされていない場合，管理者が相続人に代位して当該登記を申請することができる。

問 17 敷地権付き区分建物について相続を原因とする所有権の移転の登記をする場合，同時に，敷地権の移転の登記をしなければならない。

問 18 敷地権付き区分建物についての一般の先取特権に係る権利に関する登記であって，敷地権が生ずる前に登記原因が生じ，区分建物に関する敷地権の登記後に登記がされるものは，建物についてのみ効力を有する登記として登記することができる。

問 19 地上権の敷地権が登記された土地については，当該土地の所有権を対象とする抵当権を設定してその登記を申請することはできない。

滞納者が死亡し，敷地権付き区分建物に関して相続を原因とする所有権移転登記がなされていない場合，滞納者が所有する敷地権付き区分建物を目的とする担保不動産競売の申立てをするには，**相続人名義に名義変更登記**をする必要がある。そこで，債権者は，**債権者代位権**に基づき，相続人に代位して，**相続を原因とする所有権移転登記**を申請できる（民法423条1項本文，不動産登記法59条7号参照）。したがって，債権者である管理者は，相続人に代位して敷地権付き区分建物につき相続を原因とする所有権移転登記を申請できる。

敷地権とは，**登記された敷地利用権**であって，**専有部分と分離して処分することができないもの**をいう（不動産登記法44条1項9号，区分所有法22条1項）。敷地権付き区分建物については，区分建物と敷地権は一体として処分されることから，**区分建物にされた登記**は，敷地権についてされた登記としての効力を有するので（不動産登記法73条1項），敷地権付き区分建物について所有権の移転登記をする場合，同時に，**敷地権の移転の登記をする必要はない**。

敷地権付き区分建物についての質権または抵当権に係る権利に関する登記であって，**敷地権が生ずる前**に登記原因が生じ，区分建物に関する**敷地権の登記後**に登記がされるものは，**建物についてのみ効力を有する登記**として登記することができる（不動産登記法73条1項3号）。しかし，一般の先取特権は，このような場合に登記できる権利としては規定されていない。

敷地権である旨の登記をした土地には，**敷地権の移転の登記**または**敷地権を目的とする担保権（一般の先取特権・質権・抵当権）に係る権利に関する登記**をすることができない（不動産登記法73条2項，1項）。しかし，本問の敷地権は「**地上権**」であり，土地の「**所有権**」ではないので，土地の「**所有権**」を目的とする抵当権の設定の登記をすることは**できる**。

第4章 不動産登記法

297

重要度 B

問 20

滞納となっている管理費の回収のため，管理者が，区分所有法第７条の先取特権（この問いにおいて「先取特権」という。）に基づき滞納者が所有する敷地権付き区分建物を目的とする担保不動産競売の申立てをする場合において，敷地権付き区分建物の当該建物のみを目的とする先取特権の登記を申請することができる。

重要度 S★★★

問 21

敷地権付き区分建物の表題部所有者から当該敷地権付き区分建物の所有権を売買により取得した者は，当該敷地権の登記名義人の承諾を得れば，自己名義の所有権保存登記を申請することができる。

重要度 C

問 22

不動産の所有権や所有権以外の権利について，現に効力を有する主要な情報のみを知るには，登記事項証明書の現在事項証明書や登記事項要約書の交付請求の方法によることができる。

重要度 C

問 23

一棟の建物における複数の専有部分の全部を最初に単独で所有する新築マンション分譲業者が，分譲前に専有部分の一つを共用部分とする規約は，公正証書により設定し，この共用部分たる旨の登記を行うに当たっては，申請書にその公正証書を添付しなければならない。

重要度 B

問 24

区分建物が属する一棟の建物の面積および各専有部分の面積は，いずれの面積も壁の内側線で囲まれた水平投影面積による。

[R5]

敷地権は，専有部分と**分離処分のできない敷地利用権が登記されたもの**である（不動産登記法44条1項9号）。そのため，敷地権付き区分建物には，原則として，当該**建物のみを目的**とする担保権に係る権利に関する登記ができない（73条3項）。したがって，敷地権付き区分建物の当該建物のみを目的とする先取特権の登記申請はできない。

[H24]

区分建物にあっては，表題部所有者から所有権を取得した者も，**所有権の**保存登記を申請することができる。この場合において，その建物が**敷地権付き区分建物**であるときは，敷地権の**登記名義人の承諾**を得なければならない（不動産登記法74条2項）。

[H23]

登記事項証明書のうち現在事項証明書には，登記記録に記録されている事項のうち現に効力を有するものが記載されている（不動産登記規則196条1項2号）。また，何人も，登記記録に記録されている事項の概要を記載した書面（**登記事項要約書**）の交付を請求できる（不動産登記法119条2項）。**登記事項要約書は，現に効力を有するもののうち主要な事項を記載して作成される**（規則198条1項）。

[H14]

最初に建物の専有部分**の全部を所有する者**は，公正証書により，専有部分の一つを共用部分とする規約を設定し，登記をすることができる（区分所有法32条，4条2項）。そして，この登記を行うにあたっては，申請書にその公正証書を添付しなければならない（不動産登記令別表18添付情報欄イ）。

[H26]

建物の床面積は，各階ごとに壁その他の区画の中心**線**（**区分建物**にあっては，壁その他の区画の内側**線**）で囲まれた部分の水平投影面積による（不動産登記規則115条）。つまり，一棟の建物（共用部分）の床面積は壁心**計算**，区分建物（専有部分）の床面積は内のり**計算**で測る。

重要度 B

問 25

規約により建物の敷地とされた所有権の敷地権が登記された土地につき，当該規約が廃止されて，敷地権の一部抹消のため区分建物の表題部の変更登記が申請された場合，登記官は，当該土地の登記記録に敷地権であった権利，その権利の登記名義人の氏名または名称及び住所並びに登記名義人が二人以上であるときは当該権利の登記名義人ごとの持分を記録しなければならない。

300

答 25

○

登記官は，規約敷地についての規約が**廃止**され，敷地権であった権利が敷地権でない権利となったことによる**建物の表題部**に関する**変更の登記**をしたときは，**土地の登記記録の権利部の相当区**に，敷地権であった権利，その権利の登記名義人の**氏名または名称**および**住所**ならびに**登記名義人が二人以上であるとき**は当該権利の**登記名義人ごとの持分**を記録し，敷地権である旨の登記を抹消したことにより登記をする旨および登記の年月日を記録しなければならない（不動産登記規則124条1項・2項）。

1回目	2回目	3回目
月　日：　　/25	月　日：　　/25	月　日：　　/25

1 宅地建物取引業法

マンションの売買に際し，宅地建物取引業者が，規約については，案しかできていなかったので，売買契約成立後に説明することとしたことは，宅地建物取引業法第35条の規定に違反しない。ただし，買主は宅地建物取引業者ではないものとする。

マンションの売買に際し，宅地建物取引業者が，規約中の管理組合の役員に関する定めについては，説明しなかったことは，宅地建物取引業法第35条の規定に違反しない。

AがBに中古住宅である甲マンションの101号室を売却した場合において，契約不適合につき解除及び損害賠償請求に加え，履行の追完請求や，履行の追完がないときにその不適合の程度に応じて代金減額請求ができるものとした場合でも，Aが宅地建物取引業者であり，Bが宅地建物取引業者でないときは，Bは，当然に履行の追完請求と代金減額請求を同時に行うことができる。

民法の規定を復習した上で，宅建業法では「担保責任の特約の制限」，住宅品質確保法では「瑕疵担保責任」を重点的に押さえておこう。

 答 1

✕

マンションの規約の定め（その**案も含む**）があるときは，その内容を重要事項として説明することが義務付けられており，また，重要事項を説明すべき時期は，「その売買，交換または貸借の**契約が成立するまでの間**」とされている（宅建業法35条1項6号，宅建業法施行規則16条の2第2号）。したがって，規約について案があれば，契約の成立までの間に，原則として，宅建業者でない相手方に説明しなければ，宅建業法の規定に違反する。

答 2

◯

規約中の**管理組合**の役員に関する定めについては，重要事項の説明の対象とはされていない（宅建業法施行規則16条の2）。したがって，宅建業法の規定に違反しない。

答 3

✕

宅建業者が自ら売主となり，**宅建業者でない者が買主**となる宅地または建物の売買契約においては，その目的物の担保責任に関し，その**目的物の引渡日から2年以上となる特約をする場合を除き**，民法に規定するものより**買主に不利となる特約**は無効となる（宅建業法40条）。本問ではAが宅建業者でBが宅建業者でないので当該規定の適用があるところ，「契約不適合につき解除および損害賠償請求に加え，履行の追完請求や，履行の追完がないときにその不適合の程度に応じて代金減額請求ができる」旨の特約は，**民法の規定と同一の内容**であり（民法563条1項），買主に不利な特約とはいえず**有効**である。したがって，代金減額請求は「履行の追完請求をしたものの，履行の追完がないとき」にすることができるのであって，履行の追完請求と同時にすることができるのではない。

2 住宅品質確保法（品確法）

住宅品質確保法に基づく住宅性能表示制度では，新築住宅については高齢者等配慮対策等級が定められているが，既存住宅については定められていない。

分譲業者Ａが，Ｂに新築建物である甲マンションの101号室を売却し，引き渡された5年後に，構造耐力上主要な部分としての柱に瑕疵があることがわかった場合，Ｂは，Ａに対し，柱の瑕疵について履行の追完をするよう請求することができる。

新築の住宅店舗複合用途型マンションの売買契約において建物のすべての部分につき担保責任の期間を引き渡した時から10年と定め，引渡しを受けた8年後に，当該マンションの住宅部分の外壁の瑕疵により雨漏りが生じた場合には，売主に履行の追完の請求をすることができる。

Ａが宅地建物取引業者Ｂから購入した新築マンション（まだ人の居住の用に供したことのないもので，かつ，建設工事の完了の日から起算して1年を経過していないものとする）の売買契約において，上部階の居室床のフローリングに起因する騒音が発生した場合，Ｂは，引渡し後10年間，瑕疵担保責任を負わなければならない。

4

×

住宅品質確保法の**住宅性能表示制度**では，新築**住宅**だけではなく，既存**住宅**についても「高齢者等配慮対策等級」が定められている。

 ココも注意! 　新築住宅とは，新たに建設された住宅で，まだ人の居住の用に供したことのないもの（建設工事の完了の日から起算して1年を経過したものを除く）をいう（品確法2条2項）。

 5

○

新築住宅の売買契約においては，売主は，買主に**引渡時から10年間，住宅の構造耐力上主要な部分等の瑕疵**について，損害賠償請求，契約の解除，履行の追完請求および代金減額請求の責任を負う（品確法95条1項，民法415条，541条，542条，562条，563条）。

 6

○

担保責任の期間が**引き渡した時から10年間**とされているので，引渡しを受けた8年後に，住宅部分の外壁の瑕疵により雨漏りが生じた場合には，売主は担保責任を負うことになる。そして，**買主**は売主に対し，履行の追完の請求をすることができる（品確法95条1項，民法562条1項本文）。

答 7

×

品確法の担保責任は，**住宅の**構造耐力上主要な部分または雨水の浸入を防止する部分として政令で定めるもの（**基礎，壁，柱，屋根，外壁**等）の瑕疵について，適用がある（品確法95条1項，94条1項）。しかし，「上部階の床のフローリング」は，これらの部分には該当しない。

甲マンションは，請負人Aから注文者Bに令和6年4月1日に引き渡された新築マンションで，Bから専有部分の全部が同年10月1日に買主に引き渡されたものである場合，甲マンションの専有部分の売買契約において，Bが当該マンションの構造耐力上主要な部分等の瑕疵についての担保の責任を負うべき期間は，AからBに引き渡した時から20年以内とすることができる。

答 8
○

新築住宅の売買契約において，品確法による担保責任の期間を当事者の**特約**で請負人が売主に引き渡した時**から20年まで伸長**できる（品確法97条）。したがって，売主（注文者）Bが担保責任を負う期間は，請負人Aが売主Bに引き渡した時から**20年以内**とすることができる。

第 ③ 編

マンション管理適正化法・マンション標準管理委託契約書等

1 総則

重要度 **S**★★★

複数の区分所有者が存する建物で人の居住の用に供する専有部分および事務所・店舗の用に供する専有部分がある場合，それら全ての専有部分が賃貸されている場合であっても，その建物はマンションに該当する。

重要度 **S**★★★

人の居住の用に供される専有部分が1戸あるが，他の専有部分は別の区分所有者が事務所として使用している建物は，マンションである。

重要度 **S**★★★

適正化法上のマンションとは，2以上の区分所有者がいる建物のことであり，その敷地や附属施設は含まれない。

重要度 **A**

「マンション管理業」とは，管理組合から委託を受けて管理事務を行うものであり，マンションの区分所有者等が当該マンションについて行うものも含む。

重要度 **A**

「マンション管理士」とは，国土交通大臣（指定登録機関が登録の実務に関する事務を行う場合は指定登録機関）の登録を受け，マンション管理士の名称を用いて，専門的知識をもって，管理組合の運営その他マンションの管理を行うことを業務とする者をいう。

CHECK POINT

マンション管理士の登録の拒否事由と重要事項の説明，契約成立時の書面，財産の分別管理の基本事項を正確に押さえておこう。

[H24]

2以上の区分所有者が存する建物で人の居住の用に供する専有部分のあるもの，その敷地および附属施設は，マンションである（管理適正化法2条1号イ）。たとえ，**すべての専有部分が賃貸されているとしても，マンションに該当する。**

[H27]

人の居住の用に供される専有部分が**1戸でもあれば，**他の専有部分は別の区分所有者が事務所として使用している建物でも，**マンションである**（管理適正化法2条1号）。

[R2]

2以上の区分所有者が存する建物で人の居住の用に供する専有部分のあるもの，その敷地および附属施設は，**マンションである**（管理適正化法2条1号）。

[H30]

「**マンション管理業**」とは，**管理組合から委託を受けて管理事務を行う行為で業として行うもの**（区分所有者等が当該マンションについて行うものを「**除く**」）をいう（管理適正化法2条7号）。

[H30]

「**マンション管理士**」とは，国土交通大臣（指定登録機関）の**登録を受け，その名称を用いて，**専門的知識をもって，**管理組合の運営その他マンションの管理**に関し，管理組合の管理者等または区分所有者等の相談に応じ，助言，指導その他の**援助を行うことを業務**（他の法律においてその業務を行うことが制限されているものを「**除く**」）とする者をいう（管理適正化法2条5号）。つまり，「マンションの管理そのものを行うことを業務とする者」ではない。

重要度 A

問 6 「管理事務」とは，マンションの管理に関する基幹事務（管理組合の会計の収入および支出の調定および出納ならびにマンション（専有部分を除く。）の維持または修繕に関する企画または実施の調整をいう。）の一部を含むものをいう。

重要度 A

問 7 マンションの管理事務のうち基幹事務とは，管理組合の会計の収入および支出の調定および出納ならびにマンション（専有部分を含む。）の維持または修繕に関する企画または実施の調整である。

重要度 C

問 8 管理組合法人の理事は，管理者等に含まれない。

重要度 B

問 9 「管理組合」は，マンションの管理を行う区分所有法第3条に規定する団体に限られる。

2 マンション管理士

重要度 B

問 10 マンション管理士試験に合格すれば，マンション管理士という名称を用いて，管理組合の管理者等の相談に応じ，助言，指導その他の援助を行うことができる。

答 6
✕

「**管理事務**」とは，マンションの管理に関する基幹事務（**管理組合の会計の収入および支出の調定**および出納ならびに**マンション（専有部分を除く）の維持または修繕に関する企画または実施の調整**をいう）の**すべてを含む**ものをいう（管理適正化法2条6号）。基幹事務の一部しか含まないものは，管理事務ではない。

[H20]

答 7
✕

マンションの管理事務のうち「**基幹事務**」とは，**管理組合の会計の収入および支出の調定**および出納ならびに**マンション（専有部分を除く）の維持または修繕に関する企画または実施の調整**である（管理適正化法2条6号）。

[H21]

答 8
✕

「**管理者等**」とは，管理者または**管理組合法人の理事**をいう（管理適正化法2条4号）。

[H30]

答 9
✕

「**管理組合**」とは，①マンションの管理を行う区分所有法「3条に規定する（区分所有者）団体」もしくは②「65条に規定する（団地建物所有者）団体」（法人以外の「**管理組合**」のこと），または，③区分所有法47条1項に規定する法人（「**管理組合法人**」のこと）の3者をいう（管理適正化法2条3号）。

[H18]

答 10
✕

マンション管理士は，マンション管理士試験に合格し，一定の登録を受ければ，**マンション管理士**という名称を用いて，管理組合の管理者等の相談に応じ，助言，指導その他の援助を行うことができる（管理適正化法2条5号）。

重要度 B

問 11

マンション管理士試験に合格しても，国土交通大臣（指定登録機関が登録の実施に関する事務を行う場合は指定登録機関。）の登録を受けなければ，マンション管理士の名称を使用することはできない。

重要度 A

問 12

マンション管理適正化推進計画は，都道府県または市の区域にあっては当該市が作成することとされており，町村は作成することができない。

重要度 A

問 13

都道府県知事等は，管理組合の運営がマンション管理適正化指針に照らして著しく不適切であることを把握したときは，マンション管理業者に対し，マンション管理適正化指針に則したマンションの管理を行うよう勧告することができる。

マンション管理士は，①**国土交通大臣**（指定登録機関が登録の実施に関する事務を行う場合は指定登録機関）**の登録**を受け，②**マンション管理士の名称**を用いて，専門的知識をもって，管理組合の運営その他マンションの管理に関し，管理組合の管理者等または区分所有者等の**相談に応じ，助言・指導・援助を行う**ことを業務（他の法律によりその業務を行うことが制限されているものを除く）とする者をいう（管理適正化法2条5号）。したがって，マンション管理士試験に**合格**しても，登録を受けなければ，**マンション管理士の名称を使用することはできない**。

[R4]

国土交通大臣は，マンションの管理の適正化の推進を図るための基本的な方針（以下「**基本方針**」という）を定めなければならない（管理適正化法3条1項）。そして，**都道府県**（市の区域内にあっては当該**市**，町村であってマンション管理適正化推進行政事務を処理する町村の区域内にあっては当該「町村」。以下「都道府県等」という）は，この基本方針に基づき，当該都道府県等の区域内におけるマンションの管理の適正化の推進を図るための計画（**マンション管理適正化推進計画**）を作成できる（3条の2第1項）。したがって，町村も**マンション管理適正化推進計画**を作成できる。

[R4]

知事（市またはマンション管理適正化推進行政事務を処理する町村の区域内にあっては，それぞれの長。以下「**知事等**」という）は，管理組合の運営がマンション管理適正化指針に照らして**著しく不適切**であることを把握したときは，当該管理組合の管理者等に対し，マンション管理適正化指針に即したマンションの管理を行うよう**勧告**できる（管理適正化法5条の2第2項）。マンション管理業者に勧告できるのではない。

問 14 都道府県知事は，マンション管理適正化推進計画の策定の有無にかかわらず，管理計画の認定をすることができる。

問 15 マンション管理適正化法第5条の4に基づく管理計画の認定基準に関し，「監事が選任されていること」が当該基準の一つとされている。

問 16 マンション管理適正化法第5条の4に基づく管理計画の認定基準に関し，「長期修繕計画の実効性を確保するため，計画期間が30年以上で，かつ，残存期間内に大規模修繕工事が2回以上含まれるように設定されていること」が当該基準の一つとされている。

問 17 管理計画の認定は，10年ごとにその更新を受けなければ，その期間の経過によって，その効力を失う。

問 18 管理計画を認定するためには，管理組合が組合員名簿，居住者名簿を備えていることに加え，1年に1回以上は内容の確認を行っていることが必要である。

答 14

✕

管理組合の管理者等は，当該管理組合によるマンションの管理に関する計画（以下「管理計画」という）を作成し，マンション管理適正化推進計画を作成した**都道府県等の長**（以下「**計画作成知事等**」という）の認定を申請できる（管理適正化法5条の3第1項）。したがって，マンション管理適正化推進計画の策定がなされていなければ，管理計画の認定をすることはできない（5条の4）。

答 15

○

「**監事が選任されていること**」は，「管理計画の認定基準」の一つとされている（管理適正化法5条の4第3号，施行規則1条の5第1号，管理適正化基本方針別紙二1(2)）。

答 16

○

「**長期修繕計画の実効性を確保するため，計画期間が30年以上で，かつ，残存期間内に大規模修繕工事が2回以上含まれるように設定されていること**」は，「管理計画の認定基準」の一つとされている（管理適正化法5条の4第1号，施行規則1条の4第2号，管理適正化基本方針別紙二4(3)）。

第6章　マンション管理適正化法

答 17

✕

管理計画の認定は，5年ごとにその**更新**を受けなければ，その期間の経過によって，その効力を失う（管理適正化法5条の6第1項）。

答 18

○

マンション管理適正化法5条の4に基づく管理組合によるマンションの管理計画の認定基準について，管理組合が区分所有者等への平常時における連絡に加え，災害等の緊急時に迅速な対応を行うため，**組合員名簿・居住者名簿を備えている**とともに，**1年に1回以上は内容の確認**を行っていることが必要である（基本方針別紙二5(1)）。

重要度 B

問 19

心身の故障によりマンション管理士の業務を適正に行うことができない者として国土交通省令で定めるものまたは破産者で復権を得ない者は，マンション管理士の登録を受けることができない。

重要度 A

問 20

マンション管理士が5年ごとに登録講習機関が行う講習を受講しなかったため登録を取り消された場合，その者はその取消しの日から2年を経過しないと登録を受けることができない。

重要度 S★★★

問 21

マンション管理士Aは，道路交通法に違反し，懲役の刑に処せられ，その刑の執行を猶予されたときは，マンション管理士の登録を取り消される。

重要度 A

問 22

マンション管理士の試験に合格した者であっても，偽りその他不正の手段により管理業務主任者の登録を受け，その登録を取り消された者は，当該取消しの日から2年を経過しなければ，マンション管理士の登録を受けることができない。

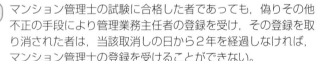

19 ✕

心身の故障によりマンション管理士の業務を適正に行うことができない者として国土交通省令で定めるものは，マンション管理士の登録ができない（管理適正化法30条1項6号）。しかし，破産者で復権を得ない者は，**マンション管理士の登録拒否事由ではない**（同1項各号参照）。

[H20]

20 ○

マンション管理士が**5年**ごとに登録講習機関が行う講習を受講しなかったため登録を取り消された場合，その者はその**取消日から2年**を経過しないと登録を受けることができない（管理適正化法30条1項3号，33条2項，41条）。

[H27]

21 ○

国土交通大臣は，マンション管理士が，「禁錮**以上の刑**に処せられ，その執行を終わり，または執行を受けることがなくなった日から**2年を経過しない者**」に該当すれば，その罪名にかかわらず，**登録を取り消さなければならない**（管理適正化法33条1項1号，30条1項1号）。そして，刑の執行を猶予されたときであっても同様であり，マンション管理士の登録は取り消される。

⚠ **ココも注意!** **執行猶予**が取り消されることなく猶予期間が満了した場合は，判決の言渡しがなかったことになるので，その満了の日から2年を経過しなくても登録を受けることができる（30条1項1号）。

[H22]

22 ○

マンション管理士試験の合格者でも，**偽りその他不正の手段**により管理業務主任者の登録を受けたために登録を取り消された者は，**取消日から2年**を経過しなければ，マンション管理士の登録はできない（管理適正化法30条1項4号，65条1項2号）。

第6章　マンション管理適正化法

重要度 **A**

問 23

適正化法以外の法律に違反したとして罰金の刑に処せられた者は，その執行を終わり，または執行を受けることがなくなった日から2年を経過しなければ，マンション管理士の登録を受けることができない。

重要度 **S★★★**

問 24

マンション管理士は，住所または本籍を変更したときは，遅滞なく，その旨を国土交通大臣に届けなければならず，その場合においては，当該届出にマンション管理士登録証を添えて提出し，その訂正を受けなければならない。

重要度 **S★★★**

問 25

不正の手段によりマンション管理業者の登録を受けたとしてその登録を取り消された法人の業務を執行する取締役は，その取消しの日に当該取締役を辞任すれば，その日から2年を経過しなくても，マンション管理士の登録を受けることができる。

重要度 **S★★★**

問 26

マンション管理士が，国土交通大臣により，その登録を取り消された場合は，その通知を受けた日から起算して10日以内に，登録証を国土交通大臣（指定登録機関が登録の実施に関する事務を行う場合は指定登録機関）に返納しなければならない。

重要度 **S★★★**

問 27

国土交通大臣は，マンション管理士が，5年ごとに，国土交通大臣の登録を受けた者が国土交通省令で定めるところにより行う講習を受けなかったときは，その登録を取り消し，または期間を定めてマンション管理士の名称の使用の停止を命ずることができる。

答 23
✗

適正化法に違反したとして罰金の刑に処せられた者は，その**執行を終わり**，または**執行を受けることがなくなった日**から**2年**を経過しなければ，マンション管理士の登録を受けることができない（管理適正化法30条1項2号）。しかし，適正化法以外の法律によるものであれば，罰金の刑に処されても，マンション管理士の登録を受けることができる。

答 24
○

マンション管理士は，「氏名・住所・本籍」を変更したときは，遅滞なく，**国土交通大臣**に届けなければならず，その場合，当該届出に**マンション管理士登録証**を添えて提出し，その訂正を受けなければならない（管理適正化法30条2項，31条，32条1項・2項，施行規則26条1項1号・2号，28条）。

答 25
✗

偽りその他不正の手段によりマンション管理業者の登録を受けたとしてその登録を取り消された者が**法人**である場合，**取消しの日前30日以内**にその法人の役員（業務を執行する取締役は，役員に該当する）であったものは，取消日から**2年**を経過しなければ，マンション管理士の登録を受けることができない（管理適正化法30条1項5号，83条2号）。

答 26
○

マンション管理士が，国土交通大臣により，その**登録を取り消**された場合は，その**通知を受けた日から10日以内**に，**登録証を国土交通大臣**（**指定登録機関**）に返納しなければならない（管理適正化法33条1項・2項，施行規則30条2項）。

答 27
○

マンション管理士が，**5年**ごとに，一定の講習を受けなかったときは，国土交通大臣は，**登録を取り消し**，または期間を定めて，マンション管理士の名称の使用**の停止を命ずる**ことができる（管理適正化法33条2項，41条，施行規則41条）。

第6章　マンション管理適正化法

重要度 S★★★

問 28

国土交通大臣は，マンション管理士が，その信用を傷つけるような行為をしたときは，その登録を取り消し，または期間を定めてマンション管理士の名称の使用の停止を命ずることができる。

重要度 B

問 29

マンション管理士の名称の使用の停止を命ぜられた者が，当該停止期間中に名称を使用した場合には，30万円以下の罰金に処される。

重要度 A

問 30

マンション管理士は，マンション管理士の信用を傷つけるような行為をした場合には，30万円以下の罰金に処せられる。

重要度 C

問 31

マンション管理士は，マンション管理士登録証を亡失した場合においては，国土交通大臣にすみやかに再交付の申請をしなければならない。

重要度 B

問 32

マンション管理士は，5年ごとに国土交通大臣の登録を受けた者が行う講習を受け，マンション管理士登録証の更新を受けなければならない。

重要度 B

問 33

マンション管理士は，5年ごとに登録講習機関が行う講習を受けなければならず，これに違反したときは30万円以下の罰金に処される。

重要度 S★★★

問 34

マンション管理士は，正当な理由がなく，その業務に関して知り得た秘密を漏らしてはならない。マンション管理士でなくなった後においても，同様とする。これに違反した者は，1年以下の懲役または30万円以下の罰金に処される。

[H22]

答 28

○

マンション管理士が，その**信用を傷つけるような行為**をしたときは，国土交通大臣は，**登録を取り消し**，または期間を定めて，マンション管理士の名称の使用の**停止を命ずる**ことができる（管理適正化法33条2項，40条）。

[H21]

答 29

○

マンション管理士の**名称の使用の停止**を命ぜられた者が，停止期間中に名称を使用した場合には，**30万円以下の罰金**に処される（管理適正化法33条2項，109条1項2号）。

[H23]

答 30

×

マンション管理士は，マンション管理士の**信用を傷つけるような行為**をしてはならない（管理適正化法40条）。ただし，この規定に違反しても，**罰金に処せられることはない**。

[H19]

答 31

×

マンション管理士は，登録証を亡失等したときは，国土交通大臣に登録証の**再交付を申請する**ことができる（管理適正化法施行規則29条1項）。再交付の申請は任意であり，亡失等したからといって再交付の申請をしなければならないのではない。

[H18]

答 32

×

マンション管理士は，5年ごとに登録講習機関が行う**講習を受けなければならない**（管理適正化法41条，施行規則41条）。しかし，マンション管理士の登録証の更新という制度はない。

[H21]

答 33

×

マンション管理士は，5年ごとに登録講習機関が行う**講習を受けなければならない**（管理適正化法41条，施行規則41条）。ただし，この規定に違反しても，**罰金に処せられることはない**。

[H25]

答 34

○

マンション管理士は，正当な理由がなく，その業務に関して知り得た**秘密を漏らしてはならない**。マンション管理士でなくなった後においても，同様である（管理適正化法42条）。これに違反した者は，**1年以下の懲役または30万円以下の罰金**に処される（107条1項2号）。

重要度 S★★★

問 35

マンション管理士でない者が，マンション管理士またはこれに紛らわしい名称を使用した場合には，30万円以下の罰金に処される。

3 マンション管理業

重要度 A

問 36

マンション管理業を営もうとする者は，国土交通省に備えるマンション管理業者登録簿に登録を受けなければならず，この登録の有効期間は3年である。

重要度 C

問 37

国土交通大臣は，マンション管理業の登録申請者が，禁錮以上の刑に処せられ，その執行を終わり，または執行を受けることがなくなった日から2年を経過しない者である場合は，その登録を拒否しなければならない。

重要度 A

問 38

マンション管理業者は，登録申請書の内容に変更があったときは，その日から30日以内に，その旨を国土交通大臣に届け出なければならない。

重要度 B

問 39

国土交通大臣が指定したマンション管理業者の団体は，閲覧所を設け，マンション管理業者登録簿ならびに登録の申請および登録事項の変更の届出に係る書類を一般の閲覧に供しなければならない。

重要度 B

問 40

法人であるマンション管理業者が合併により消滅した場合，その旨を国土交通大臣に届出をしたときから登録の効力を失う。

答 35 マンション管理士でない者が，**マンション管理士**または**これに紛らわしい名称を使用**した場合には，30万円以下の罰金に処される（管理適正化法43条，109条1項3号）。

[H28]

答 36 マンション管理業を営もうとする者は，国土交通省に備える管理業者登録簿に**登録**を受けなければならない（管理適正化法44条1項）。この場合の管理業者の**登録の有効期間**は，5年である（同2項）。

[H29]

答 37 国土交通大臣は，マンション管理業の登録申請者が，**禁錮以上の刑**に処せられ，その**執行を終わり**，または執行を受けることがなくなった日から**2年を経過しない者**である場合，その**登録を拒否しなければならない**（管理適正化法47条5号）。

[H20]

答 38 管理業者は，登録申請書の内容に変更があったときは，その日から**30日以内**に，その旨を**国土交通大臣**に届け出なければならない（管理適正化法48条1項）。

[H17]

答 39 国土交通大臣は，**閲覧所**を設け，マンション管理業者登録簿，登録の申請および登録事項の変更の届出に係る書類を，一般の**閲覧**に供しなければならない（管理適正化法49条，45条，48条1項，施行規則57条1項，58条）。

[H21]

答 40 管理業者が**合併により消滅**した場合，合併の時から登録の効力を失う（管理適正化法50条1項2号・2項）。「届出をしたとき」からではない。

第6章　マンション管理適正化法

問 41

マンション管理業者は破産手続開始の決定があった場合，30日以内に当該業者を代表する役員によりその旨を国土交通大臣に届け出なければならない。

 問 42

マンション管理業者の更新の登録を受けようとする者は，登録の有効期間満了の日の90日前から30日前までの間に登録申請書を提出しなければならない。

 問 43

マンション管理業の登録要件として，基準資産額が300万円以上であることが必要であり，この基準資産額とは，貸借対照表または資産に関する調書に計上された資産の総額である。

 問 44

マンション管理業者が事務所を新たに開設する場合，管理事務を受託している管理組合の数は130（いずれも人の居住の用に供する独立部分が6以上のマンションであるものとする）で，管理業務主任者が6名（うち2名が未成年者で役員ではない）いる事務所は，専任の管理業務主任者の設置基準を満たすことができない。

[H20]

答 41

×

管理業者は，**破産手続開始の決定**があった場合，**30日以内に**その破産管財人がその旨を国土交通大臣に届け出なければならない（管理適正化法50条1項3号）。

[R2]

答 42

○

管理業者の更新の登録を受けようとする者は，登録の有効期間満了日の**90日前から30日前まで**の間に，登録申請書を国土交通大臣に提出しなければならない（管理適正化法44条3項，施行規則50条）。

[H13]

答 43

×

基準資産額（**300万円以上**）は，貸借対照表または資産に関する調書（基準資産表）に計上された資産の総額からその基準資産表に計上された負債の総額に相当する金額を控除した額をいう（管理適正化法施行規則54条, 55条1項）。

[H17]

答 44

○

管理業者の**事務所ごと**に設置すべき，**成年者である専任の管理業務主任者**の必要法定数は，原則，管理業者が管理事務の委託を受けた管理組合の数を**30で除したもの**（1未満の端数は切上げ）以上の数である（管理適正化法56条1項，施行規則61条，62条）。本問の事務所で必要となる管理業務主任者は，管理組合の数が130であるから，**5名**（130÷30＝4.33…）**以上**となる。また，**管理業者自身**（法人ならその役員）が**管理業務主任者**であれば，自ら主として業務に従事する事務所については，事務所に置かれる成年者である**専任の管理業務主任者**とみなされる（56条2項）。しかし，役員ではない未成年者2名は，専任の管理業務主任者とみなされないので，本問の事務所は，4名の専任の管理業務主任者しか設置されておらず，専任の管理業務主任者の設置基準を満たすことができない。

重要度 A

問 45

40の管理組合（いずれも人の居住の用に供する独立部分が6以上のマンションとする）から管理事務の委託を受けている事務所について，マンション管理業者が，当該事務所に置かなければならない成年者である専任の管理業務主任者の数は2名以上である。

重要度 B

問 46

マンション管理業者は，既存の事務所が適正化法第56条第1項の管理業務主任者の設置に関する規定に抵触するに至ったときは，3月以内に，同項の規定に適合させるため必要な措置をとらなければならない。

重要度 A

問 47

管理業務主任者試験に合格した者が，偽りその他不正の手段によりマンション管理士の登録を受けたため，そのマンション管理士の登録を取り消され，その取消しの日から2年を経過していない者である場合には，管理事務に関し2年以上の実務の経験を有する者であっても，管理業務主任者の登録を受けることができない。

重要度 B

問 48

管理業務主任者試験に合格した者で，管理事務に関し2年以上の実務経験を有するものまたは国土交通大臣がその実務経験を有するものと同等以上の能力を有すると認めたものでなければ，国土交通大臣の登録を受けることができない。

重要度 B

問 49

管理業務主任者は，その登録が消除されたとき，または管理業務主任者証がその効力を失ったときは，速やかに，管理業務主任者証を国土交通大臣に返納しなければならない。

答 45
○

管理業者は，その事務所ごとに，30**管理組合（人の居住の用
に供する独立部分が6以上のマンション）**に1名以上の成年者
である専任の管理業務主任者を置かなければならない（管理適
正化法56条1項，施行規則61条，62条）。管理組合の数は40で
あるから，管理業者が事務所に置かなければならない成年者で
ある専任の管理業務主任者の数は2名（40÷30＝1.33…）以
上である。

答 46
✕

管理業者は，管理業務主任者の設置に関する規定に抵触するに
至ったときは，**2週間以内**に，規定に適合させるため必要な措
置をとらなければならない（管理適正化法56条3項）。

答 47
○

管理業務主任者試験に合格した者が，**偽りその他不正の手段に**
よりマンション管理士の登録を受けたため，その**マンション管
理士の登録を取り消され，取消日から2年**を経過していない場
合には，管理業務主任者の登録を受けることができない（管理
適正化法59条1項4号，33条1項2号）。管理事務に関し2年
以上の実務の経験を有する者であっても同様である。

答 48
○

管理業務主任者の登録を受けるためには，試験に合格し，管理
事務に関し**2年以上の実務経験**を有するものか，国土交通大臣
がその実務経験を有する者と同等以上の能力があると認めるも
のでなければならない（管理適正化法59条1項，施行規則68
条，69条）。

答 49
○

管理業務主任者は，登録が消除されたとき，または管理業務主
任者証が効力を失ったときは，速やかに，**管理業務主任者証**を
国土交通大臣に返納しなければならない（管理適正化法60条4
項）。

第6章　マンション管理適正化法

重要度 B

問 50 管理業務主任者は，国土交通大臣より事務の禁止処分を受けたときは，速やかに，管理業務主任者証を国土交通大臣に提出しなければならない。

重要度 B

問 51 管理業務主任者証の交付を受けようとする者は，試験に合格した日から１年以内に交付を受けようとする者を除き，交付申請の日前６月以内に行われる講習を受けなければならない。

重要度 B

問 52 管理業務主任者試験に合格した者が国土交通大臣の登録を受けた場合，その登録の有効期間は，５年である。

重要度 B

問 53 管理業務主任者は，登録が消除されたにもかかわらず，速やかに管理業務主任者証を国土交通大臣に返納しなかったときは，10万円以下の過料に処される。

重要度 B

問 54 管理業務主任者が１年以内の期間を定めて管理業務主任者としてすべき事務を行うことを禁止された場合において，その管理業務主任者がその事務の禁止の処分に違反したときは，国土交通大臣は，その登録を取り消すことができる。

重要度 B

問 55 住戸50戸の甲マンションの管理組合Ａと管理受託契約を締結しているマンション管理業者Ｂは，その事務所ごとに，公衆の見やすい場所に，その事務所に置かれている専任の管理業務主任者の氏名等を記載した標識を掲げなければならない。

答 50

管理業務主任者は，国土交通大臣より事務の禁止処分を受けたときは，速やかに，**管理業務主任者証**を国土交通大臣に提出しなければならない（管理適正化法60条5項）。

[H21]

答 51

管理業務主任者証の交付を受けようとする者は，試験に合格した日から**1年以内**に交付を受けようとする者を除き，交付申請の日前**6ヵ月以内**に行われる**講習**を受けなければならない（管理適正化法60条2項）。

[H16]

答 52

管理業務主任者証の有効期間は交付を受けてから**5年**であるが，登録についての**有効期間はない**（管理適正化法60条3項）。

[H16]

答 53

登録が消除されたにもかかわらず，速やかに**管理業務主任者証を返納しなかった**ときは，**10万円以下**の過料に処される（管理適正化法60条4項，113条2号）。

⚠️ **ココも注意！** 事務の禁止処分を受けたにもかかわらず，速やかに**管理業務主任者証を国土交通大臣に提出しなかった**場合も，10万円以下の過料に処される（60条5項，113条2号）。

[H18]

答 54

管理業務主任者がその事務の禁止の処分に違反した場合，国土交通大臣は，**必ず**その登録を取り消さなければならない（管理適正化法65条1項4号，64条2項）。「取り消すことができる」のではない。

[H18]

答 55

管理業者は，その事務所**ごとに**，公衆の見やすい場所に，その事務所に置かれている**専任の管理業務主任者の氏名**等を記載した標識を掲げなければならない（管理適正化法71条，施行規則81条，別記様式26号）。

問 56

マンション管理業者が行うマンション管理適正化法第72条の規定に基づく重要事項の説明等に関し,管理業務主任者は,重要事項の説明を行うに当たり,説明の相手方から要求があった場合にのみ,説明の相手方に対し管理業務主任者証を提示しなければならない。

問 57

マンション管理業者は,あらかじめ国土交通大臣に届け出れば,マンションの区分所有者等に対して,管理業務主任者をしてする重要事項説明を,当該事務所に所属するマンション管理士にさせることができる。

問 58

マンション管理業者は,重要事項の説明会を開催する場合,当該説明会の前日までに,マンションの区分所有者等および当該管理組合の管理者等の全員に対し,重要事項ならびに説明会の日時および場所を記載した書面を交付しなければならない。ただし,法72条6項の電磁的方法による提供は考慮しないものとする。

問 59

マンション管理業者は,管理組合から管理事務の委託を受けることを内容とする契約を締結するに当たって,新たに建設されたマンションが分譲され,住戸部分の引渡しの日のうち最も早い日から1年以内に当該契約期間が満了する場合には,あらかじめ説明会を開催して重要事項の説明をすることは不要となる。

[R5]

答 56 ✕

管理業務主任者は，重要事項の説明をするときは，説明の相手方に対し，説明の相手方から要求があったか否かに関わらず，**管理業務主任者証を提示**しなければならない（管理適正化法72条4項）。

[H19]

答 57 ✕

管理業者は，マンションの区分所有者等に対して，管理業務主任者をして**重要事項の説明**をさせる必要がある（管理適正化法72条1項）。「あらかじめ国土交通大臣に届け出ることで，当該事務所に所属するマンション管理士にさせることができる」という規定はない。

[H28]

答 58 ✕

管理業者は，**重要事項の説明会**を開催する場合，**説明会の日の**1週間前までに，管理組合を構成する区分所有者等および管理組合の管理者等の**全員**に対し，重要事項**ならびに説明会の日時および場所を記載した書面を交付**しなければならない（管理適正化法72条1項）。

[R3]

答 59 ○

管理業者は，管理受託契約を締結するに当たって，①「新たに建設されたマンションの分譲に通常要すると見込まれる期間（**最初の購入者に引き渡し後1年間**）で満了する委託契約の場合（完成売りマンション）や②すでに建設されたマンションの再分譲に通常要すると見込まれる期間（再分譲後の最初の購入者に引き渡し後1年間）で満了する委託契約の場合（リノベマンション）は，あらかじめ説明会を開催して**重要事項の説明**をすることは**不要**となる（管理適正化法72条1項かっこ書，施行規則82条）。したがって，上記①より，新たに建設されたマンションが分譲され，住戸部分の「引渡日のうち最も早い日から1年以内」に当該契約期間が満了する場合には，重要事項の説明は不要となる。

第6章 マンション管理適正化法

重要度 **A**

問 60 重要事項の説明は，管理事務の委託を受けた事務所に所属する管理業務主任者にさせなければならない。

重要度 **S★★★**

問 61 マンション管理業者は，従前の管理受託契約と同一の条件で管理組合との管理受託契約を更新しようとするときは，あらかじめ，当該管理組合を構成するマンションの区分所有者等全員に対して，説明会を開催し，管理業務主任者をして，重要事項について説明させなければならない。

重要度 **A**

問 62 マンション管理業者は，従前の管理委託契約と同一の条件で管理組合との契約を更新しようとするとき，当該管理組合の認定管理者等から重要事項について説明を要しない旨の意思の表明があったときは，当該認定管理者等に対して（のみ）重要事項を記載した書面の交付を行えばよい。

答 60 ✕

重要事項の説明は，管理業務主任者にさせなければならないが（管理適正化法72条１項・３項），管理事務の委託を受けた事務所に所属する管理業務主任者である必要はない。

[R3]

答 61 ✕

管理業者は，従前の管理受託契約と同一の条件で管理組合との管理受託契約を更新しようとする場合，「**管理者等が不設置のとき**」は，あらかじめ，当該管理組合を構成する「区分所有者等全員」に対し，一定の場合を除き，重要事項を記載した書面を交付しなければならないが，説明・**説明会は不要**である（管理適正化法72条２項）。これに対し，「**管理者等が設置されているとき**」は，当該**管理者等**に対し，管理業務主任者をして，重要事項について，これを記載した**書面を交付**して説明をさせなければならないが，**説明会は不要**である（72条２項・３項）。いずれのときでも，説明会は不要である。

[R5]

答 62 ✕

管理業者は，従前の管理受託契約と**同一の条件**で管理組合との管理受託契約を**更新**しようとするときは，あらかじめ，当該管理組合を構成する**区分所有者等**全員に対し，重要事項を記載した書面を交付しなければならない（管理適正化法72条２項）。この場合，管理組合に「**管理者等が設置**」されているときは，管理業者は，一定の場合を除き，当該管理者等に対し，**管理業務主任者**をして，**重要事項を記載した書面**を交付して説明をさせなければならないが（同３項本文），当該説明は，認定管理者等から重要事項について**説明を要しない旨の意思の表明**があったときは，管理業者による**当該認定管理者等に対する重要事項を記載した書面の交付**をもって，これに代えることができる（同ただし書）。つまり，重要事項を記載した書面の交付は，**当該認定管理者等**に対してのみならず，**区分所有者等全員**に対しても行う必要がある。

問 63

マンション管理業者が，マンションの区分所有者等および当該管理組合の管理者等全員に対し書面で交付する重要事項には，マンション管理業者の商号または名称，住所，登録番号および登録年月日ならびに当該マンション管理業者の前年度の財務状況が含まれる。

 問 64

マンション管理業者が行う重要事項の説明において，管理事務の一部の再委託に関する事項は説明したが，管理事務の対象となるマンションの部分に関する事項は説明しなかったことは，適正化法の規定に反しない。

  問 65

マンション管理業者が，重要事項を記載した書面を作成するときは，管理業務主任者をして当該書面に記名させなければならないが，国土交通大臣は，これに違反したマンション管理業者に対して，1年以内の期間を定めて，その業務の全部または一部の停止を命ずることができる。ただし，法72条6項の電磁的方法による提供は考慮しないものとする。

  問 66

マンション管理業者は，管理組合との管理受託契約を締結するときに遅滞なく交付する書面に代えて，当該管理組合を構成するマンションの区分所有者等又は当該管理組合の管理者等の承諾を得た場合は，当該書面に記載すべき事項を電子情報処理組織を使用する方法その他の情報通信の技術を利用する方法により提供することができる。

  問 67

マンション管理業者は，管理組合から委託を受けた管理事務のうち，当該管理組合の会計の収入および支出の調定に関する事務の一部を，当該マンション管理業者とは別のマンション管理業者に再委託することはできない。

[H28]

答 63

✕

管理業者が，管理組合を構成する区分所有者等および管理組合の管理者等全員に対し，**書面で交付する重要事項**には，「**管理業者の商号または名称，住所，登録番号および登録年月日**」は含まれるが（管理適正化法施行規則84条1号），「**管理業者の前年度の財務状況**」は含まれない。

[H16]

答 64

✕

「管理事務の一部の再委託に関する事項」「管理事務の対象となるマンションの部分に関する事項」は，いずれも説明が必要な**重要事項**である（管理適正化法施行規則84条6号・3号）。したがって，後者を説明しなかったことは，適正化法の規定に反する。

[H28]

答 65

◯

管理業者は，重要事項説明書を作成するときは，**管理業務主任者に記名をさせなければならない**（管理適正化法72条5項）。**国土交通大臣**は，この規定に違反した管理業者に対し，**1年以内の期間を定めて，その業務の全部または一部の停止を命ずる**ことができる（82条2号）。

[R3]

答 66

◯

管理業者は，管理組合との管理受託契約を締結するときに遅滞なく**交付する書面に代えて，**当該管理組合を構成する**区分所有者等**または当該管理組合の**管理者等**の承諾を得た場合は，当該書面に記載すべき事項を電子情報処理組織を使用する方法その他の**情報通信の技術を利用する方法により提供**できる（管理適正化法72条6項）。

[H23]

答 67

✕

管理業者は，管理組合から委託を受けた管理事務のうち，**基幹事務**については，これを一括して他人に委託してはならない（管理適正化法74条）。本問のように基幹事務の一部を他人に委託することはできる。

第6章 マンション管理適正化法

問 68

マンション管理業者は，管理組合から委託を受けた管理事務について，帳簿を作成し，各事業年度の末日をもって閉鎖し，閉鎖後5年間当該帳簿を保存しなければならない。

問 69

マンション管理業者Aが管理組合Bから委託を受けて，適正化法施行規則第87条第2項第1号イに規定する「マンションの区分所有者等から徴収された修繕積立金等金銭を収納口座に預入し，毎月，その月分として徴収された修繕積立金等金銭から当該月中の管理事務に要した費用を控除した残額を，翌月末日までに収納口座から保管口座に移し換え，当該保管口座において預貯金として管理する方法」をとっている場合において，Aは，いかなる場合であっても収納口座の名義人となることはできない。ただし，BにはA以外の者が管理者として置かれているものとする。

問 70

マンション管理業者Aが管理組合Bから委託を受けて，適正化法施行規則第87条第2項第1号イに規定する「マンションの区分所有者等から徴収された修繕積立金等金銭を収納口座に預入し，毎月，その月分として徴収された修繕積立金等金銭から当該月中の管理事務に要した費用を控除した残額を，翌月末日までに収納口座から保管口座に移し換え，当該保管口座において預貯金として管理する方法」をとっている場合において，Aは，マンションの区分所有者等から徴収される1月分の修繕積立金等金銭の額の合計額以上の額につき有効な保証契約を締結していれば，保管口座の名義人となることができる。ただし，BにはA以外の者が管理者として置かれているものとする。

問 71

マンション管理業者Aが，管理組合Bから委託を受けて区分所有者等から徴収した修繕積立金等金銭をA名義の収納口座に預入し，当該収納口座からB名義の保管口座に移し換え，当該保管口座において預貯金として管理する方法で管理事務を行っている。この方法は，Bに管理者が選任されるまでの比較的短い期間に限られる。

答 68

管理業者は，管理組合から委託を受けた管理事務について，**帳簿を作成**し，各事業年度の末日をもって閉鎖し，**閉鎖後5年間帳簿を保存**しなければならない（管理適正化法75条，施行規則86条3項）。

[H22]

答 69

収納口座については，保管口座や収納・保管口座とは異なり，**管理組合等を名義人とするとはされておらず**（管理適正化法施行規則87条6項1号），管理業者Aは，区分所有者等から徴収された修繕積立金等金銭を収納口座に預入し，一時的に預貯金として管理するために収納口座の名義人となることができる。

⚠️ **ココも注意!** 　修繕積立金等が**有価証券**の場合，管理業者は，金融機関または証券会社に，当該受託有価証券の保管場所を自己の固有財産および他の管理組合の財産である有価証券の保管場所と明確に区分させ，かつ，当該受託有価証券が受託契約を締結した管理組合の有価証券であることを判別できる状態で管理させる必要がある（同2項2号）。

[H22]

答 70

保管口座の名義人は，**管理組合等でなければならず**，管理業者名義とすることはできない（管理適正化法施行規則87条6項2号）。本問の方法を採用する場合，管理業者は，原則として保証契約を締結しなければならないが，保証契約を締結していても，収納口座の名義人となることはできるが，保管口座の名義人になることはできない。

[H19]

答 71

本問の財産の管理方法においては，Bに管理者が選任されるまでの**比較的短い期間に限られるという定め**はない。

問 72

マンション管理業者は，修繕積立金等金銭を管理する場合の保管口座または収納・保管口座に係る管理組合等の印鑑を，管理組合に管理者等が置かれていない場合において，管理者等が選任されるまでの比較的短い期間に限り保管する場合を除き，管理してはならない。

問 73

マンション管理業者は，毎月，管理事務の委託を受けた管理組合のその月における会計に関する書面を作成し，翌月末日までに管理者等に交付しなければならないが，管理者等が置かれていない場合は，当該書面を当該マンション管理業者の事務所ごとに備え置き，マンションの区分所有者等の求めに応じ，マンション管理業者の業務時間内において，これを閲覧させなければならない。

問 74

マンション管理業者は，管理事務の委託を受けた管理組合における会計の収入及び支出の状況に関する書面を作成し，管理組合の管理者等に交付するときは，管理業務主任者をして記名させなければならない。

問 75

マンション管理業者Aは，管理者等が置かれている甲マンション管理組合と管理受託契約を締結している。この場合，Aは，甲に管理事務に関する報告を行うときは，管理事務報告書を作成し，管理業務主任者をして，これを管理者等に交付して説明をさせなければならない。ただし，電磁的方法については考慮しないくてよい。

[H24]

管理業者は，修繕積立金等金銭を管理する場合，保管口座また
は収納・保管口座に係る管理組合等の印鑑，預貯金の引出用の
カード等を管理できないことになっているが，管理組合に管理
者等が置かれていない場合で，**管理者等が選任されるまで**の比
較的短い期間に限り保管することができる（管理適正化法施行
規則87条4項）。

[H27]

管理業者は，毎月，管理事務の委託を受けた管理組合のその月
における**会計に関する書面**を作成し，翌月末日までに**管理者等
に交付しなければならない**。この場合，管理者等が「置かれて
いない」ときは，当該書面の交付に代えて，対象月の属する当
該管理組合の事業年度の終了日から**2ヵ月を経過する日**まで，
当該書面をその事務所ごとに備え置き，区分所有者等の求めに
応じ，管理業者の業務時間内において，これを**閲覧させなけれ
ばならない**（管理適正化法施行規則87条5項）。

[R5]

管理業者は，**毎月**，管理事務の委託を受けた管理組合のその月
（対象月）における**会計の収入及び支出の状況に関する書面を
作成**し，翌月末日までに，当該書面を当該管理組合の**管理者等**
に交付しなければならない（管理適正化法施行規則87条5項前
段）。当該書面に**管理業務主任者をして記名させなければなら
ない**旨の規定はない。

[H23]

管理業者は，**管理者等が置かれている管理組合**に管理事務に関
する報告を行うときは，管理組合の事業年度の終了後，遅滞な
く，その期間における管理受託契約に係るマンションの管理の
状況について管理事務報告書を作成し，**管理業務主任者**をし
て，これを管理者等に**交付**して**説明**をさせなければならない
（管理適正化法77条1項，施行規則88条1項）。

⚠️ **ココも注意!** この説明をするときに当該管理業務主任者は，管理者等か
らの請求の有無にかかわらず，**管理業務主任者証**を提示する必要がある
（適正化法77条3項）。

重要度 A

問 76 マンション管理業者は，管理適正化法第77条に定める管理事務報告を行うに際して，管理組合に管理者等が置かれていない場合は，当該管理組合を構成するマンションの区分所有者等に対し，管理事務に関する報告を記載した書面を交付すれば足りる。

重要度 A

問 77 マンション管理業者Aは，管理者等が置かれている甲マンション管理組合と管理受託契約を締結している。この場合，Aは，甲から委託を受けた管理事務に関する管理事務報告書に，管理業務主任者をして，記名させなければならない。

重要度 B

問 78 マンション管理業者は，自己の業務または財産の状況を記載した書類を管理事務の委託を受けた管理組合の事務室に備え置き，業務の関係者の求めに応じ，閲覧させなければならない。

重要度 C

問 79 国土交通大臣は，マンション管理業者が業務に関し他の法令に違反し，マンション管理業者として不適当であると認められるときは，当該マンション管理業者に対し，1年以内の期間を定めて，その業務の全部または一部の停止を命ずることができる。

[R5]

答 76 ✕

管理業者は，77条に定める管理事務報告を行うに際して，管理組合に**管理者等が置かれていない**場合は，**管理事務報告書を作成**し，77条に定める説明会を開催し，**管理業務主任者**をして，これを，当該管理組合を構成する**区分所有者等**に交付して**説明をさせなければならない**（管理適正化法77条2項，施行規則89条1項）。

[H14]

答 77 ✕

管理事務報告書には，**管理業務主任者**をして記名させなければならない旨の規定はない。

⚠️ **ココも注意！**　この報告書には，当該管理組合における報告の対象となる期間，会計の収入および支出の状況のほか，管理受託契約の内容に関する事項を記載する必要がある（施行規則88条1項1号～3号）。

[H23]

答 78 ✕

管理業者は，業務および財産の状況を記載した書類（業務状況調書，貸借対照表および損益計算書またはこれらに代わる書面）を管理業者の事務所**ごと**に備え置き，業務の関係者の求めに応じ，これを**閲覧**させなければならない（管理適正化法79条，施行規則90条1項）。

[H29]

答 79 ◯

国土交通大臣は，管理業者が業務に関し「他の法令に違反し，管理業者として不適当であると認められるとき」は，その管理業者に対し，**1年以内の期間**を定めて，その**業務の全部または一部の停止を命ずる**ことができる（管理適正化法82条1号，81条3号）。

第6章　マンション管理適正化法

重要度 A

問 80

マンション管理業者の使用人その他の従業者は，マンション管理業者の使用人その他の従業者でなくなった後においても，その理由のいかんを問わず，マンションの管理に関する事務を行ったことに関して知り得た秘密を漏らしてはならない。

重要度 C

問 81

マンション管理業者は，使用人その他の従業者に，その従業者であることを証する証明書を携帯させなければ，その者をその業務に従事させてはならない。

重要度 B

問 82

マンション管理業者が，自己の名義をもって，他人にマンション管理業を営ませたときは，1年以下の懲役または30万円以下の罰金に処せられる。

重要度 B

問 83

マンション管理業者の登録を受けない者がマンション管理業を営んだときは，1年以下の懲役または50万円以下の罰金に処せられる。

重要度 B

問 84

国土交通大臣が，マンション管理業の適正な運営を確保するため必要があると認めるときは，その必要な限度で，マンション管理業を営む者に対し，報告させることができ，その場合において，そのマンション管理業を営む者が虚偽の報告をしたときは，30万円以下の罰金に処される。

[H17]

答 80 ✕

管理業者の使用人その他の従業者は，正当な理由がなく，管理業者の使用人その他の従業者でなくなった後においても，マンションの管理に関する事務を行ったことに関して**知り得た秘密を漏らしてはならない**（管理適正化法87条）。したがって，正当な理由があれば，秘密を漏らしてもかまわない。

⚠️ ココも注意! たとえば，「**裁判において証人尋問を受けた場合**」は，正当な理由に該当するので，その業務に関して知り得た秘密について証言しても適正化法に違反しない。

[H29]

答 81 ○

管理業者は，**使用人その他の従業者に**，従業者証明書**を携帯**させなければ，その者をその業務に従事させてはならない（管理適正化法88条1項）。

[H27]

答 82 ✕

管理業者が，**自己の名義**をもって，他人にマンション管理業を営ませたときは，**1年以下の懲役または50万円以下の罰金**に処せられる（管理適正化法106条3号，54条）。

[H27]

答 83 ○

管理業者の**登録を受けない者**がマンション管理業を営んだときは，**1年以下の懲役または50万円以下の罰金**に処せられる（管理適正化法106条2号，53条）。

[H24]

答 84 ○

国土交通大臣は，マンション管理業の適正な運営を確保するため必要があれば，必要な限度で，マンション管理業を営む者に対し，報告させることができ，その場合，マンション管理業を営む者が**虚偽の報告**をしたときは，**30万円以下の罰金**に処せられる（管理適正化法85条，109条1項1号）。

⚠️ ココも注意! **国土交通大臣**は，マンション管理業の適正な運営を確保するため必要があると認める場合，その必要な限度で，その職員に，マンション管理業を営む者の事務所その他その業務を行う場所に立ち入り，帳簿，書類その他必要な物件を検査させ，または関係者に質問させることができる（86条1項）。

4 マンション管理適正化推進センター・マンション管理業者の団体・雑則

重要度 S★★★

問 85

マンションの管理の適正化に関し，管理組合の管理者等その他の関係者に対し技術的な支援を行うことは，適正化法第92条の規定により国土交通大臣の指定を受けた「マンション管理適正化推進センター」が行う業務である。

重要度 A

問 86

「マンションの管理に関する情報及び資料の収集及び整理をし，並びにこれらを管理組合の管理者等その他の関係者に対し提供すること」は，「マンション管理適正化推進センター」が行う業務として，マンション管理適正化法第92条に規定されている。

重要度 A

問 87

「マンションの管理に関する紛争の処理を行うこと」は，「マンション管理適正化推進センター」が行う業務として，マンション管理適正化法第92条に規定されている。

重要度 A

問 88

マンションの管理の適正化の推進に資する啓発活動および広報活動を行うことは，適正化法第95条の規定により国土交通大臣の指定を受けたマンション管理業者の団体が行う業務である。

重要度 B

問 89

適正化法第95条の指定法人は，社員であるマンション管理業者がマンションの区分所有者等から受領した管理費，修繕積立金等の返還債務を負うこととなった場合において，その返還債務を保証する業務を行うことができる。

[H24]

答 85

○

マンションの管理の適正化に関し，管理組合の管理者等その他の**関係者に対し技術的な支援を行うこと**は，**マンション管理適正化推進センター**が行う業務である（管理適正化法92条2号）。

[R1]

答 86

○

「マンションの管理に関する情報および資料の収集および整理をし，ならびにこれらを管理組合の管理者等その他の関係者に対し提供すること」は，「マンション管理適正化推進センター」が行う業務として，法92条に**規定されている**（管理適正化法92条1号）。

[R1]

答 87

✕

「マンションの管理に関する**紛争の処理**を行うこと」は，「マンション管理適正化推進センター」が行う業務として，法92条に**規定されていない**（管理適正化法92条参照）。なお，「マンションの管理に関する苦情の処理のために必要な指導および助言を行うこと」は規定されている（92条4号）。

[H27]

答 88

✕

啓発・広報**活動**は，**マンション管理適正化推進センター**の業務である（管理適正化法92条6号）。

[H17]

答 89

○

指定法人（マンション管理業者の団体）は，社員であるマンション管理業者との契約により，管理業者が管理組合またはマンションの区分所有者等から受領した管理費，修繕積立金等の返還債務を負うこととなった場合において，その**返還債務を**保証する業務を行うことができる（管理適正化法95条3項）。

重要度 B

問 90

社員に対する指導および勧告を行うため必要があると認めるときに，その必要な限度で，社員の事務所に立ち入り，帳簿，書類その他必要な物件について検査を行うことは，適正化法第95条の規定により国土交通大臣の指定を受けたマンション管理業者の団体が行う業務である。

重要度 B

問 91

社員の営む業務に関する管理組合等からの苦情の解決を行うことは，適正化法第95条の規定により国土交通大臣の指定を受けたマンション管理業者の団体が行う業務である。

重要度 B

問 92

自ら売主として新築マンションを分譲した宅地建物取引業者は，分譲後1年以内に当該マンションの管理組合の管理者等が選任されたときは，速やかに，当該管理者等に，付近見取図など当該マンションの設計に係る図書で国土交通省令に定めるものを交付しなければならない。

5 マンション管理適正化基本方針

重要度 A

問 93

「マンションの管理の適正化の推進を図るための基本的な方針（適正化基本方針）」において，マンションの管理の主体は，マンションの区分所有者で構成される管理組合であり，管理組合は，マンションの区分所有者の意見が十分に反映されるよう，また，長期的な見通しを持って，適正な運営を行うことが重要である。特に，その経理は，正確な会計を確保するよう，十分な配慮がなされる必要があると定められている。

重要度 A

問 94

「適正化基本方針」において管理組合を構成するマンションの区分所有者等は，管理組合の一員としての役割を十分認識して，管理組合の運営に関心を持ち，積極的に参加する等，その役割を適切に果たすよう努める必要があると定められている。

答 90
×

「**社員の営む業務**に関し，社員に対し，**この法律またはこの法律に基づく命令を遵守**させるための指導・勧告その他の業務を行う」ことは，**管理業者の団体**が行う業務である（管理適正化法95条2項1号）。しかし，「事務所に立ち入り，帳簿，書類その他必要な物件について検査を行う」ことまでは**業務に含まれていない**。

[H15]

答 91
○

社員の営む業務に関する**管理組合等からの苦情の解決**は，**管理業者の団体**が行う業務である（管理適正化法95条2項2号，96条）。

[H17]

答 92
○

宅建業者は，自ら売主として一定の建物を分譲した場合，**分譲後1年以内**に当該建物またはその附属施設の管理を行う管理組合の管理者等が選任されたときは，速やかに，その管理者等に対し，その建物またはその附属施設の設計に関する図書で一定のもの（付近見取図等）を交付しなければならない（管理適正化法103条1項，規則101条，102条）。

[H25]

答 93
×

マンションの管理の主体は，マンションの区分所有者等で**構成される管理組合**であり，管理組合は，区分所有者等の意見が十分に反映されるよう，また，長期的な見通しを持って，適正な運営を行うことが必要である。特に，その経理は，「健全な会計」を確保するよう，十分な配慮がなされる必要がある（基本方針三1（1））。

[R2]

答 94
○

区分所有者等は，管理組合の一員としての役割**を十分認識し**て，管理組合の**運営に関心**を持ち，**積極的に参加**する等，その**役割を適切に果たすよう努める必要**がある（基本方針三1（2））。

問 95 「適正化基本方針」において，マンションの管理には専門的な知識を要する事項が多いため，管理組合は，問題に応じ，マンション管理士等専門的知識を有する者の支援を得ながら，主体性をもって適切な対応をするよう心がけることが重要であると定められている。

問 96 「適正化基本方針」において，マンションの管理は，状況によっては，外部の専門家が，管理組合の管理者等又は役員に就任することも考えられるが，その場合には，マンションの区分所有者等が当該管理者等又は役員の選任や業務の監視等を適正に行うとともに，監視・監督の強化のための措置等を講じることにより適正な業務運営を担保することが重要であると定められている。

問 97 「適正化基本方針」において，管理組合の自立的な運営は，マンションの区分所有者等の全員が参加し，その意見を反映することにより成り立つものである。そのため，管理組合の運営は，情報の開示，運営の透明化等を通じ，開かれた民主的なものとする必要がある。また，集会は管理組合の最高意思決定機関であると定められている。

問 98 「適正化基本方針」において，管理規約や使用細則に違反する行為があった場合は，管理組合は，法令等に則り，少額訴訟等の方法によってその是正または排除を求め法的措置をとることが重要であるとされている。

答 95

マンションの管理には専門的な知識を要する事項が多いため，管理組合は，問題に応じ，**マンション管理士等**専門的知識を有する者の支援を得ながら，**主体性をもって適切な対応をするよう心がける**ことが重要である（基本方針三1（3））。

答 96

マンションの状況によっては，外部の専門家が，**管理組合の管理者等または役員に就任**することも考えられるが，その場合には，マンションの区分所有者等が**当該管理者等または役員の選任や業務の監視等を適正に行う**とともに，監視・監督の強化のための措置等を講じることにより**適正な業務運営を担保する**ことが重要である（基本方針三1（4））。

答 97

管理組合の自立的な運営は，マンションの区分所有者等の全員が**参加**し，その意見を反映することで成り立つものである。そのため，管理組合の運営は，情報の開示，**運営の透明化等**を通じ，開かれた民主的なものとする必要がある。また，**集会**は，管理組合の最高意思決定機関である（基本方針三2（1））。

答 98

管理費等の滞納など管理規約または使用細則等に違反する行為があった場合，**管理組合（の管理者等）**は，その是正のため，**必要な勧告・指示等**を行うとともに，法令等に則り，**少額訴訟等その是正または排除を求める措置**をとることが重要である（基本方針三2（2））。

重要度 B

問 99 「適正化基本方針」において，管理組合は，専有部分と共用部分の範囲および管理費用を明確にすることにより，トラブルの未然防止を図ることが重要であり，あわせて，これに対する区分所有者等の負担も明確に定めておくことが望ましいと定められている。

重要度 C

問 100 「適正化基本方針」において，長期修繕計画の作成及び見直しにあたっては，「長期修繕計画作成ガイドライン」を参考に，必要に応じ，マンション管理士等専門的知識を有する者の意見を求め，また，あらかじめ建物診断等を行って，その計画を適切なものとするよう配慮する必要があると定められている。

重要度 B

問 101 「適正化基本方針」において，建設後相当の期間が経過したマンションにおいては，長期修繕計画の検討を行う際には，必要に応じ，建替え等についても視野に入れて検討することが望ましいと定められている。

重要度 A

問 102 「適正化基本方針」において，管理業務の委託や工事の発注等については，説明責任等に注意して，適正に行われる必要があるが，とりわけ管理業者の管理員が管理組合の管理者等又は役員に就任する場合においては，マンションの区分所有者等から信頼されるような発注等に係るルールの整備が必要であると定められている。

重要度 C

問 103 「適正化基本方針」において，管理費の使途については，マンションの管理と自治会活動の範囲・相互関係を整理し，管理費と自治会費の徴収，支出を分けて適切に運用することが必要である。なお，このように適切な峻別や代行徴収に係る負担の整理が行われるとしても，自治会費の徴収を代行することは差し控えるべきであると定められている。

管理組合は，共用部分の範囲および管理費用を明確にし，トラブルの未然防止を図ることが重要である。特に**専有部分と共用部分の区分**，**専用使用部分と共用部分の管理**および**駐車場の使用**等に関してトラブルが生じることが多いことから，適正な利用と公平な負担が確保されるよう，各部分の範囲およびこれに対するマンションの区分所有者等の負担を明確に定めておくことが重要である（基本方針三2（3））。

長期修繕計画の作成および見直しにあたっては，「長期修繕計画作成ガイドライン」を参考に，必要に応じ，**マンション管理士等専門的知識を有する者**の意見を求め，また，あらかじめ建物診断等を行って，その計画を適切なものとするよう配慮する必要がある（基本方針三2（5））。

建設後相当の期間が経過したマンションにおいては，長期修繕計画の検討を行う際には，必要に応じ，建替え等についても視野に入れて検討することが望ましい（基本方針三2（5））。

管理業務の委託や工事の発注等については，「利益相反」等に注意して，適正に行われる必要があるが，とりわけ「**外部の専門家**」が**管理組合の管理者等または役員に就任する場合**においては，区分所有者等から信頼されるような発注等に係る**ルールの整備が必要**である（基本方針三2（6））。

管理費の使途については，マンションの管理と自治会活動の範囲・相互関係を整理し，**管理費と自治会費の徴収**，支出を分けて適切に運用する必要がある。なお，このように適切な峻別や，代行徴収に係る負担の整理が行われるのであれば，「**自治会費の徴収を代行**」すること等は差し支えない（基本方針三2（7））。

第6章　マンション管理適正化法

「適正化基本方針」において，マンションにおけるコミュニティ形成については，自治会および町内会等（「自治会」）は，管理組合と異なり，各区分所有者が各自の判断で加入するものであることに留意するとともに，特に管理費の使途については，マンションの管理と自治会活動の範囲・相互関係を整理し，管理費と自治会費の徴収，支出を分けて適切に運用することが必要であると定められている。

答 104 マンションにおけるコミュニティ形成については，**自治会およ**
び町内会等は，管理組合と異なり，「**各居住者**」が各自の判断
で加入するものであることに留意するとともに，特に**管理費の**
使途については，マンションの管理と自治会活動の範囲・相互
関係を整理し，**管理費と自治会費の徴収，支出を分けて適切に**
運用する必要がある（基本方針三2（7））。

第6章 マンション管理適正化法

1回目	2回目	3回目
月 日: /104	月 日: /104	月 日: /104

重要度 **B**

 問 **1** □□□
甲マンション管理組合と管理委託契約を締結している乙マンション管理業者は，事前に甲の個別の承認または指示を受けずに甲の余裕資金について，必要に応じ，定期預金，金銭信託等の運用益の高い金融商品に振り替えることができる。

重要度 **B**

 問 **2** □□□
甲管理組合と乙管理会社との間の管理委託契約に関し，乙は，管理事務のうち建物・設備管理業務の全部を第三者に再委託した場合においては，再委託した管理事務の適正な処理について，甲に対して，責任を負う。

重要度 **A**

 問 **3** □□□
甲管理組合は，委託業務費のほか，乙管理会社が管理事務を実施するのに伴い必要となる水道光熱費等の諸費用を負担しなければならない。

重要度 **B**

 問 **4** □□□
乙管理会社は，甲管理組合から支払われる定額委託業務費について，毎月一定の期日までに精算を行わなければならない。

重要度 **B**

 問 **5** □□□
甲管理組合は，定額委託業務費以外の費用については，その概算額について，毎月一定の期日までに，支払わなければならない。

[H16]

 答 1

×

管理業者は，管理組合の管理費等のうち**余裕資金**については，必要に応じ，管理組合**の指示**に基づいて，定期預金，金銭信託等に振り替えることができる（標準管理委託契約書別表第1の1（2）③三）。したがって，管理組合の承認や指示が必要である。

[H30]

 答 2

○

管理会社は，管理事務のうち建物・設備管理業務の全部もしくは一部を**第三者に**再委託でき，再委託した管理事務の適正な処理について，**管理組合に対して責任を負う**（標準管理委託契約書4条1項・2項，3条4号）。

[H20]

 答 3

○

管理組合は，委託業務費のほか，管理業者が**管理事務を実施するのに伴い必要となる**水道光熱費，通信費，消耗品費等の諸費用を負担する（標準管理委託契約書6条4項）。

[H20]

 答 4

×

定額委託業務費とは，委託業務費のうち負担方法が**定額で精算を要しない**費用であり，毎月一定の期日までに支払うものである（標準管理委託契約書6条2項）。定額委託業務費は，精算を行う必要がない。

[H20]

答 5

×

委託業務費のうち，**定額委託業務費以外の費用**の額は，内訳を別紙で明示し，管理組合は，各業務終了後に，管理組合および管理業者が別に定める方法により精算の上，管理業者が指定する口座に振り込む方法により支払う（標準管理委託契約書6条3項）。

第7章 マンション標準管理委託契約書

重要度 C

問 6

甲管理組合は，乙管理会社に管理事務を行わせるために不可欠な管理事務室等を無償で使用させるものとし，乙は，乙が管理事務を実施するのに伴い必要となる水道光熱費，通信費，消耗品費等の諸費用を負担するものとする。

重要度 B

問 7

マンション管理会社の業務として，外壁のタイルが落下したので，屋上から壁にかけて防護網を設置し，子供が近づかないよう注意する看板を立てたことは，適切ではない。

重要度 A

問 8

管理費等を滞納している組合員（滞納組合員）に対する督促について，マンション管理業者Aが理事会で行った「Aの滞納組合員に対する督促については，最初の支払期限から起算して一定の期間内，電話もしくは自宅訪問または督促状の方法により，その支払の督促を行います」という説明は，適切ではない。

重要度 B

問 9

滞納組合員に対する督促について，マンション管理業者Aが理事会で行った「管理組合名義による配達証明付内容証明郵便による督促は，事前協議の有無にかかわらずAが行います」という説明は，適切ではない。

[H29]

答 6
✕

管理組合は，管理業者に管理事務を行わせるために不可欠な**管理事務室**，管理用倉庫，清掃員控室，器具，備品等を無償で**使用させる**（標準管理委託契約書7条1項）。また，**管理組合は**，管理業者が管理事務を実施するのに伴い必要となる**水道光熱費，通信費，消耗品費等の諸費用を負担する**（6条4項）。

[H15]

答 7
✕

適切である。管理業者は，災害または事故等の事由により，「緊急に行う必要がある業務」で，管理組合の**承認を受ける**時間的余裕が**ない**ものについては，管理組合の承認を受けないで行うことができる（標準管理委託契約書9条1項）。したがって，「外壁のタイルの落下」に対しては，「緊急に行う必要がある業務」として，本問のような対応をすることができる。

[H21]

答 8
✕

適切である。管理業者は，組合員が管理費等を**滞納**したときは，最初の支払期限から起算して一定期間，電話もしくは自宅訪問または督促状の方法により，その支払の督促を行う（標準管理委託契約書別表第1の1（2）②ニ）。

[H21]

答 9
○

組合員が滞納管理費を支払わない場合，管理組合が**管理業者の協力**を必要とするときは，その方法について協議する（標準管理委託契約書11条2項）。このとき，管理業者の協力について，事前に協議が調っているときは，協力内容（管理組合名義による配達証明付内容証明郵便による督促等）に関し，具体的に契約書に規定する（11条関係コメント①）。つまり，「事前に協議が調っている場合」のみ，管理業者が配達証明付内容証明郵便による督促を行う。

第7章　マンション標準管理委託契約書

問 10 滞納組合員に対する督促について，マンション管理業者Aが理事会で行った「Aが契約書に基づく督促を行ったにもかかわらず，支払期限後一定の期間内に滞納組合員が滞納管理費等を支払わない場合は，Aはその責めを免れます」という説明は，適切ではない。

問 11 滞納組合員に対する督促について，マンション管理業者Aが理事会で行った「Aの滞納組合員に対する督促については，組合員異動届等により管理組合から提供を受けた情報の範囲内で，その支払の督促を行うことになります」という説明は，適切ではない。

問 12 乙管理会社は，管理事務を行うため必要なときは，甲管理組合の組合員およびその所有する専有部分の占有者に対し，甲に代わって，所轄官庁の指示事項等に違反する行為または所轄官庁の改善命令を受けるとみられる違法もしくは著しく不当な行為の中止を求めることができる。

問 13 宅地建物取引業者が管理組合の組合員からその専有部分の売却の依頼を受け，その媒介等の業務のために理由を付した書面により管理規約の提供を要求してきても，管理会社は，これに応じる必要はない。

適切である。管理業者は，電話もしくは自宅訪問または督促状の方法により，支払の督促を行わなければならないが，督促しても組合員がなお滞納管理費等を支払わないときは，管理業者は**督促業務を終了し，その責めを免れる**（標準管理委託契約書別表第1の1（2）②三，11条1項）。

適切である。滞納者に対する督促については，管理業者は組合員異動届等により**管理組合から提供を受けた情報の範囲内**で行う（標準管理委託契約書別表第1の1（2）関係コメント⑧）。

管理業者は，管理事務を行うため必要なときは，**管理組合の組合員およびその所有する専有部分の占有者**に対し，管理組合に代わって，所轄官庁の指示事項等に違反する行為または所轄官庁の改善命令を受けるとみられる違法もしくは著しく不当な行為の中止を求めることができる（標準管理委託契約書12条1項3号）。

⚠️ **ココも注意！** 管理業者が中止を求めても，なお組合員等がその行為を中止しない場合，**管理業者はその責めを免れ**，その後の中止等の要求は管理組合が行う（同3・4項）。

管理業者は，**宅建業者**が，管理組合の組合員から，その組合員が所有する専有部分の売却等の依頼を受け，その媒介等の業務のために，**理由を付した**書面または電磁的方法により**管理規約の提供**および**一定事項の開示**を求めてきたときは，管理組合に代わって，その宅建業者に対し，**管理規約の写しを提供し**，および**一定事項**について書面または電磁的方法により**開示**することができる（標準管理委託契約書15条1項）。

第7章 マンション標準管理委託契約書

甲マンションの区分所有者Aが所有する専有部分の売却の依頼を受けた宅地建物取引業者から，その媒介等の業務のために理由を付した書面により甲マンションに係る「耐震診断有無とその内容」の開示を求めてきたときに，管理組合に代わって，管理会社が開示する必要がある。

乙管理会社は，乙の従業員が退職後に甲マンション管理組合の組合員に関する管理費等の滞納の事実を第三者に漏らして甲に損害を与えた場合，甲に対して損害賠償責任を負う。

管理委託契約において，マンション管理業者は，善良なる管理者の注意義務をもって委託業務を行うが，書面をもって注意喚起したにもかかわらず，管理組合が承認しなかった事項に起因する損害に関しては，責任を負わないと定めることは，適切ではない。

乙管理会社が銀行の取引を停止されたときであっても，甲管理組合は，管理委託契約を解除することはできない。

乙管理会社が管理委託契約で定められた義務の履行を怠った場合であっても，甲管理組合は，催告をすることなく直ちに当該管理委託契約を解除することはできない。

[H25]

管理業者は，①耐震診断の有無，②耐震診断の内容について，書面または電磁的方法により開示しなければならない（標準管理委託契約書15条1項，別表第5の10）。

[H17]

管理業者は，その従業員が，その業務の遂行に関し，管理組合または管理組合の組合員に損害を及ぼしたときは，使用者としての責任を負う（標準管理委託契約書16条）。しかし，本問の守秘義務違反の従業員はすでに退職しており，従業員ではないので，管理業者が使用者としての責任を負うことはない。なお，退職後も守秘義務を負うので，従業員自身が責任を問われることはあり得る。

[H13]

適切である。管理業者は，善良な管理者の注意義務をもって委託業務を行う（標準管理委託契約書5条）。また，管理業者が，書面をもって注意喚起したにもかかわらず，管理組合が承認しなかった事項に起因する損害に関しては，責任を負わない（19条2号）。したがって，本問のような定めは可能である。

[H18]

管理組合は，管理業者が銀行取引を停止された等の事由に該当する場合は，管理委託契約を解除することができる（標準管理委託契約書20条2項1号）。

[H18]

管理組合または管理業者は，その相手方が，管理委託契約に定められた義務の履行を怠った場合は，相当の期間を定めてその履行を催告し，相手方が当該期間内にその義務の履行をしないときは，管理委託契約を解除することができる（標準管理委託契約書20条1項）。直ちに解除することはできない。

問 19 甲管理組合と乙管理会社との間の管理委託契約において，甲と乙は，その相手方に対し，少なくとも3月前に書面で解約の申入れを行うことにより，管理委託契約を終了させることができる。

問 20 甲管理組合と乙管理会社との間の管理委託契約に関し，管理委託契約の更新について甲または乙から申出があった場合において，その有効期間が満了する日までに更新に関する協議がととのう見込みがないときは，甲および乙は，従前の契約と同一の条件で，期間を定めて暫定契約を締結することができる。

問 21 甲管理組合と乙管理会社との間の管理委託契約において，乙が反社会的勢力に自己の名義を利用させ管理委託契約を締結するものではないことを確約し，乙がその確約に反し契約をしたことが判明したときは，甲は何らの催告を要せずして，当該契約を解除することができる。

答 19 [R1]

管理組合または管理会社は，その相手方に対し，**少なくとも3ヵ月前に書面で解約の申入れ**を行うことにより，**管理委託契約を終了**させることができる（標準管理委託契約書21条）。

答 20 [H30]

管理委託契約の**更新**について，管理組合または管理会社から申出があった場合，その有効期間の満了日までに更新に関する**協議が調う見込みがない**ときは，管理組合および管理会社は，**従前の契約と同一の条件で**，期間を定めて暫定契約を締結できる（標準管理委託契約書23条2項）。

答 21 [R1]

管理会社が管理組合に対し，**反社会的勢力に自己の名義を利用させ管理委託契約を締結するものではないことを確約**し，管理委託契約の有効期間内に，**当該確約に反し契約をしたことが判明**したときには，管理組合は，何らの催告を要せずして，管理委託契約を**解除**できる（標準管理委託契約書24条1項3号・2項2号）。

第7章　マンション標準管理委託契約書

1　管理組合の会計

（会計期間は４月１日から翌年３月31日までとし，会計処理は発生主義の
　原則によるものとする）

重要度 **S★★★**

甲マンション管理組合の理事会において，会計担当理事が行った「３月に行ったエレベーター点検に係る費用８万円については，４月に支払ったため，収支報告書の支出の部には計上されておりません」という説明は，適切である。

重要度 **A**

甲マンション管理組合の理事会において，会計担当理事が管理費会計の収支報告書案について行った「３月分の管理費の一部に未収金が発生したため，管理費収入が当初の予算を下回っています」という説明は，適切である。

重要度 **A**

甲マンション管理組合の理事会において，会計担当理事が管理費会計の収支報告書案について行った「管理費の前受金が前期に比べて増加したことは，当期収支差額の減少要因となっています」という説明は，適切である。

重要度 **A**

甲マンション管理組合の理事会において，会計担当理事が管理費会計の収支報告書案について行った「収支報告書上の当期収支差額がマイナスになった場合は，次期繰越収支差額は前期繰越収支差額より必ず減少します」という説明は，適切である。

[H27]

適切でない。エレベーター点検は３月に実施されているため，**発生主義の原則**により，８万円は３月分の費用として**収支報告書の支出の部**に計上される。

[H19]

適切でない。収支報告書の管理費収入は，**発生主義の原則**により記載されるため，未収入金を含めて，各住戸月額の12ヵ月分が計上される。したがって，管理費の一部に未収金が発生しても，管理費収入が当初の予算を下回ることはない。

[H19]

適切でない。**貸借対照表**には，実際に入金されたものは前受金を含め**現金預金**として計上される。しかし，**収支報告書**には前受金は計上されないので，前受金が前期に比べて増加したとしても，収支報告書の当期収支差額の減少要因となることはない。

[H19]

当期収支差額がマイナスになった場合，前年度繰越収支差額からこのマイナス分を控除して次期繰越収支差額とする。したがって，収支報告書上の**当期収支差額**がマイナスになった場合は，次期繰越収支差額は，前年度繰越収支差額より必ず減少することになる。

問 5

理事会において，会計担当理事が管理費会計の収支報告書案について行った「支払保険料には，３年後に満期返戻のある積立保険料が含まれているので，この積立保険料分は貸借対照表に資産として計上されることになります」という説明は，適切である。

問 6

理事会において，会計担当理事が管理費会計の収支報告書案について行った「管理費収入には，滞納管理費の未収分は計上されていませんが，これは未収金として貸借対照表に資産として計上されることになります」という説明は，適切である。

問 7

甲マンション管理組合の理事会において，会計担当理事が行った「３月に支払った大規模修繕工事（完成時期は６月）の着手金については，貸借対照表の負債の部に計上されています。」という説明は，適切である。

問 8

総会において，会計担当理事が管理費会計の収支報告書または貸借対照表に関して行った「現金預金が増加しているのは，管理費の前受金が増加していることによります。この結果，次期繰越収支差額は増加しております」という説明は，適切である。

問 9

総会において，会計担当理事が管理費会計の収支報告書または貸借対照表に関して行った「当年度において，来年度分を含めて２年分の保険料を支払っていますが，当年度の収支報告書では当年度分のみを計上し，来年度分の保険料については，貸借対照表に計上しております」という説明は，適切である。

管理組合が**積立型保険**に加入している場合，損害保険会社より提示された内訳に基づき，支払保険料のうち**積立保険料**に該当する部分は資産として処理する。したがって，3年後に満期返戻のある積立保険料分は**貸借対照表**には資産として計上される。なお，**危険保険料**に該当する部分については，翌期以降分は**前払保険料**（資産）として計上するが，当期分は**損害保険料**（費用）として計上する。

[H20]

適切でない。**管理費収入**は，**発生主義**により処理される。したがって，管理費が滞納となったとしても，発生月には未収金として計上される。また，未収金は，**貸借対照表**の資産の部に計上されるので，後半の説明は適切である。

[H27]

適切でない。大規模修繕工事は，6月に完成予定であるので，着手金を支払った3月の時点では，前払金として，**貸借対照表の資産の部**に計上されることになる。

[H21]

適切でない。前受金**が増加**すると，現実に管理組合の現金預金**が増加**するので，前半は正しい。しかし，いずれも**収支報告書の勘定科目ではない**ので，収支報告書上の次期繰越収支差額には増減は生じない。

[H21]

当年度分の保険料は，費用として**収支報告書**に計上される。これに対して，次年度分の保険料は前払費用として計上されるが，前払費用は資産科目である前払金として，**貸借対照表**に計上されることになる。

重要度 A

問 10

「令和5年度の管理費に未収金があったため,その未収金相当額については,令和6年度収支予算案の管理費に上乗せして計上し,不足が生じないようにしてあります。」との説明は,適切である。

重要度 C

問 11

管理組合が収益事業を行っている場合は,法人税に加え事業税も課税される。

重要度 C

問 12

収益事業を行っていない管理組合および管理組合法人においては,法人税の申告義務はないが,法人住民税(都道府県民税と市町村民税)の均等割額は収益事業を行っていない場合でも課税される。

重要度 C

問 13

収益事業を行っている管理組合および管理組合法人においては,収益事業から得た所得が1,000万円を超えていない場合は課税事業者に該当しないので,法人税の申告義務はない。

重要度 B

問 14

恒常的に空き駐車場が生じているため,区分所有者及び区分所有者以外の者に対し,募集方法は両者を分けずに広く行い,使用方法は区分所有者の優先性を設けずに同一条件で駐車場を使用させている管理組合は,区分所有者以外の者の使用料収入のみが収益事業に該当し,法人税が課税される。

[R1]

答 10

✕

発生主義の原則によると，令和5年度の管理費のうち，**未収金として計上した分**については，収入の増加は発生しない。したがって，その未収金相当額は，令和6年度の収支予算案の**管理費に上乗せして計上することはできない**。

[H27]

答 11

○

管理組合が収益事業を行っている場合は，**法人税**が課税される。また，**事業税**および**事業所税**も課税される。

[H24]

答 12

✕

管理組合法人においては，収益事業を行わない場合でも法人住民税の均等割額が課税される。これに対して，**法人ではない管理組合**においては，収益事業を行わない場合は非課税である。

[H24]

答 13

✕

法人税において，収益事業から得た所得が1,000万円を超えていない場合に，法人税の申告義務を免除する旨の規定は**存在しない**。なお，消費税では，収益事業を行っている場合で，基準期間の課税売上高が1,000万円を超える場合には，課税事業者となる。

[H27]

答 14

✕

駐車場の使用について，募集を広く行い，**区分所有者であるかどうかを問わず**，使用許可を**申込み順**とし，非区分所有者の使用料金・使用期間等の使用条件等について**区分所有者と同一とする**場合には，もはや，区分所有者のための共済的な事業とはいえないため，非区分所有者の使用のみならず，区分所有者の使用を含めた駐車場使用の**すべてが駐車場業として収益事業に該当し**，**法人税が課税される**。

第8章　管理組合の会計・滞納管理費等の処理

371

問 15　移動体通信業者との間で携帯電話基地局設置のため，屋上の使用を目的とした建物賃貸借契約を結び設置料収入を得ている管理組合の行為は，収益事業の不動産貸付業には該当しない。

2　滞納管理費等の処理

問 16　甲マンションの管理組合（管理者Ａ）に対し，管理費を滞納したまま不在者となった区分所有者Ｂの財産に関して，Ｂが，財産の管理人を置かなかったとき，Ａは，家庭裁判所に対し，Ｂの財産管理人の選任を請求することができる。

問 17　甲マンションの管理組合（管理者Ａ）に対し，管理費を滞納したまま不在者となった区分所有者Ｂの財産に関して，家庭裁判所が選任したＢの財産の管理人は，家庭裁判所の許可を得なければ，滞納管理費をＡに支払うことができない。

問 18　甲マンション管理組合の区分所有者Ａが管理費を滞納している場合，甲がＡに対し６カ月ごとに配達証明付き内容証明郵便で支払を督促し，その郵便が配達されていれば，滞納管理費の支払請求権の消滅時効は，完成が猶予される。

問 19　Ａは，Ｂ法人所有の中古マンションの１室を購入したが，その際，Ｂの役員Ｃ（マンション管理担当）から管理費等の滞納の事実についての説明がなかったため，Ａが管理組合Ｄから管理費等の滞納分を請求されることになった。この場合，ＤのＡに対する滞納管理費等に係る債権の消滅時効期間は，Ａが購入してから５年間である。

[H27]

法人税法上の**収益事業**とは，販売業，製造業その他の一定の事業で，継続して事業場を設けて行われるものをいい，この一定の事業には不動産貸付業が**含まれる**。そして，**携帯電話基地局設置**のため，管理組合が賃貸借契約に基づいてマンション（建物）の一部を他の者に使用させ，その対価を得る行為は，不動産貸付業に**該当**する。

[H19]

従来の住所または居所を去った者（不在者）がその財産の管理人を置かなかったときは，**家庭裁判所**は，利害関係人または検察官の請求により，その財産の管理について必要な処分を命ずることができる（民法25条1項前段）。つまり，家庭裁判所によって**不在者の財産管理人**が選任されることになる。Aは，不在者である区分所有者Bの債権者であり，利害関係人に該当する。

[H19]

財産管理人は，管理行為（保存・利用・改良行為）を超える行為を必要とするときは，**家庭裁判所の許可**を得なければならない（民法28条前段）。債務の弁済は，保存行為に該当するので，Bの財産管理人が滞納管理費をAに支払うにあたって，家庭裁判所の許可は不要である。

[H15]

催告があったときは，その時から6ヵ月を経過するまでの間は，**時効は，完成しない**（民法150条1項）。しかし，**催告によって時効の完成が猶予されている間**にされた再度の催告は，時効の完成猶予の効力を有しない（同2項）。

[H18]

DのAに対する滞納管理費等に係る債権の消滅時効期間は，Bの支払期日（期限到来時）から**5年間**である（民法166条1項1号，判例）。

重要度 A

問 20

甲マンションの区分所有者が管理費を滞納している場合における管理組合（管理者A）の滞納管理費の請求等に関して，専有部分を共有している姉妹が滞納者である場合において，Aがその一人に対して滞納管理費の全額を請求したときは，他の共有者に対しても，その請求の効力が生じる。

重要度 B

問 21

Aは，B所有の中古マンションの一室を取得したところ，管理組合からBの管理費滞納分を請求された。この場合，「管理組合とBとの間に，Bが滞納分の全額を支払う旨の和解が成立しているから，私に支払義務はない」という主張は，適切である。

重要度 A

問 22

甲マンションの区分所有者が管理費を滞納している場合における管理組合（管理者A）の滞納管理費の請求等に関して，滞納者が死亡し，2人の子が各2分の1の割合で相続した場合において，その相続人の一方が相続を放棄し，他方が単純承認をすると，Aは，単純承認をした相続人に対して，滞納管理費の2分の1しか請求できない。

重要度 B

問 23

Aは，B所有の中古マンションの一室を取得したところ，管理組合からBの管理費滞納分を請求された。この場合，「私は競売代金全額を裁判所に支払って買受人となったが，この物件の現況調査報告書に管理費の滞納分について記載がなかったので，私に支払義務はない」という主張は，適切である。

重要度 A

問 24

管理費等の滞納防止を図るための規約の定めとして，専有部分が賃貸されている場合，当該専有部分に係る区分所有者が管理費等を長期間納付しないときは，賃借人が管理費等を負担することとすることは，適切ではない。

答 20

✕

専有部分を共有している場合の**管理費債務**は，不可分債務である。そして，不可分債務者のうちの一人に対する**履行の請求**は，他の不可分債務者には**影響しない**（相対効，民法430条，441条）。したがって，専有部分の共有者の一人に対する請求は，他の共有者に対して効力を生じない。

答 21

○

和解は，当事者が互いに譲歩して，紛争を終わらせることを約束することをいう（民法695条）。管理組合とBとの間に，Bが滞納分の全額を支払う旨の和解が成立しているならば，Aは支払義務を負わない。

答 22

✕

相続の放棄をした者は，その相続に関しては，初めから相続人とならなかったものとみなされる（民法939条）。2人の子のうち一方が放棄をすると他方が単独相続したことになる。そして，この者が**単純承認**すると，無限に被相続人の権利義務を承継する（920条）。したがって，単純承認した相続人が滞納管理費の全額について支払債務を承継することになるので，Aは，滞納管理費の全額を請求できる。

答 23

✕

適切でない。**競売による買受人**も，特定承継人であり，管理組合からの請求を受ける立場にある。たとえ，現況調査報告書に管理費の滞納分について記載がなかったとしても，管理組合に対して，支払を拒否する理由にはならない。

答 24

○

管理に要する費用の負担義務は区分所有者が負う（区分所有法19条）。区分所有者が管理費を滞納していたとしても，賃借人が**管理費等を負担することはない**。

第8章　管理組合の会計・滞納管理費等の処理

重要度 C
問 25

夫Aと妻Bは，甲マンションの301号室の区分所有権を各2分の1の持分で共有し，同室で生活をしているが，管理費および修繕積立金を滞納している場合，Aが破産手続により免責許可の決定を受け，その決定が確定したときは，管理組合は，Bに対し滞納額全額の請求をすることはできず，その2分の1の額のみ請求することができる。

重要度 B
問 26

甲マンションの区分所有者が管理費を滞納している場合における管理組合（管理者A）の滞納管理費の請求等に関して，滞納者が法人でその代表者が管理費の支払について連帯保証をしていた場合において，当該法人に滞納管理費の支払を命ずる判決が確定したときは，Aは，その判決を債務名義として，当該法人の代表者の個人財産に強制執行をすることができる。

重要度 B
問 27

管理者が区分所有者に対して管理費の支払を請求する訴訟を提起し，第一審の勝訴判決を得て，その判決が確定した場合，口頭弁論の終結前に専有部分の譲渡を受けた特定承継人の財産に対しては，別途債務名義を得なければ，強制執行をすることができない。

重要度 B
問 28

管理組合は，管理組合法人であるか否かにかかわらず，民事訴訟において，原告または被告となることができる。

25
✗

A・Bの管理費および修繕積立金の支払債務は，不可分債務である。また，**免責許可の決定**は，破産債権者が破産者の保証人その他破産者と共に債務を負担する者に対して有する権利および破産者以外の者が破産債権者のために供した担保に**影響を及**ぼさない（破産法253条2項）。したがって，Aが破産手続により免責許可の決定を受け，その決定が確定しても，その効力はBには及ばないので，管理組合はBに対して滞納額全額を請求することができる。

[H21]

 26
✗

法人に滞納管理費の支払を命じる判決が確定した場合，その確定判決は債務名義となる（民事執行法22条1号）。この債務名義により強制執行の対象とすることができる者は，**債務名義に表示された当事者**（本問の場合，滞納者である法人）および**口頭弁論終結後の承継人**等である（23条1項）。したがって，債務名義に表示された当事者ではない連帯保証人である法人の代表者に，その債務名義により強制執行をすることはできない。

[H16]

 27
○

確定判決の債務名義による強制執行は，**口頭弁論終結後の承継人**に対しては，別途債務名義を得なくてもすることができる（民事執行法23条1項3号）。しかし，**口頭弁論終結前の承継人**に対しては，別途債務名義を得なければ，強制執行できない。

[H13]

 28
○

民事訴訟の当事者，つまり原告または被告となることができる一般的資格を，**当事者能力**といい，**法人には当事者能力がある**（民事訴訟法28条）。そして，**法人格のない社団**でも，団体性がある場合には，当事者能力が認められる（29条）。したがって，管理組合は，**管理組合法人であるか否かにかかわらず**，民事訴訟において，原告または被告となることができる。

重要度 B

問 29 □□□

管理費の滞納者が行方不明の場合にも，管理組合は，その者に対して滞納額の支払いを求める訴訟を提起することができる。

重要度 A

問 30 □□□

甲マンション管理組合の区分所有者Aが管理費を滞納している場合，甲が裁判所にAに対する支払督促の申立てを行った場合において，Aがそれに対し適法な異議の申立てを行ったときは，甲の支払請求は，通常の訴訟に移行することになる。

[H14]

答 29

○

債務者が**行方不明**の場合，債権者は，公示送達の方法により，その者に対して債務の支払いを求める訴訟を提起できる（民事訴訟法110条）。

[H15]

答 30

○

適法な督促異議の申立てがあったときは，督促異議に係る請求については，その目的の価額に従い，支払督促の申立ての時に，支払督促を発した裁判所書記官の所属する簡易裁判所またはその所在地を管轄する地方裁判所に**訴えの提起**があったものとみなされる（民事訴訟法395条）。

第8章 管理組合の会計・滞納管理費等の処理

建物及び設備の維持保全・関連諸法令

重要度 B

問 1

都市計画区域については，都市計画に，当該都市計画区域の整備，開発及び保全の方針を定めるものとされている。

重要度 A

問 2

準都市計画区域については，都市計画に，地区計画を定めることができない。

重要度 B

問 3

都道府県が定めた都市計画が，市町村が定めた都市計画と抵触するときは，その限りにおいて，市町村が定めた都市計画が優先するものとされている。

重要度 S★★★

問 4

準都市計画区域については，都市計画に，高度地区，景観地区，防火地域または準防火地域を定めることができる。

重要度 A

問 5

都市計画区域については，必ず市街化区域と市街化調整区域との区分を定めるものとされている。

あまり深入りはせず，区域区分（市街化区域，市街化調整区域）と地域地区（用途地域，高層住居誘導地区等）に絞って，過去問の範囲を押さえよう。

[R3]

都市計画区域については，都市計画に，当該都市計画区域の整備，開発および保全の方針を定める（都市計画法6条の2第1項）。

[R3]

準都市計画区域については，都市計画に，①用途地域，②特別用途地区，③特定用途制限地域，④高度地区，⑤景観地区，⑥風致地区，⑦緑地保全地域，⑧伝統的建造物群保存地区を定めることができる（都市計画法8条2項）。しかし，地区計画を定めることはできない。

[H28]

市町村が定めた都市計画が，都道府県が定めた都市計画と抵触するときは，その限りにおいて，都道府県が定めた都市計画が優先する（都市計画法15条4項）。

[H24]

答 4 ✕

準都市計画区域には，都市計画に，高度地区，景観地区等を定めることはできるが（都市計画法8条2項），防火地域や準防火地域を定めることはできない。

[H22]

答 5 ✕

都市計画区域について無秩序な市街化を防止し，計画的な市街化を図るため必要があるときには，都市計画に，市街化区域と市街化調整区域との区分を定めることができる（都市計画法7条1項本文）。必ず定めるのではない。

 ココも注意！ ①三大都市圏の一定の区域，②大都市に係る都市計画区域として政令で定めるもの，の2つについては，区域区分を定めなければならない（同項ただし書）。

問 6

市街化区域は，すでに市街地を形成している区域およびおおむね10年以内に優先的かつ計画的に市街化を図るべき区域とされている。

重要度 A

 問 7

市街化調整区域は，市街化を抑制すべき区域とされている。

重要度 S★★★

 問 8

市街化区域については，少なくとも用途地域を定めるものとされ，市街化調整区域については，原則として用途地域を定めないものとされている。

重要度 A

 問 9

第一種中高層住居専用地域は，中高層住宅に係る良好な住居の環境を保護するための地域である。

重要度 B

問 10

第二種住居地域は，道路の沿道としての地域の特性にふさわしい業務の利便の増進を図りつつ，これと調和した住居の環境を保護するため定める地域である。

重要度 A

 問 11

準住居地域は，道路の沿道としての地域の特性にふさわしい業務の利便の増進を図りつつ，これと調和した住居の環境を保護するため定める地域である。

重要度 B

問 12

第二種低層住居専用地域においては，都市計画に建築物の高さの限度を定めなければならない。

重要度 B

 問 13

第一種中高層住居専用地域においては，都市計画に外壁の後退距離の限度を定めなければならない。

答 6 ○

市街化区域は，すでに市街地を形成している区域およびおおむね10年以内に優先的かつ計画的に市街化を図るべき区域とされている（都市計画法7条2項）。

[H22]

答 7 ○

市街化調整区域は，市街化を抑制すべき区域とされている（都市計画法7条3項）。

[H22]

答 8 ○

市街化区域については，少なくとも（必ず）用途地域を定めるものとされ，市街化調整区域については，原則として用途地域を定めないものとされている（都市計画法13条1項7号）。

[H20]

答 9 ○

第一種中高層住居専用地域は，中高層住宅に係る良好な住居の環境を保護するため定める地域である（都市計画法9条3項）。

[H20]

答 10 ×

第二種住居地域は，主として住居の環境を保護するため定める地域である（都市計画法9条6項）。

[H23]

答 11 ○

準住居地域は，道路の沿道としての地域の特性にふさわしい業務の利便の増進を図りつつ，これと調和した住居の環境を保護するため定める地域である（都市計画法9条7項）。

[H21]

答 12 ○

第二種低層住居専用地域においては，都市計画に建築物の高さの限度を定めなければならない（都市計画法8条3項2号ロ）。

[H21]

答 13 ×

外壁の後退距離の限度の規定は，低層住居専用地域又は田園住居地域において都市計画に定められる（都市計画法8条3項2号ロ）。中高層住居専用地域における規定ではない。

第二種中高層住居専用地域においては，建築物の建蔽率を定めなければならない。

 田園住居地域は，農業の利便の増進を図りつつ，これと調和した低層住宅に係る良好な住居の環境を保護するため定める地域である。

 高層住居誘導地区は，住居と住居以外の用途とを適正に配分し，利便性の高い高層住宅の建設を誘導するため，建築物の容積率の最高限度，建築物の建蔽率の最高限度および建築物の敷地面積の最低限度を定める地区である。

 第一種中高層住居専用地域及び第二種中高層住居専用地域においては，高層住居誘導地区を定めることができる。

 高度地区は，用途地域内において市街地の環境を維持し，または土地利用の増進を図るため，建築物の高さの最高限度または最低限度を定める地区である。

[H16]

答 14
○

商業地域**以外の用途地域**においては，建築物の**建蔽率**を都市計画に定めるものとする（都市計画法8条3項2号ロ・ハ）。したがって，第二種中高層住居専用地域では，建築物の建蔽率を定めなければならない。

⚠ **ココも注意!** 第二種中高層住居専用地域は，主として中高層住宅に係る良好な住居の環境を保護するために定める地域である（9条4項）。

[H30]

答 15
○

田園住居地域は，**農業の利便の増進**を図りつつ，これと**調和した低層住宅に係る良好な住居の環境を保護**するため定める地域である（都市計画法9条8項）。

[H13]

答 16
○

高層住居誘導地区は，住居と住居以外の用途とを適正に配分し，**利便性の高い高層住宅の建設を誘導**するため，第一種住居地域，第二種住居地域，準住居地域，近隣商業地域または準工業地域でこれらの地域に関する都市計画において，建築物の容積率が10分の40または10分の50と定められたものの内において，**建築物の**容積率の最高限度，**建築物の建蔽率の最高限度**および**建築物の敷地面積の最低限度**を定める地区である（都市計画法9条17項）。

[H25]

答 17
✕

第一種・二種中高層住居専用**地域**には，**高層住居誘導地区**を定めることはできない（都市計画法9条17項）。

[H30]

答 18
○

高度地区は，用途地域**内**において市街地の環境を維持し，または土地利用の増進を図るため，建築物の**高さの最高限度**または**最低限度**を定める地区である（都市計画法9条18項）。

第9章　都市計画法

問 19 高度利用地区は，市街地における土地の合理的かつ健全な高度利用と都市機能の更新を図るため，建築物の容積率の最高限度および最低限度，建築物の建蔽率の最高限度，建築物の建築面積の最低限度などを定める地区である。

 問 20 特定用途制限地域は，用途地域のうち，その良好な環境の形成または保持のため当該地域の特性に応じて合理的な土地利用が行われるよう，制限すべき特定の建築物等の用途の概要を定める地域である。

 問 21 特別用途地区は，用途地域が定められていない土地の区域（市街化調整区域を除く。）内において，当該地域の特性にふさわしい土地利用の増進，環境の保護等の特別の目的の実現を図るため定める地区である。

 問 22 特例容積率適用地区は，建築物の容積率の最高限度および最低限度を都市計画に定めるものとされている地域地区である。

 問 23 特定街区は，市街地の整備改善を図るため街区の整備または造成が行われる地区について，その街区内における建築物の容積率，建築物の高さの最高限度などを定める街区である。

答 19

○

高度利用地区は，用途地域内の市街地における土地の合理的か
つ健全な高度利用と都市機能の更新とを図るため，**建築物の容**
積率の最高限度および最低限度，**建築物の建蔽率の最高限度**，
建築物の建築面積の最低限度ならびに壁面の位置の制限を定め
る地区である（都市計画法９条19項）。

- -

答 20

✕

特定用途制限地域は，**用途地域**が定められていない**土地の区域**
（市街化調整区域を除く）のうち，その良好な環境の形成また
は保持のため当該地域の特性に応じて合理的な土地利用が行わ
れるよう，制限すべき**特定の建築物等の用途の概要**を定める地
域である（都市計画法９条15項）。

- -

答 21

✕

特別用途地区は，**用途地域**「内」の一定の地区における当該地
区の特性にふさわしい土地利用の増進・環境の保護等の**特別の**
目的の実現を図るため，当該**用途地域の指定を補完**して定める
地区である（都市計画法９条14項）。

- -

答 22

✕

特例容積率適用地区は，建築物の容積率の限度からみて**未利用**
となっている建築物の容積の活用を促進して土地の高度利用を
図るため，**建築物の**高さの最高限度を定める地区である（都市
計画法８条３項２号ホ，９条16項）。容積率の最高限度および
最低限度を都市計画に定める地区ではない。

⚠ **ココも注意!** 　特例容積率適用地区を定めることができるのは，次の各用
途地域である。

第一種中高層住居専用地域，第二種中高層住居専用地域，第一種住
居地域，第二種住居地域，準住居地域，近隣商業地域，商業地域，
準工業地域，工業地域

- -

答 23

○

特定街区は，市街地の整備改善を図るため街区の整備または造
成が行われる地区について，その街区内における**建築物の**容積
率ならびに**建築物の高さの最高限度**および**壁面の位置の制限**を
定める街区である（都市計画法９条20項）。

第9章　都市計画法

問 24 防火地域または準防火地域は，市街地における火災の危険を防除するため定める地域である。

 問 25 都市計画区域については，都市計画に，道路，公園，緑地，教育文化施設等の都市施設を定めることができるが，特に必要があるときは，当該都市計画区域外においても，これらの施設を定めることができる。

 問 26 都市計画区域においては，都市計画に，地区計画を定めなければならない。

 問 27 地区計画については，都市計画に，地区計画の名称，位置，区域の面積を定めなければならない。

[H23]

答 24

◯

防火地域または準防火地域は，市街地における火災の危険を防除するため定める地域である（都市計画法９条21項）。

[H24]

答 25

◯

都市計画区域では，都市計画に，道路，公園，緑地，教育文化施設等の**都市施設**を定めることができるが，特に必要があれば，**都市計画区域外**でも，これらの施設を定めることができる（都市計画法11条１項）。

[R4]

答 26

✕

都市計画区域については，都市計画に，**地区計画を定めること**が「できる」（都市計画法12条の４第１項１号）。地区計画を定めなければならないわけではない。

[H28]

答 27

✕

地区計画等については，都市計画に，**地区計画等の種類，名称，位置および区域を定める**とともに，**区域の面積**その他の政令で定める事項を**定めるよう努めなければならない**（都市計画法12条の４第２項）。「**区域の面積**」を定めるのは，努力**義務で**ある。

問 28 地区計画は，市街化を抑制すべき区域である市街化調整区域には定めることができない。

 問 29 市街化区域及び区域区分が定められていない都市計画区域については，少なくとも道路，公園及び医療施設を定めるものとされている。

 問 30 市街地開発事業の都市計画は，市街化調整区域内において定めることはできないが，準都市計画区域内において定めることはできる。

地区計画は，建築物の建築形態，公共施設その他の施設の配置等からみて，一体としてそれぞれの区域の特性にふさわしい態様を備えた良好な環境の各街区を整備し，開発し，及び保全するための計画とし，**用途地域が定められている土地又は用途地域が定められていない土地（本肢の市街化調整区域等）**のうち，次のいずれかに該当するときに，定めることができる（都市計画法12条の5第1項2号）。

> ①　住宅市街地の開発その他建築物若しくはその敷地の整備に関する事業が行われる，または行われた土地の区域
> ②　建築物の建築又はその敷地の造成が無秩序に行われ，又は行われると見込まれる一定の土地の区域で，公共施設の整備の状況，土地利用の動向等からみて不良な街区の環境が形成されるおそれがあるもの
> ③　健全な住宅市街地における良好な居住環境その他優れた街区の環境が形成されている土地の区域

市街化区域および**区域区分が定められていない都市計画区域**については，少なくとも**道路，公園**及び「**下水道**」を定める（都市計画法13条1項11号）。

市街地開発事業は，市街化区域または区域区分が定められていない都市計画区域において，一体的に開発し，または整備する必要がある土地の区域について定めることができる（都市計画法13条1項13号）。したがって，**市街化調整区域や準都市計画区域**には定めることはできない。

第9章　都市計画法

重要度 B

問 31 □□□

地区整備計画が定められている区域内において，土地の区画形質の変更や建築物の建築等を行おうとする者は，原則として，当該行為に着手する日の30日前までに，市町村長に届け出なければならない。

重要度 C

問 32 □□□

地区計画に関する都市計画を決定しようとするときは，当該地区計画の区域内の土地の所有者その他政令で定める利害関係を有する者の同意を得なければならない。

[R5]

答 31

○

地区計画の区域（再開発等促進区若しくは開発整備促進区又は地区整備計画が定められている区域に限る）**内**において，**土地の区画形質の変更，建築物の建築**その他政令で定める行為を行おうとする者は，原則として，**当該行為に着手する日の30日前までに**，行為の種類，場所，設計又は施行方法，着手予定日その他一定事項を**市町村長に届け出**なければならない（都市計画法58条の2第1項）。

[H24]

答 32

✕

地区計画等の案は，一定の事項について条例により，その案に係る区域内の土地の所有者その他政令で定める**利害関係を有する者**の意見を求めて作成する（都市計画法16条2項）。利害関係人の「同意を得る」のではない。

第9章 都市計画法

1　建築基準法

重要度 **A**

問 1

建築基準法上の主要構造部とは，建築物の自重もしくは積載荷重，風圧，土圧もしくは水圧または地震その他の震動もしくは衝撃を支えるものをいう。

重要度 **S★★★**

問 2

建築基準法によれば，建築物の基礎及び基礎ぐいは，主要構造部に含まれる。

重要度 **B**

問 3

共同住宅の居室の天井の高さは，2.1m以上でなければならず，その高さは室の床面から測り，一室で天井の高さの異なる部分がある場合においては，その一番低い部分の高さによるものとする。

建築関連の基本的な法令であるが，網羅的に勉強することは効率的ではない。過去に出題された事項とその周辺の知識を重点的に押さえておこう。

[H30]

 主要構造部とは，**壁・柱・床・はり・屋根・階段**をいい，建築物の構造上重要でない間仕切壁・間柱・付け柱・揚げ床・最下階の床・回り舞台の床・小ばり・ひさし・局部的な小階段・屋外階段その他これらに類する建築物の部分を除くものをいい（建築基準法2条5号），**主として防火上の見地からのもの**である。なお，建築物の自重・積載荷重，積雪荷重，風圧，土圧・水圧または地震その他の震動・衝撃を支えるものは，構造耐力上主要な部分である（建築基準法施行令1条3号）。

[R2]

 主要構造部とは，壁・柱・床・はり・屋根・階段をいい，建築物の構造上重要でない**間仕切壁・間柱・付け柱・揚げ床・最下階の床・回り舞台の床・小ばり・ひさし・局部的な小階段・屋外階段**その他これらに類する建築物の部分を除くものとされている（建築基準法2条5号）。したがって，「**基礎及び基礎ぐい**」は，主要構造部に含まれない。

[H16]

 居室の天井の高さは，**2.1m以上**でなければならない（建築基準法施行令21条1項）。その高さは，室の床面から測り，一室で天井の高さの異なる部分がある場合においては，その平均の高さによるものとする（同2項）。

重要度 A

問 4 マンション（延べ床面積2,000㎡）の改修工事において，最下階のすべての床の模様替えは，確認申請を要しない。

重要度 A

問 5 各階の床面積がそれぞれ300㎡の３階建ての共同住宅について，その１階部分の用途を事務所に変更しようとする場合は，建築確認を受ける必要はない。

重要度 S★★★

問 6 床面積の合計が300㎡である共同住宅について，大規模の修繕をしようとする場合は，建築確認を受ける必要はない。

重要度 S★★★

問 7 防火地域または準防火地域において共同住宅を改築しようとする場合，その改築に係る部分の床面積の合計が10㎡以内であれば，建築確認を受ける必要はない。

[H13]

特殊建築物（マンション等）であって，その床面積が200㎡を超えるものにおける**大規模な模様替**には，建築確認が必要となる（建築基準法6条1項1号）。そして，**大規模の模様替**とは，建築物の主要構造部の**一種以上**について行う過半の**模様替**をいう（2条15号）。主要構造部とは，**壁，柱，床，はり，屋根**または**階段**をいい，建築物の構造上重要でない間仕切壁，間柱，付け柱，揚げ床，最下階の床，屋外階段等を除くものである（同5号）。「最下階のすべての床」は，主要構造部ではないので，その模様替については，確認申請を要しない。

[R5]

建築物を「**特殊建築物**でその用途に供する部分の床面積の合計が200㎡を超えるもの」に**用途変更**する場合は，**建築確認を受ける必要がある**（建築基準法6条1項1号）。しかし，本肢の「事務所」は特殊建築物に該当しないので（別表第1），建築確認を受ける必要はない。

[R5]

特殊建築物でその用途に供する部分の床面積の合計が200㎡を超えるものについて，**大規模の修繕**をしようとする場合は，**建築確認を受ける必要がある**（建築基準法6条1項1号）。

[R4]

建築確認の申請が必要な場合でも，**防火地域および準防火地域**「**外**」において**増築，改築**または**移転**しようとする場合で，当該改築等に係る部分の床面積の合計が10㎡以内であるときについては，**建築確認を受ける必要はない**（建築基準法6条2項）。本肢は**防火地域**または**準防火地域**「**内**」なので，改築等に係る部分の床面積の合計が10㎡以内であっても**建築確認を受ける必要が**ある。

重要度 A

問 8

床面積の合計が200㎡を超える共同住宅（国，都道府県または建築主事を置く市町村が所有し，または管理するものを除く。）の場合，その所有者または管理者は，その建築物の敷地，構造及び建築設備を常時適法な状態に維持するため，必要に応じ，その維持保全に関する準則または計画を作成し，その他適切な措置を講じなければならない。

重要度 B

問 9

特定行政庁は，建築基準法令の規定に違反することが明らかな建築工事中の建築物については，当該建築物の建築主等に対して当該工事の施工の停止を命じなければならない。

重要度 C

問 10

特定行政庁は，一定の建築物について，そのまま放置すれば著しく保安上の危険となるおそれがあると認める場合，当該建築物の所有者等に対して，直ちに，保安上必要な措置をとることを勧告することができる。

重要度 C

問 11

特定行政庁は，一定の建築物の敷地，構造，建築設備または用途が，公益上著しく支障があると認める場合においては，当該建築物の所在地の市町村の議会の同意を得た場合に限り，当該建築物の所有者，管理者または占有者に対して，相当の猶予期限を付けて，当該建築物の除却等の措置を命ずることができる。

[R4]

共同住宅で，その用途に供する部分の床面積の合計が**100㎡を超える**もの（当該床面積の合計が**200㎡以下のものにあっては，階数が3以上のものに限る**）の所有者または管理者は，その建築物の敷地，構造および建築設備を常時適法な状態に維持するため，必要に応じ，維持保全に関する準則等の作成をしなければならない（建築基準法8条2項1号，施行令13条の3第1項1号）。

[R2]

特定行政庁は，建築基準法令の規定等に**違反することが明らか**な建築工事中の建築物については，**緊急の必要**があって**意見書**の提出等の手続によることができない場合に限り，これらの手続によらないで，当該建築物の建築主等に対して，当該工事の**施工の停止を命ずることができる**（建築基準法9条10項）。工事の施工の停止を命じることは任意であり，命じなければならないのではない。

[H21]

特定行政庁は，一定の建築物について，損傷，腐食その他の劣化が進み，そのまま放置すれば著しく保安上危険となり，または著しく衛生上有害となるおそれがあると認める場合に，当該建築物またはその敷地の所有者，管理者または占有者に対して，相当の猶予期限を付けて，**保安上または衛生上必要な措置**をとることを勧告できる（建築基準法10条1項）。「直ちに」勧告できるのではない。

[H23]

特定行政庁は，一定の建築物の敷地・構造・建築設備・用途が，公益上著しく支障があると認める場合，当該建築物の所在地の市町村の議会の同意を得た場合に限り，当該建築物の所有者・管理者・占有者に対して，相当の猶予期限を付けて，当該**建築物の除却等の措置**を命ずることができる（建築基準法11条1項）。

第10章　建築基準法等

問 12 共同住宅に設ける昇降機の所有者（所有者と管理者が異なる場合においては，管理者）は，定期に，一級建築士もしくは二級建築士または建築設備等検査員資格者証のうち昇降機等検査員資格者証の交付を受けている者に検査をさせて，その結果を特定行政庁に報告しなければならない。

問 13 定期調査における外壁タイルの調査・診断では，竣工後または外壁改修工事実施後10年以内に全ての壁面について打診調査を行わなければならない。

問 14 防火設備である防火戸の閉鎖または作動の状況の調査は，3年以内に実施した点検の記録の有無を調べ，記録による確認ができない場合には，閉鎖または作動を確認しなければならない。

問 15 延べ面積が1,000㎡を超える耐火建築物は，防火上有効な構造の防火壁によって有効に区画し，かつ，各区画の床面積の合計をそれぞれ1,000㎡以内としなければならない。

共同住宅における**昇降機の所有者**（所有者と管理者が異なる場合においては，**管理者**）は，国土交通省令で定めるところにより，定期に，**一級建築士**もしくは**二級建築士**または建築設備等検査員資格者証のうち昇降機等検査員資格者証の交付を受けている者（昇降機等検査員）に検査をさせて，その結果を特定行政庁**に報告**しなければならない（建築基準法12条3項，施行規則6条の5第2項）。

外壁タイルの劣化・損傷の状況の調査は，「**竣工後または外壁改修後10年を超え**」かつ，「**3年以内に落下により歩行者等に危害を加えるおそれのある部分の全面的なテストハンマーによる打診等を実施していない場合**」には，原則として，打診等により確認しなければならない（平成20年国交省告示282号別表）。したがって，「竣工後または外壁改修工事実施後10年以内」であれば，全ての壁面について打診調査を行う必要はない。なお，打診以外の調査方法として，無人航空機による赤外線調査であって，テストハンマーによる打診と同等以上の精度を有するものも認められる。

防火設備である**防火戸**の閉鎖または作動の状況の調査は，**3年以内**に実施した点検の記録の有無を調べ，記録による確認ができない場合には，閉鎖または作動を確認しなければならない（平成20年国交省告示第282号別表）。

延べ面積が1,000㎡を超える**建築物**は，防火上有効な構造の**防火壁または防火床によって有効に区画**し，かつ，各区画の床面積の合計をそれぞれ**1,000㎡以内**としなければならない。ただし，耐火建築物または準耐火建築物については，このような区画をする必要はない（建築基準法26条1項1号）。

重要度 C

問 16 1階及び2階が事務所で3階から5階までが共同住宅である建築物は，事務所の部分と共同住宅の部分とを1時間準耐火基準に適合する準耐火構造とした床若しくは壁又は特定防火設備で区画しなければならない。

重要度 S★★★

問 17 政令で定める技術的基準に従って換気設備を設けた場合を除き，共同住宅の居室には換気のための窓その他の開口部を設け，その換気に有効な部分の面積は，その居室の床面積に対して，20分の1以上としなければならない。

重要度 B

問 18 共同住宅の地上階における居室には，採光のための窓その他の開口部を設け，その採光に有効な部分の面積は，原則として，その居室の床面積に対して7分の1以上としなければならない。

重要度 C

問 19 建築基準法の規定によれば，採光に有効な窓その他の開口部（天窓を除く。）の面積の算定方法は，当該開口部が設けられている方位にかかわらず同じである。

重要度 C

問 20 JIS（日本工業規格）での F☆☆☆☆等級に適合する建材は，建築基準法によるシックハウス対策に係る制限を受けることなく内装仕上げに用いることができる。

重要度 B

問 21 住戸内の密閉式燃焼器具等のみを設けている浴室には，換気設備を設けなくてもよい。

[R1]

答 16

3階以上の階に共同住宅の用途に供されているものがある場合，その部分とその他の部分とを**1時間準耐火基準に適合する準耐火構造**とした**床**若しくは**壁**または**特定防火設備**で区画しなければならない（建築基準法27条1項1号，施行令112条18項本文）。

....

[H30]

答 17

居室には，**換気**のための窓その他の開口部を設け，その**換気に有効な部分の面積**は，その**居室の床面積**に対して，**20分の1以上**としなければならない。ただし，政令で定める**技術的基準**に従って換気設備を設けた場合は，この必要はない（建築基準法28条2項）。

....

[H27]

答 18

居室には，**採光**のための窓その他の開口部を設け，その**採光に有効な部分の面積**は，その居室の床面積に対して，住宅では**7分の1以上**としなければならない（建築基準法28条1項）。

⚖️ **比較しよう!** なお，所定の基準で照明設備・有効な採光方法の確保等を行えば，**10分の1**まで緩和できる（施行令19条3項）。

....

[R3]

答 19

居室の開口部の採光有効面積は，居室の開口部ごとの面積に「**採光補正係数**」を乗じて得た面積を合計して算定する（建築基準法施行令20条）。この採光補正係数は，当該開口部が設けられている**方位にかかわらず同じ**である。

....

[H28]

答 20

JIS（日本工業規格）での「**F☆☆☆☆等級**」は，ホルムアルデヒド放散等級の最上位**規格を示すマーク**であり，これに適合する建材は，建築基準法によるシックハウス対策に係る制限を受けることなく**内装仕上げ**に用いることができる。

....

[H14]

答 21

密閉式燃焼器具等以外の火を使用する設備または器具を設けていない浴室には，換気設備を設けなくてもよい（建築基準法28条3項，施行令20条の3第1項1号）。

第10章 建築基準法等

405

重要度 S★★★

 問 22

高さ25mの共同住宅について，周囲の状況によって安全上支障がない場合は，避雷設備を設ける必要はない。

重要度 S★★★

 問 23

高さ31mを超える共同住宅には，高さ31mを超える部分を階段室の用途に供するもの等一定のものを除き，非常用の昇降機を設けなければならない。

重要度 B

 問 24

用途地域の指定のない区域内の建築物の容積率は，特定行政庁が土地利用の状況等を考慮し当該区域を区分して都道府県都市計画審議会の議を経て定める一定の数値以下でなければならない。

重要度 B

問 25

前面道路の幅員が12m未満である建築物の容積率は，当該前面道路の幅員のメートルの数値に，建築物の所在する地域等の区分に従い，それぞれ一定の数値を乗じたもの以下に制限される。

重要度 A

 問 26

建築基準法第52条第6項に規定する建築物である共同住宅の中央管理室は，建築物の容積率の算定の基礎となる延べ面積に床面積を算入しなくてもよい。

[R3]

答 **22**

⭕

高さ20m超の建築物には，原則として，**有効に避雷設備**を設けなければならない。ただし，周囲の状況に応じて安全上支障がない場合は，例外として**避雷設備は不要**である（建築基準法33条）。

[H18]

答 **23**

⭕

高さ31mを超える建築物には，高さ31mを超える部分を階段室，昇降機その他の建築設備の機械室，装飾塔，物見塔，屋窓その他これらに類する用途に供する建築物等を除き，**非常用の昇降機**を設けなければならない（建築基準法34条2項，施行令129条の13の2第1号）。

⚠️ **ココも注意!** 高さ31mを超える部分の各階の床面積の合計が500㎡以下の建築物には，非常用の昇降機を設ける**必要はない**（同2号）。

[H18]

答 **24**

⭕

用途地域の指定のない区域内の建築物の**容積率**は，特定行政庁が土地利用の状況等を考慮し当該区域を区分して都道府県都市計画審議会の議を経て定める一定の数値以下でなければならない（建築基準法52条1項8号）。

[H18]

答 **25**

⭕

前面道路の幅員が12m未満である建築物の**容積率**は，当該前面道路の幅員のメートルの数値に，建築物の所在する地域等の区分に従い，それぞれ一定の数値（たとえば住居系の用途地域では原則10分の4，その他の地域では原則10分の6）を乗じたもの以下に制限される（建築基準法52条2項）。

[H17]

答 **26**

❌

建築物の**延べ面積**には，**共同住宅の共用の廊下または階段**の用に供する部分の床面積は，**算入されないが**（建築基準法52条6項2号），中央管理室は，算入しなければならない。

第10章 建築基準法等

重要度 A

問 27 建築基準法第52条第6項に規定する建築物である共同住宅の
エレベーター機械室は、建築物の容積率の算定の基礎となる延
べ面積に床面積を算入しなくてもよい。

重要度 S★★★

問 28 防火地域内にある階数が2で延べ面積が500㎡の共同住宅は、
耐火建築物等としなければならない。

重要度 S★★★

問 29 防火地域内にある共同住宅の屋上に高さ2mの広告塔を設ける
場合、その主要な部分を不燃材料で造り、または覆わなければ
ならない。

重要度 S★★★

問 30 準防火地域内にあって、階数が3で延べ面積が1,800㎡の共
同住宅は、耐火建築物等としなくてもよい。ただし、地階はな
いものとする。

重要度 S★★★

問 31 準防火地域内にある共同住宅で、外壁が耐火構造のものについ
ては、その外壁を隣地境界線に接して設けることができる。

重要度 A

問 32 建築物が防火地域及び準防火地域にわたる場合において、当該
建築物が防火地域外において防火壁で区画されているときは、
その防火壁外の部分については、準防火地域内の建築物に関す
る規定を適用する。

答 27

✕

建築物の**延べ面積**には，昇降機の昇降路の部分，共同住宅の共用の廊下または階段の用に供する部分の床面積は，**算入されないが**（建築基準法52条6項1号・2号），エレベーターの機械室は，算入しなければならない。

[H30]

答 28

○

防火地域内では，地階を含む**階数が3以上**または**延べ面積が100㎡を超える建築物**は，**耐火建築物等**としなければならない（建築基準法61条，施行令136条の2第1号）。したがって，本問のように延べ面積が500㎡の共同住宅は，耐火建築物等としなければならない。

[R4]

答 29

○

防火地域内にある**看板**，広告塔，装飾塔その他これらに類する工作物で，**①建築物の屋上に設けるもの**，「または」**②高さ3mを超えるもの**は，その**主要な部分を不燃材料**で造り，またはおおわなければならない（建築基準法64条）。

[H19]

答 30

✕

準防火地域内では，地階を除く**階数が4以上**または**延べ面積が1,500㎡を超える建築物**は，**耐火建築物等**としなければならない（建築基準法61条，施行令136条の2第1号）。したがって，延べ面積が1,800㎡の共同住宅は，耐火建築物等としなければならない。

[R3]

答 31

○

防火地域または**準防火地域内**にある建築物で，**外壁が耐火構造**のものについては，その**外壁を隣地境界線に接して設けること**ができる（建築基準法63条）。

[R1]

答 32

○

建築物が**防火地域および準防火地域**にわたる場合，その**全部**について防火地域の規定が適用される。ただし，建築物が防火地域外において**防火壁で区画**されている場合，その**防火壁外の部分**については，準防火地域内の規定が適用される（建築基準法65条2項）。

重要度 **B**

問 33

階段や踊り場に高さが50cm以下の手すりを設置する場合，建築基準法によれば，手すりの出幅10cmを限度として，手すりがないものとみなして，その幅を算定することができる。

重要度 **A**

問 34

高さ70cmを超える階段の部分には手すりを設けなければならず，手すりが設けられていない側には，側壁またはこれに代わるものを設けなければならない。

重要度 **B**

問 35

幅が2.5mの共同住宅の階段で，けあげが10cm，かつ，踏面が25cmのものの中間には手すりを設けなければならない。

重要度 **C**

問 36

建築基準法によれば，階段に代わる傾斜路を設ける際は，勾配が12分の1を超えてはならない。

重要度 **S**★★★

問 37

共同住宅の各戸の界壁は，原則として小屋裏または天井裏に達するものとするほか，その構造を遮音性能に関して政令で定める技術的基準に適合するもので，国土交通大臣が定めた構造方法を用いるものまたは国土交通大臣の認定を受けたものとしなければならない。

[H16]

答 33

○

階段や踊り場に**手すり**を設置する場合，建築基準法によれば，**手すりの出幅10cm**を限度として，手すりがないものとみなして，その幅を算定することができる（建築基準法施行令23条3項）。

[H22]

答 34

×

高さ1mを超える階段の部分には**手すり**を設けなければならず（建築基準法施行令25条1項・4項），手すりが設けられていない側には，側壁またはこれに代わるものを設けなければならない（同2項）。

⚠ **ココも注意!** 階段の幅が3mを超える場合，階段の中間に**手すり**を設けなければならないが，**けあげが15cm以下**で，かつ，**踏面が30cm以上**であれば，**手すりを設ける必要がない**（同3項）。

[R2]

答 35

×

階段の幅が3mを超える場合，**中間に手すり**を設けなければならない（建築基準法施行令25条3項）。本問では，階段の幅が2.5mであるから，中間に手すりを設ける必要はない。

[H28]

答 36

×

階段に代わる傾斜路は，①勾配は，**8分の1を超えない**こと，②表面は，**粗面**とし，または**すべりにくい材料で仕上げる**ことの2つが必要である（建築基準法施行令26条1項）。

[H29]

答 37

○

共同住宅の各戸の界壁は，**小屋裏**または天井裏に達するものとするほか，その構造を**遮音性能**に関して政令で定める技術的基準に適合するもので，国土交通大臣が定めた構造方法を用いるもの，または国土交通大臣の認定を受けたものとしなければならない（建築基準法30条1項）。なお，共同住宅の天井の構造を，**界壁と同等の遮音性能を有する一定のものとした場合**には，各戸の界壁を**小屋裏又は天井裏に達するものとしなくともよい**（2項）。

⚠ **ココも注意!** 共同住宅の各戸の界壁は，準耐火**構造**としなければならない（施行令114条1項）。

重要度 B

問 38 給水管，配電管その他の管が共同住宅の各戸の界壁を貫通する場合においては，当該管と界壁とのすき間をモルタルその他の不燃材料で埋めなければならない。

重要度 B

問 39 給水管，配電管その他の管が共同住宅の各戸の界壁を貫通する場合においては，当該管の貫通する部分および当該貫通する部分からそれぞれ両側に1m以内の距離にある部分を不燃材料で造らなければならない。

重要度 B

問 40 片廊下型マンションの場合は，規模にかかわらず，廊下の有効幅員は，90cm以上でなければならない。

重要度 A

問 41 避難階とは，地上または地上に準ずる避難上安全な場所に直接通ずる出入口のある階をいい，1階以外の階が避難階となることがある。

重要度 B

問 42 各階における各居室の床面積の合計が150㎡の4階建て共同住宅（高さ15mで，主要構造部が耐火構造である耐火建築物）には，避難階または地上に通ずる2以上の直通階段を設けなければならない。

[H20]

答 38

○

給水管，配電管その他の管が共同住宅の各戸の界壁を貫通する場合においては，当該**管と界壁とのすき間をモルタルその他の不燃材料で埋め**なければならない（建築基準法施行令114条5項，112条20項）。

[H20]

答 39

○

給水管，配電管その他の管が共同住宅の各戸の界壁を貫通する場合においては，当該管の貫通する部分および当該貫通する部分からそれぞれ**両側に1m以内の距離にある部分を不燃材料で造ら**なければならない（建築基準法施行令129条の2の4第1項7号イ）。

[H14]

答 40

✕

共同住宅の住戸の床面積の合計が100㎡を超える階における共用の**廊下の幅**は，廊下の**両側に居室**があるときは，**1.6m以上**，その他は，**1.2m以上**必要である（建築基準法施行令119条）。**片廊下型**（廊下の片側にしか居室がない）のマンションの場合は，少なくとも**1.2m以上の幅員が必要**である。したがって，「規模にかかわらず90cm以上」とはされていない。

[H24]

答 41

○

避難階とは，地上または地上に準ずる避難上安全な場所に**直接通ずる出入口のある階**をいい（建築基準法施行令13条1号），1階以外の階が避難階となることがある。

[H20]

答 42

✕

建築物の避難階以外の階が**共同住宅の用途に供する階**で，その階における**居室の床面積の合計が200㎡**（主要構造部が耐火構造，準耐火構造または不燃材料で造られている場合）**を超える**場合は，その階から**避難階**または**地上に通じる2以上の直通階段を設け**なければならない（建築基準法施行令121条1項5号・2項）。本問は，各階における居室の床面積の合計が150㎡であり，**200㎡以下**となっているので，この規定の対象とはならない。

問 43

共同住宅の屋内に設ける避難階段の窓その他の採光上有効な開口部のない階段室については，照明設備を設ければ，予備電源を備える必要はない。

 問 44

避難階段には，屋外に設けるものと屋内に設けるものがあり，その構造は，耐火構造としなければならない。

 問 45

共同住宅の屋内から屋外の避難階段に通ずる出口の戸の施錠装置について，屋内から鍵を用いることなく解錠できるものとすれば，解錠方法を表示する必要はない。

 問 46

共同住宅の2階以上にあるバルコニーの周囲には，安全上必要な高さが1.1m以上の手すり壁，さくまたは金網を設けなければならない。

 問 47

共同住宅の住戸から地上に通ずる廊下及び階段で，採光上有効に直接外気に開放されていないものには，非常用の照明装置を設けなければならないが，共同住宅の住戸に非常用の照明装置を設ける必要はない。

 問 48

延べ面積が250㎡の2階建て共同住宅の敷地内には，屋外に設ける避難階段から道又は公園，広場その他の空地に通ずる通路を設けなければならず，当該通路の幅員は0.9m確保すればよい。

[H16]

答 43 ✕

屋内に設ける**避難階段の階段室**には，窓その他の採光上有効な開口部または予備電源を有する照明設備を設けなければならない（建築基準法施行令123条1項3号）。

[H24]

答 44 〇

避難階段には，屋外に設けるものと屋内に設けるものがあり，その構造は，耐火構造としなければならない（建築基準法施行令123条1項7号・2項3号）。

[H16]

答 45 ✕

屋外に設ける**避難階段**に通ずる，屋内からの出口に設ける戸の施錠装置は，一定の場合を除き，屋内から鍵を用いることなく解錠できるものとし，かつ，当該戸の近くの見やすい場所にその解錠方法を表示しなければならない（建築基準法施行令125条の2第1項1号）。

[H16]

答 46 〇

2階**以上の階**にある**バルコニー等の周囲**には，安全上必要な高さが**1.1m以上の手すり壁，さくまたは金網**を設けなければならない（建築基準法施行令126条1項）。

[R3]

答 47 〇

共同住宅の住戸から**地上に通ずる廊下，階段その他の通路**（採光上有効に直接外気に開放された通路を除く）には，**非常用の照明装置**を設けなければならない（建築基準法施行令126条の4）。ただし，共同住宅の住戸には，**非常用の照明装置**を設ける必要はない（同1号）。

[R3]

答 48 ✕

共同住宅の敷地内には，屋外に設ける避難階段及び屋外への出口から道又は公園，広場その他の空地に通ずる**幅員が1.5m**（階数が3以下で延べ面積が**200㎡未満**の建築物の敷地内にあっては，**0.9m**）以上の通路を設けなければならない（建築基準法施行令128条）。本肢の建築物は延べ面積が200㎡以上なので，原則どおり，敷地内の通路の幅員は1.5m以上を確保しなければならない。

第10章 建築基準法等

重要度 B

問 49

「建築基準法」に規定される耐震基準について，新潟地震および十勝沖地震の被害状況を踏まえて，昭和46年に，鉄筋コンクリート造の柱のせん断補強筋に関する規定が強化され，柱の帯筋の間隔を狭めるという改正が行われている。

2 建築物省エネ法・バリアフリー法等

重要度 B

問 50

「建築物のエネルギー消費性能の向上等に関する法律」（以下「建築物省エネ法」）によれば，建築主は，既存の住宅専用マンションにおいても，増築または改築に係る部分の床面積の合計が300㎡以上となる場合は，その建築物のエネルギー消費性能の確保のための構造および設備に関する計画を，所管行政庁に届け出なければならない。

重要度 C

問 51

「建築物省エネ法」において，建築主には，新築，増築，改築，修繕もしくは模様替または空気調和設備等の設置もしくは改修をしようとする建築物について，エネルギー消費性能の向上を図る努力義務が課せられている。

重要度 C

問 52

「建築物省エネ法」によれば，建築物エネルギー消費性能基準に適合する建築物を新築する場合，当該建築物について，建築基準法による容積率制限および高さ制限の特例が適用される。

重要度 A

問 53

「高齢者，障害者等の移動等の円滑化の促進に関する法律」（以下「バリアフリー法」）では，廊下，階段等の建築物特定施設の修繕または模様替をしようとするときは，建築物移動等円滑化基準に適合させるために必要な措置を講ずるよう努めなければならないと定められている。

新潟地震および十勝沖地震の被害状況を踏まえて，**柱の帯筋の間隔をそれまでの30cmから15cm**（端部では10cm）に狭めるという建築基準法施行令の改正が行われている（施行令77条3号）。

建築物省エネ法によれば，建築主は，既存の住居専用マンションにおいて，**増築・改築に係る部分の床面積が300㎡以上と**なる場合には，その工事に着手する日の21**日**前までに，当該行為に係る建築物のエネルギー消費性能の確保のための構造・設備に関する計画を，**所管行政庁に届け出なければならない**（建築物省エネ法19条1項2号，施行令7条2項）。

建築主は，建築物の新築・増築・改築・修繕，模様替・建築物への空気調和設備等の設置，建築物に設けた空気調和設備等の改修をしようとする建築物について，建築物の所有者・管理者・占有者は，その所有・管理・占有する建築物について，**エネルギー消費性能の向上を図るよう**努めなければならない（建築物省エネ法6条2項）。

新築または改修の計画が，**誘導基準**に適合すること等について**所管行政庁の認定**を受けると，容積率の特例（省エネ性能向上のための設備について，通常の建築物の床面積を超える部分が不算入となる）を受けることができる（建築物省エネ法40条）。しかし，高さ制限に関する特例は存在しない。

バリアフリー法では，廊下，階段等の**建築物特定施設の修繕ま**たは**模様替**をしようとする場合，建築物移動等円滑化基準に適合させるために必要な措置を講ずるよう努めなければならないとしている（バリアフリー法16条2項）。

第10章　建築基準法等

問 54

建築物移動等円滑化基準に，不特定かつ多数の者が利用し，または主として高齢者，障害者等が利用する階段は，踊場を含めて手すりを設けることが定められている。

 問 55

バリアフリー法に基づく認定特定建築物であるマンションは，容積率の特例が認められている。

 問 56

「住宅の品質確保の促進等に関する法律」（以下「品確法」）においては，既存住宅の性能評価項目の一つとして，建物の劣化の状況を評価した現況検査が含まれる。

 問 57

品確法による評価方法基準では，高齢者等への配慮に関することが定められており，新築住宅の場合は，配慮の程度が1～5等級により表示され，高齢者等への配慮の程度が最も高い等級は5等級である。

  問 58

「長期優良住宅の普及の促進に関する法律」（以下「長期優良住宅普及促進法」）においては，長期優良住宅建築等計画の認定基準として，新築，増築または改築のいずれの場合にあっても，新築後，増築後または改築後の維持保全の期間は30年以上と定められている。

[R4]

 答 54

✕

不特定かつ多数の者が利用し，または主として高齢者，障害者等が利用する階段は，「踊場を除き」，**手すりを設ける**（バリアフリー法施行令12条１号）。

[H16]

 答 55

◯

バリアフリー法に基づく**認定特定建築物**であるマンションは，容積率**の特例**が認められている（バリアフリー法19条）。

[H22]

 答 56

◯

「**日本住宅性能表示基準**」によれば，既存住宅の性能評価項目の１つとして，**建物の劣化の状況を評価した現況検査**（外壁のひび割れ・床の傾き等を目視・計測により評価）が含まれている。

[H24]

 答 57

◯

「**日本住宅性能表示基準**」では，「**高齢者等への配慮に関すること**」が定められており，新築住宅の場合は，配慮の程度が１～５等級により表示され，高齢者等への配慮の程度が**最も高い等級は５等級**である。なお，断熱等性能等級については，１～７等級（共同住宅等）とされている。

[H29]

 答 58

◯

長期優良住宅普及促進法において「**建築**」とは，住宅の**新築・増築・改築**をいう（長期優良住宅普及促進法２条２項）。また，「長期優良住宅建築等計画の認定基準」として，**建築後の住宅の維持保全の期間**を，**30年以上**と定めている（６条１項５号ロ）。

第10章　建築基準法等

問 59

□□□

「長期優良住宅普及促進法」に基づき，長期優良住宅建築等計画の認定の申請を行おうとする場合には，事前に「建築基準法」に基づく確認済証の交付を受けている必要がある。

問 60

□□□

「建築物の耐震改修の促進に関する法律」（以下「耐震改修法」）において，要安全確認計画記載建築物および特定既存耐震不適格建築物以外の既存耐震不適格建築物であるすべてのマンションの所有者は，当該既存耐震不適格建築物について耐震診断を行い，必要に応じ，当該既存耐震不適格建築物について耐震改修を行うよう努めなければならない。

問 61

□□□

「耐震改修法」において，耐震改修の必要性に係る認定を受けたマンションにおいて，共用部分の形状または効用の著しい変更を伴う耐震改修を行う場合は，区分所有者の3分の2以上の多数による集会の決議が必要である。

問 62

□□□

「建築物の耐震診断および耐震改修の促進を図るための基本的な方針」によれば，建築物の構造耐力上主要な部分についての耐震診断の結果において，「各階の構造耐震指標」（Is）が0.6，かつ，「各階の保有水平耐力に係る指標」（q）が1.0のものは，地震の震動および衝撃に対して倒壊し，または崩壊する危険性が低い。

答 59 ✕

長期優良住宅普及促進法に基づき，**長期優良住宅建築等計画**の認定の申請を行おうとする者は，長期優良住宅建築等計画を作成し，**所管行政庁の**認定を申請することができる（長期優良住宅普及促進法5条1項）。この認定の申請をする者が，所管行政庁に対し，併せて建築基準法上の確認申請書を提出し，所管行政庁が建築基準関係規定に適合する旨の建築主事の通知を受けて，長期優良住宅建築等計画の認定をしたときは，当該認定を受けた**長期優良住宅建築等計画**は，確認済証の交付があったものとみなされる（6条2項・5項）。

答 60 ◯

要安全確認計画記載建築物および特定既存耐震不適格建築物以外の**既存耐震不適格建築物であるすべての**マンションの所有者は，当該既存耐震不適格建築物について耐震診断を行い，必要に応じ，当該既存耐震不適格建築物について耐震改修**を行うよう努めなければならない**（耐震改修法16条1項）。

答 61 ✕

耐震改修の必要性に係る認定を受けたマンション（**要耐震改修認定建築物**）の耐震改修が共用部分の形状または効用の著しい変更を伴う場合でも，**集会における**普通決議（区分所有者および議決権の各過半数）で耐震改修工事を行うことができる（耐震改修法25条3項）。

答 62 ◯

「建築物の耐震診断および耐震改修の促進を図るための基本的な方針（基本方針）」によれば，建築物の構造耐力上主要な部分についての耐震診断の結果において，「**各階の構造耐震指標**」（Is）が0.6，かつ，「**各階の保有水平耐力に係る指標**」（q）が1.0のものは，地震の震動および衝撃に対して倒壊・崩壊の危険性が**低い**。

問 63 警備業を営もうとする者は，都道府県公安委員会から認定を受けなければならず，認定を受けないで警備業を営んだ者は，刑事処分の対象となる。

問 64 警備業法における警備業務とは，他人の需要に応じて盗難等の事故の発生を警戒し，防止する業務をいうが，例えば，デパートにおいて，その従業員が商品の万引き防止のために店内の警戒を行う業務も警備業務に該当する。

問 65 警備業法は，警備員または警備員になろうとする者について，その知識及び能力に関する検定を行うことを定めているが，検定に合格したとしても，18歳未満の者は警備員となってはならない。

問 66 警備業者は，マンションの警備業務を委託した者からの犯罪に対する警戒強化の要望に対応するためであれば，そのマンションの警備業務に従事する警備員の服装を警察官の制服とほぼ同じものにすることができる。

答 63 ◯

警備業を営もうとする者は，警備業を営んではならない者のいずれにも該当しないことについて，都道府県公安委員会の認定を受けなければならない（警備業法4条）。また，当該認定を受けようとする者は，**警備業務を開始する**前に，その**主たる営業所の所在地を管轄する公安委員会**に，一定の事項を記載した**認定申請書を提出**しなければならない（5条1項）。そして，この認定の申請をしないで，**警備業を営んだ者**は，100万円以下の罰金（刑事処分の1つ）に処せられる（57条1号）。

答 64 ✕

警備業法における**警備業務**とは，他人の需要に応じて**盗難等の事故の発生を警戒し，防止**する業務をいう（2条1項1号）。デパート等においてその従業員が通常必要とされる範囲で行う「保安業務」（本肢の商品の万引き防止のために店内の警戒を行う業務）は，警備業務に**該当しない**（警備業法等の解釈運用基準2条関係1(1)）。

答 65 ◯

公安委員会は，警備業務の実施の適正を図るため，その種別に応じ，**警備員または警備員になろうとする者**について，その**知識および能力に関する**検定を行う（警備業法23条1項）。この場合でも，**警備業者**は，**18歳未満の者を警備業務に従事させてはならない**（14条2項）。

⚠️ **ココも注意！** 18歳未満の者は，警備員となってはならない（14条1項）。また，警備業者は，18歳未満の者を警備業務に従事させてはならない（同2項）。

答 66 ✕

警備業者および**警備員**は，警備業務を行うに当たっては，公務員（警察官等）の制服と，色，型式または標章により，明確に識別**することができる服装**を用いなければならない（警備業法16条1項，施行規則27条）。警察官の制服とほぼ同じにすることはできない。

重要度 B
問 67

警備業者は，警備業務の依頼者と警備業務を行う契約を締結しようとするときは，当該契約をするまでに，当該契約の概要について記載した書面をその者に交付（電磁的方法による提供を含む）しなければならない。

重要度 B
問 68

警備業者は，警備業務を行う契約を締結したときは，遅滞なく，当該契約の内容を明らかにする書面を当該警備業務の依頼者に交付しなければならない。

重要度 C
問 69

警備業者は，マンションの警備業務を依頼した者から当該警備業務に従事する警備員に対して苦情があった場合と同様に，当該マンションの周辺住人からの苦情に対しても，適切な解決に努める義務がある。

重要度 A
問 70

機械警備業を営む警備業者が機械警備業務を行おうとするときは，当該機械警備業務に係る基地局または送信機器を設置する警備業務対象施設の所在する都道府県の区域ごとに，当該区域を管轄する公安委員会に届け出なければならない。

重要度 C
問 71

機械警備業者は，基地局ごとに警備業務用機械装置の運用等の管理監督を行う機械警備業務管理者を，機械警備業務管理者資格者証の交付を受けている者のうちから，選任しなければならない。

重要度 C
問 72

警備業者は，自己の名義をもって，他人に警備業を営ませてはならず，これに違反した場合は，100万円以下の罰金に処せられる。

答 67 ⭕

警備業者は，警備業務の依頼者と警備業務を行う契約を締結するときは，契約までに，契約の概要について記載した書面を依頼者に交付（電磁的方法による提供を含む）しなければならない（警備業法19条1項・3項）。

答 68 ⭕

警備業者は，警備業務を行う契約を締結したときは，遅滞なく，契約の内容を明らかにする書面を警備業務の依頼者に交付しなければならない（警備業法19条2項）。

答 69 ⭕

警備業者は，常に，その行う警備業務について，依頼者「等」からの苦情の適切な解決に努めなければならない（警備業法20条）。警備業者は，周辺住人からの苦情に対しても，適切な解決に努めなければならない。「等」には周辺住人も含まれる。

答 70 ⭕

機械警備業を営む警備業者（機械警備業者）は，機械警備業務を行おうとするときは，当該機械警備業務に係る受信機器を設置する施設（基地局）または送信機器を設置する警備業務対象施設の所在する都道府県の区域ごとに，当該区域を管轄する都道府県公安委員会に，一定事項を記載した届出書を提出しなければならない（警備業法40条）。

答 71 ⭕

機械警備業者は，基地局ごとに，警備業務用機械装置の運用を監督し，警備員に対する指令業務を統制し，その他機械警備業務を管理する業務で，内閣府令で定めるものを行う機械警備業務管理者を，機械警備業務管理者資格者証の交付を受けている者のうちから，選任しなければならない（警備業法42条1項）。

答 72 ⭕

警備業者は，自己の名義をもって，他人に警備業を営ませてはならない（警備業法13条）。この規定に違反して他人に警備業を営ませた者は，100万円以下の罰金に処せられる（57条3号）。

問 73

マンションの区分所有者から，自家用自動車を購入したいとの相談を受けたマンション管理士が，マンションの駐車場に空きがなかったので，マンションから直線距離で2km以内の位置にある駐車場を借りるよう助言したことは，適切である。

重要度 C

問 74

大規模修繕工事の施工会社には，10年間の瑕疵担保責任の履行を確保するための資力確保措置（瑕疵保険への加入または保証金の供託）が義務づけられていない。

答 73

自動車の保有者は，道路上の場所以外の場所において，当該自動車の保管場所を確保しなければならない（自動車保管場所確保法3条）。この保管場所については，その自動車の使用の本拠の位置との間の距離が，2kmを超えないものであることとされている（施行令1条1号）。

答 74

新築住宅の供給者である建設業者や宅地建物取引業者には，10年間の瑕疵担保責任の履行を確保するための**資力確保措置**（**住宅瑕疵担保保証金の供託**または**住宅瑕疵担保責任保険への加入**）が義務づけられている（住宅瑕疵担保履行法3条，11条）。しかし，大規模修繕工事の施工会社には，資力確保措置は義務づけられていない。

第10章　建築基準法等

設備・構造

1 エレベーター設備

エレベーターのいわゆるPOG契約は，定期点検および管理仕様範囲内の消耗品の交換を含み，それ以外の部品の取替えおよび修理は，原則として含まない。

最近の新築マンションでは，エレベーター昇降路内等に機器を設置したマシンルームレス型エレベーターが主流となっている。

新設する乗用エレベーターには，駆動装置または制御器に故障が生じ，かごおよび昇降路のすべての出入口の戸が閉じる前にかごが昇降した場合に，自動的にかごを制止する装置を設けなければならない。

地震時のエレベーター内への閉じ込めの防止策の1つとして，初期微動（P波）を検知して運転を制御する地震時等管制運転装置を設置する。

2 水道法・給水設備

簡易専用水道の設置者の義務に関し，水道の管理について技術上の業務を担当させるため，水道技術管理者1人を置かなければならない。

[H21]

答 1 ○

エレベーターの**POG契約**は，定期点検および管理仕様範囲内の消耗品の交換を含み，それ以外の部品の取替えおよび修理は，原則として含まない。

[H21]

答 2 ○

最近の新築マンションでは，塔屋機械室に収納されていた電動機や巻上機，制御盤をエレベーターシャフト（昇降路）内等に設置し，機械室**を必要としないマシンルームレス型エレベーター**が主流となっている。

[H28]

答 3 ○

新設する乗用エレベーターには，①駆動装置または制御器に故障が生じ，かごの停止位置が著しく移動した場合，②駆動装置または制御器に故障が生じ，かご・昇降路のすべての出入口の戸が閉じる前にかごが昇降した場合，**自動的にかごを制止する装置を設けなければならない**（建築基準法施行令129条の10第3項1号）。

[H29]

答 4 ○

マンションでは，地震時のエレベーター内への**閉じ込めの防止策**の1つとして，地震時における初期微動（P波）や**主要動**（S波）を感知して，自動的にエレベーターを最寄り階で**停止してかごの出入口および昇降路の出入口の扉を開くよう**，運転を制御する**地震時等管制運転装置**を設置する。

[R3]

答 5 ×

簡易専用水道においては，水道の管理について技術上の業務を担当させるための**水道技術管理者1人を置く必要はない**（水道法34条の4参照）。水道技術管理者1人を置かなければならないのは，「専用水道」である（34条1項，19条1項）。

重要度 B

問 6 簡易専用水道の設置者は，水槽を管理する者について，おおむね6ヵ月ごとに健康診断を行わなければならない。

重要度 S★★★

問 7 簡易専用水道の設置者は，定期の水質検査として，おおむね1ヵ月に1回以上行う項目と，3ヵ月に1回以上行う項目とに分けて検査を行わなければならない。

重要度 B

問 8 簡易専用水道の設置者は，定期および臨時の水質検査を行ったときは，これに関する記録を作成し，水質検査を行った日から起算して5年間保存しなければならない。

重要度 S★★★

問 9 簡易専用水道の設置者は，簡易専用水道の管理について，1年以内ごとに1回，地方公共団体の機関または国土交通大臣の登録を受けた者の検査を受けなければならない。

重要度 C

問 10 地方公共団体の機関または国土交通大臣および環境大臣の登録を受けた者による検査の項目には，給水栓における水質の検査および書類の整理等に関する検査が含まれる。

[H18]

水道事業者は，業務に従事している者およびこれらの施設の設置場所の構内に居住している者について，**定期**（おおむね6ヵ月ごと）および臨時の**健康診断**を行う必要がある（水道法21条1項，施行規則16条1項）。この規定は，専用水道の設置者に**準用されている**（34条1項）が，簡易専用水道の設置者には**準用されていない**（34条の4）。

[H18]

水道事業者は，水道水が水道基準に適合するか否かを判断するため，**定期**（①1日に1回以上行う項目，②おおむね1ヵ月に1回以上行う項目，③おおむね3ヵ月に1回以上行う項目）および**臨時に水質検査**を行わなければならない（水道法20条1項施行規則15条）。この規定は，専用水道の設置者に**準用されている**（34条1項）が，簡易専用水道の設置者には**準用されていない**（34条の4）。

[R5]

「定期および臨時の水質検査を行ったときは，これに関する**記録を作成し，水質検査を行った日から起算して5年間保存**しなければならない」のは，専用水道の設置者である（水道法20条2項，34条1項）。

[H21]

簡易専用水道の管理について，**1年以内ごとに1回，地方公共団体の機関または国土交通大臣および環境大臣の登録を受けた者の検査**を受けなければならない（水道法34条の2第2項，施行規則56条）。

[H25]

検査項目は，**簡易専用水道に係る施設およびその管理の状態に関する検査，給水栓における水質の検査**および**書類の整理等に関する検査**である（平成15年厚生労働省告示第262号）。

重要度 B

問 11 簡易専用水道の水の色や臭いに異常を認めた時は，水質基準に関する省令の表に掲げる51の水質基準項目のうち，必要なものについて検査を行う必要がある。

重要度 B

問 12 簡易専用水道の設置者が，定期に，地方公共団体の機関等の登録を受けた者の検査を受けない場合，罰金に処せられる。

重要度 B

問 13 簡易専用水道の設置者は，1日1回以上，色および濁りならびに消毒の残留効果に関する水質検査を行わなければならない。

重要度 A

問 14 簡易専用水道に係る施設およびその管理の状態に関する検査は，水槽の水を抜かずに実施する。

重要度 C

問 15 給水栓における，臭気，味，色，色度，濁度，残留塩素に関する検査は，あらかじめ給水管内に停滞していた水も含めて採水する。

[H23]

簡易専用水道の水の色や臭いに異常を認めた時は，水質基準に関する省令の表に掲げる51**の水質基準項目**のうち，**必要なもの**について**検査**を行う必要がある（水道法34条の2第1項，施行規則55条3号，水質基準に関する省令）。

[R5]

簡易専用水道の設置者は，当該簡易専用水道の管理について，定期に，地方公共団体の機関または国土交通大臣および環境大臣の登録を受けた者の**検査**を受けなければならない（水道法34条の2第2項）。この義務に違反した場合は**100万円以下の罰金**に処せられる（54条8号）。

[H16]

1日1回以上，色および濁りならびに消毒の残留効果に関する**水質検査**を行わなければならないのは，**専用水道**である（水道法34条1項，20条1項，施行規則15条1項1号イ）。これに対し，簡易専用水道の管理基準では，給水栓における水の色・色度・濁度・臭気・味その他の状態により，供給する水に**異常を認めたとき**は，一定事項のうち，**必要なものについて検査**を行う（55条3号）。

[H30]

簡易専用水道の設置者は，当該簡易専用水道の管理について，国土交通省令（簡易専用水道により供給される水の水質の検査に関する事項については，環境省令）の定めるところにより，**定期に，地方公共団体の機関または国土交通大臣および環境大臣の登録を受けた者の検査**を受けなければならない（水道法34条の2第2項）。そして，「簡易専用水道に係る**施設およびその管理の状態に関する検査**」は，その施設・管理の状態が当該簡易専用水道の水質に害を及ぼすおそれがあるか否かを検査するものであり，当該簡易専用水道に設置された**水槽の水を抜かず**に実施する。

[H30]

給水栓における**臭気・味・色・色度・濁度・残留塩素**に関する**検査**は，あらかじめ給水管内に**停滞**していた水を新しい水に入れ替え，それを放流した後に**採水**して行う。

問 16 簡易専用水道の設置者は，給水栓における水が遊離残留塩素を一定数値以上保持するよう，塩素消毒をしなければならない。

問 17 水槽の有効容量の合計が20㎥の貯水槽水道の設置者は，水槽の掃除を毎年１回以上定期に行わなければならない。

問 18 簡易専用水道の設置者は，供給する水が人の健康を害するおそれがあることを知ったときは，しばらく様子を見た後，必要に応じて給水を停止しなければならない。

問 19 水道事業の用に供する水道から供給を受ける水に加えて自家用の井戸を水源とし，水槽の有効容量の合計が10㎥以下のものは，貯水槽水道である。

問 20 簡易専用水道は，貯水槽水道のうち，水道事業の用に供する水道から水の供給を受けるために設けられる水槽の有効容量の合計が10㎥を超えるものをいう。

専用水道の設置者は，遊離残留塩素を基準値（0.1mg/ℓ）以上（結合残留塩素濃度は0.4mg/ℓ以上）に保持するよう，塩素消毒をしなければならない（水道法34条1項，22条，施行規則17条）。これに対し，簡易専用水道にはこのような義務づけはない。

貯水槽水道のうち，有効容量が10㎥を超えるものは簡易専用水道に該当する（水道法3条7項，施行令2条）。そして，簡易専用水道の設置者の管理に関する基準として，水槽の掃除を毎年1回以上定期に行うこととされている（水道法34条の2第1項，施行規則55条1号）。

簡易専用水道の設置者は，供給する水が人の健康を害するおそれがあることを知ったときは，直ちに給水を停止し，かつ，その水を使用することが危険である旨を関係者に周知させる措置を講じなければならない（水道法34条の2第1項，施行規則55条4号）。

貯水槽水道とは，『「水道事業の用に供する水道および専用水道」以外の水道』であって，水道事業者から供給される水のみを水源とするものである（水道法14条2項5号）。したがって，「自家用の井戸」を水源とするものは，貯水槽水道ではない。

水道事業の用に供する水道および専用水道以外の水道であって，水道事業の用に供する水道から供給を受ける水のみを水源とするものは，水槽の有効容量を問わず貯水槽水道に該当する（水道法14条2項5号）。そして，簡易専用水道は，貯水槽水道のうち，水道事業の用に供する水道から水の供給を受けるために設けられる水槽の有効容量の合計が10㎥を超えるものをいう（3条7項，施行令2条）。

第11章　設備・構造

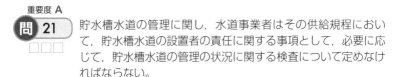

重要度 A

問 21 貯水槽水道の管理に関し，水道事業者はその供給規程において，貯水槽水道の設置者の責任に関する事項として，必要に応じて，貯水槽水道の管理の状況に関する検査について定めなければならない。

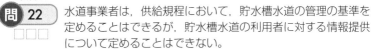

重要度 A

問 22 水道事業者は，供給規程において，貯水槽水道の管理の基準を定めることはできるが，貯水槽水道の利用者に対する情報提供について定めることはできない。

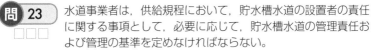

重要度 A

問 23 水道事業者は，供給規程において，貯水槽水道の設置者の責任に関する事項として，必要に応じて，貯水槽水道の管理責任および管理の基準を定めなければならない。

重要度 S★★★

問 24 水道水の水質を確保するためには，給水栓における遊離残留塩素の濃度が，通常0.1mg／ℓ以上必要である。

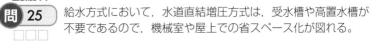

重要度 A

問 25 給水方式において，水道直結増圧方式は，受水槽や高置水槽が不要であるので，機械室や屋上での省スペース化が図れる。

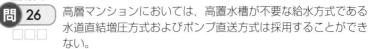

重要度 C

問 26 高層マンションにおいては，高置水槽が不要な給水方式である水道直結増圧方式およびポンプ直送方式は採用することができない。

21

⭕

貯水槽水道の管理に関し，水道事業者はその**供給規程**において，「貯水槽水道の設置者の責任に関する事項」として，必要に応じて，「**貯水槽水道の管理の状況に関する検査**」について定めなければならない（水道法14条3項，施行規則12条の5第2号ロ）。

[H17]

 22

❌

貯水槽水道の管理に関し，水道事業者はその**供給規程**において，「貯水槽水道の設置者の責任に関する事項」として，必要に応じて，「**貯水槽水道**の利用者に対する情報提供」について定めなければならない（水道法14条3項，施行規則12条の5第1号ロ）。

[H20]

 23

⭕

貯水槽水道の管理に関し，水道事業者はその**供給規程**において，「貯水槽水道の設置者の責任に関する事項」として，必要に応じて，「**貯水槽水道**の管理責任および管理の基準」について定めなければならない（水道法14条3項，施行規則12条の5第2号イ）。

[H20]

 24

⭕

水道水の水質を確保するためには，給水栓における**遊離残留塩素**の濃度が，通常$0.1mg/\ell$（**結合残留塩素**の場合$0.4mg/\ell$）**以上必要である**（水道法施行規則17条1項3号）。

[H21]

 25

⭕

水道直結増圧方式は，水道本管から給水管を分岐して引き込んだ水を増圧給水ポンプで加圧して各住戸に給水する方式であり，受水槽や高置水槽は**不要**である。したがって，機械室や屋上での省スペース化や設備コストの低減を図ることができる。

[H28]

 26

❌

高層マンションにおいても，増圧給水ポンプや**加圧給水ポンプ**を複数階層に設置することで，**水道直結増圧方式**や**ポンプ直送方式**を採用することも可能となる。

問 27

ポンプ直送方式は，水道本管から分岐して引き込んだ水を一度受水槽に貯水した後，加圧（給水）ポンプで直接加圧した水を各住戸に供給する方式で，高置水槽は不要である。

重要度 A

 問 28

ポンプ直送方式の運転制御方法には，ポンプの運転台数を制御する方法と回転数を制御する方法がある。

重要度 A

 問 29

ポンプ直送給水方式の受水槽の底部に設置する水抜き管とその排水を受ける排水管との間に設ける排水口空間の垂直距離を最小150mmとしたことは，適切である。

重要度 C

 問 30

圧力水槽（タンク）方式は，水道本管から分岐して引き込んだ水を一度受水槽に貯水した後，加圧（給水）ポンプで圧力水槽に給水し，圧力水槽内の空気を加圧することにより高置水槽に揚水し，水の重力により各住戸に供給する方式である。

重要度 A

 問 31

飲料用の受水槽は，周囲4面と上下2面の外面6面のすべてについて点検ができるように設置する。

重要度 A

 問 32

受水槽における給水管の流入端からオーバーフロー管下端までの吐水口空間の垂直距離は，150mm以上としなければならない。

重要度 S★★★

 問 33

飲料水用水槽のオーバーフロー管および水抜き管には，水槽への排水の逆流を防ぐために，排水管との間に排水口空間を設ける必要がある。

[H25]
答 27

ポンプ直送方式は，水道本管から分岐して引き込んだ水を一度受水槽に貯水した後，加圧（給水）ポンプで直接加圧した水を各住戸に供給する方式で，高置水槽は不要である。

[H22]
答 28

ポンプ直送方式の運転制御方法には，①ポンプの運転台数を制御する方法と②回転数を制御する方法がある。

[H24]
答 29

水抜き管と排水管との間には，**排水口空間**を設けて間接排水とすることにより，排水が受水槽に逆流することを防止している。**排水口空間**は，垂直距離を**最小150mm**は確保する必要がある。

[H25]
答 30

圧力水槽（タンク）方式は，水道本管から分岐して引き込んだ水を一度受水槽に貯水した後，加圧（給水）ポンプで圧力水槽に給水し，圧力水槽内の空気を加圧することによって各住戸に供給する方式であり，高置水槽は不要である。

[H23]
答 31

飲料用の受水槽は，**6面**のすべてについて点検が容易にできるように，周壁（周囲4面）・底（下面）においては**60㎝以上**，天井（上面）においては**100㎝以上**のスペースを確保する必要がある。

[H28]
答 32

受水槽における**給水管の流入端**から**オーバーフロー管下端**までの吐水口空間の垂直距離は，一般に**給水管径の2倍程度以上**を確保するよう定められている。「150mm以上」とはされていない。

[H18]
答 33

オーバーフロー管および**水抜き管**には，水槽への排水の逆流を防ぐために，**排水管**との間に排水口空間（一定の垂直距離）を設ける必要がある。

問 34
飲料水用水槽のオーバーフロー管，通気管および水抜き管には，外部から害虫等の侵入を防ぐために，先端に防虫網を設ける必要がある。

 問 35
飲料用の受水槽には，槽の内部の保守点検が容易に行えるように有効内径60㎝以上のマンホールを設置する。

 問 36
受水槽の点検用マンホール面は，受水槽上面より10㎝以上立ち上げる。

 問 37
FRP（繊維強化プラスチック）製の水槽は，光透過性が高く，藻類が増殖する場合がある。

 問 38
水栓を閉める際に生じるウォーターハンマーの防止策として，給水管内の流速の上限値を2.5m/sとすることが有効である。

 問 39
ロータンクを持たない直圧方式の大便器の最低必要圧力は，一般水栓の30kPaに比べて高い。

 問 40
20階以上の超高層マンションでは，一般的に住戸内の給水管の給水圧力の上限値を300〜400kPaの範囲になるように，減圧弁を設置したり，一定階数ごとに区分するゾーニングを行い，給水圧力を調整する。

[H18]

答 34

✕

オーバーフロー管および**通気管**は，常時大気に開放されている
ため，外部から害虫等の侵入を防ぐ必要があり，先端に**防虫網**
を設ける必要がある。しかし，水抜き管は，水槽の清掃等で槽
内の水を排除するための管であり，そのとき以外は常時閉めら
れた状態になっているので，水抜き管の先端に**防虫網**を設ける
必要はない。

[H21]

答 35

○

飲料用の**受水槽**には，**直径60cm以上**の円が内接することがで
きる大きさ（有効内径）の**点検用**マンホールを設置する必要が
ある。

[R5]

答 36

○

受水槽の**点検用**マンホール面は，ほこり等の衛生上有害なもの
が入らないように**受水槽上面より10cm以上**立ち上げる必要が
ある。

[H25]

答 37

○

FRP（繊維強化プラスチック）製の**水槽**は，一般に多く採用
されているが，光透過性が高く，**藻類が増殖**する場合がある。
定期的な清掃等十分な管理が必要となる。

[R4]

答 38

✕

水栓を閉める際に生じる**ウォーターハンマーの防止策**として，
給水管内の流速を1.5 ～ 2.0m/sとすることが有効である。

[R3]

答 39

○

ロータンクを持たない直圧方式の大便器の最低必要圧力は
70kPaであり，**一般水栓の30kPa**に比べて高い。

[H26]

答 40

○

20階以上の超高層マンションの給水系統においては，住戸内
の給水管の給水圧力の上限値を**300 ～ 400kPa**の範囲になる
ように，減圧弁を設置したり，**中間水槽**を用いてゾーニングを
行い，給水圧力を調整する。

第11章 設備・構造

問 41

専有部分のシャワー水栓の給水圧力を，給水に支障が生じないようにするため，30kPaとしたことは，適切である。

問 42

住戸内のさや管ヘッダー方式の給水管として，水道用架橋ポリエチレン管や水道用ポリブデン管等が使用される。

問 43

給水立て主管から各住戸へ配水する分岐管には，他の給水系統へ影響を与えることなく専有部分の給水管の更新工事ができるように止水弁を設ける。

問 44

給水設備の計画において，居住者1人当たりの1日の使用水量を250ℓとしたことは，適切である。

問 45

高置水槽方式の給水方式における高置水槽の有効容量を，マンション全体の1日の使用水量の2分の1程度に設定したことは，適切である。

問 46

受水槽の容量は，マンション全体で1日に使用する水量の2分の1程度を確保できるようにするのが一般的である。

問 47

飲料用水槽の震災対策として，水槽からの給水分岐部に緊急遮断弁を設けたことは，適切である。

[R4]

答 41
✗

専有部分のシャワー水栓の給水圧力を，給水に支障が生じない
ようにするためには，70kPa以上が必要である。

⚠️ **ココも注意!** ガス給湯機（22～30号）の最低必要給水圧力は，80kPa
である。

[H25]

答 42
◯

住戸内の**さや管ヘッダー方式**の給水管として，プラスチック管
である水道用架橋ポリエチレン管や水道用**ポリブデン管**等が使
用される。これらは，錆・腐食の心配がないからである。

[H23]

答 43
◯

給水立て主管から各住戸へ配水する**分岐管**には，他の給水系統
へ影響を与えることなく専有部分の給水管の更新工事ができる
ように，止水弁（給水管の途中に設置して給水を制限・制止す
る弁）を設ける。

[R2]

答 44
◯

マンションの給水設備の計画において，居住者1人当たりの1
日の使用水量は200～350ℓとされている。したがって，
「250ℓ」としたことは，適切である。

[R2]

答 45
✗

高置水槽方式の給水方式における**高置水槽の有効容量**は，マン
ション全体の1日の使用水量の10分の1程度に設定する。

[H16]

答 46
◯

受水槽の容量は，マンション全体で**1日に使用する水量の**2分の
1程度を確保できるようにするのが一般的である。

[R2]

答 47
◯

受水槽用の緊急遮断弁は，主に受水槽出口側に設置されるバル
ブで，**大地震発生時に地震動を感知し，弁を閉止**することによ
り，受水槽に**非常用の生活用水を確保**する目的で使用される。
したがって，飲料用水槽の震災対策として，水槽からの給水分
岐部に緊急遮断弁を設けることは，適切である。

3 消防法・消防用設備等

重要度 A

問 48

収容人員が50人以上のリゾートマンション（すべて住宅の用に供されているものとする）は，防火管理者を設置しなければならない。

重要度 C

問 49

共同住宅における管理的または監督的な地位にある者のいずれもが遠隔の地に勤務していることその他の事由により防火管理上必要な業務を適切に遂行することができないと消防長等が認めていることは，共同住宅の管理について権原を有する者（管理権原者）が，第三者に防火管理者の業務を委託することができる要件に該当しない。

重要度 S★★★

問 50

延べ面積が5,000㎡のマンションで防火管理者の選任義務がある場合の防火管理者の資格は，市町村の消防職員で管理的または監督的な職に1年以上いた者やその他政令で定める者であって一定の地位にあるものでなければならない。

重要度 B

問 51

100人が居住する共同住宅の防火管理者は，消防計画を作成するとともに，当該消防計画を所轄消防長（消防本部を置かない市町村においては，市町村長）または消防署長に届け出なければならない。

重要度 S★★★

問 52

マンション(居住者50人)の管理について権原を有する者（管理権原者）は，防火管理者を解任したときは，遅滞なく，その旨を消防長（消防本部を置かない市町村にあっては市町村長）または消防署長に届け出なければならない。

重要度 A

問 53

マンション(居住者50人)の管理について権原を有する者（管理権原者）は，防火管理者を選任する場合，管理組合の役員または組合員から選任するものとされ，管理業務を委託している管理会社等からは選任することができない。

[H14]

答 48
○

収容人員が**50人以上**の非特定防火対象物（マンション等）については，防火管理者の選任が必要となる（消防法8条1項，消防法施行令1条の2第3項）。

[H18]

答 49
×

共同住宅における管理的または監督的な地位にある者のいずれもが遠隔の地に勤務していることその他の事由により**防火管理上必要な業務を適切に遂行することができない**と消防長等が認めている場合，管理権原者は，防火管理者の業務を**第三者に委託**することができる（消防法施行令3条2項）。

[H20]

答 50
○

延べ面積が500㎡以上の場合は，**甲種防火対象物**として，市町村の消防職員で，管理的または監督的な職に1**年以上**あった者その他政令で定める者であって一定の地位にあるものでなければならない（消防法施行令3条1項1号）。

[H27]

答 51
○

防火管理者は，当該防火対象物についての防火管理に係る**消防計画**を作成し，**所轄消防長**（消防本部を置かない市町村においては，市町村長）または**消防署長**に届け出なければならない（消防法施行令3条の2第1項，施行規則3条1項）。

[H22]

答 52
○

管理権原者は，防火管理者を解任したときは，遅滞なく，その旨を**消防長**（消防本部を置かない市町村にあっては市町村長）または**消防署長**に届け出なければならない（消防法8条2項）。

[H22]

答 53
×

防火管理者を管理組合の**役員**または**組合員**に**限定する規定**はない。管理権原者は，管理業務を委託している管理会社等からも選任することができる。

重要度 **A**

 問 54

マンション（居住者50人）の管理について権原を有する者（管理権原者）は，マンションの位置，構造および設備の状況ならびにその使用状況に応じ，防火管理者に消防計画を作成させ，当該消防計画に基づく消火，通報および避難の訓練を行わせなければならない。

重要度 **C**

 問 55

高さ50mの共同住宅であって，その管理について権原が分かれているものの管理について権原を有する者は，統括防火管理者を協議して定めなければならない。

重要度 **C**

 問 56

防火管理者は，共同住宅の廊下，階段，避難口その他の避難上必要な施設について避難の支障になる物件が放置され，又はみだりに存置されないように管理し，かつ，防火戸についてその閉鎖の支障になる物件が放置され，又はみだりに存置されないように管理しなければならない。

重要度 **B**

 問 57

高さ31mを超える共同住宅の1階の住戸で使用されるじゅうたん（織りカーペット（だん通を除く）をいう）については，政令で定める基準以上の防炎性能を有するものでなくともよい。

重要度 **B**

 問 58

消火器で対応する火災の種類には，普通火災，油火災および電気火災があるが，消火器には，いずれの種類の火災にも有効なものがある。

答 54
〇

管理権原者は，マンションの位置，構造および設備の状況ならびにその使用状況に応じ，防火管理者に消防計画**を作成**させ，消防計画**に基づく消火・通報・避難の訓練**を行わせなければならない（消防法8条1項）。

答 55
〇

高層建築物（高さ31mを超える建築物）等の防火対象物で，その管理について権原が分かれているものの**管理権原者**は，**防火対象物の全体についての防火管理上必要な業務**を行わせるため，統括防火管理者を協議して定めなければならない（消防法8条の2第1項）。

答 56
✕

共同住宅の管理権原者は，当該防火対象物の廊下，階段，避難口その他の**避難上必要な施設**について避難の支障になる物件が放置され，またはみだりに存置されないように管理し，かつ，**防火戸**についてその閉鎖の支障になる物件が放置され，またはみだりに存置されないように管理しなければならない（消防法8条の2の4）。

答 57
✕

高さ31mを超える共同住宅等において使用する**防炎対象物品**（どん帳・カーテン・展示用合板等・じゅうたん（だん通を除く織りカーペット））は，一定基準以上の防炎性能を有するものでなければならない。

答 58
〇

消火器で対応する火災の種類には，木材・紙・布等が燃える普通火災（A火災），灯油・ガソリン等が燃える油火災（B火災），電気設備・器具等が燃える電気火災（C火災）があるが，消火器には，いずれの種類の火災にも有効なものがある（ABC消火器）。

第11章 設備・構造

重要度 A

問 59 地階のない4階建てのマンションで延べ面積が150㎡以上のものには，消火器または簡易消火用具を設置しなければならない。

重要度 A

問 60 建物の1階に床面積が300㎡の屋内駐車場を設ける場合には，泡消火設備を設置する必要がある。

重要度 A

問 61 地上3階建，延べ面積500㎡の共同住宅においては，屋内消火栓を階ごとに設けなければならない。

重要度 A

問 62 屋内消火栓設備において，易操作性1号消火栓および2号消火栓は，火災時に1名でも操作ができる。

重要度 B

問 63 マンションの11階以上の階には，総務省令で定める部分を除き，スプリンクラー設備を設置しなければならない。

重要度 A

問 64 地階のない4階建てのマンションで延べ面積が1,500㎡以上のものには，屋外消火栓設備を設置しなければならない。

[H16]
答 59
○

延べ面積が150㎡以上のものには，**消火器**または**簡易消火用具**を設置しなければならない（消防法施行令10条1項2号，別表第1）。

[R3]
答 60
×

建物の駐車場の存する階（屋上部分を含み，駐車するすべての車両が同時に屋外に出ることができる構造の階を除く）における当該部分の床面積が，地階または2階以上の階にあっては200㎡以上，1階にあっては500㎡以上，屋上部分にあっては300㎡以上のものには，**泡消火設備等**を設置する必要がある（消防法施行令13条1項）。本肢の駐車場は1階に設けられていて床面積が300㎡であるから，泡消火設備等の設置は不要である。

[H28]
答 61
×

共同住宅において，**屋内消火栓**は，原則として**延べ面積が700㎡以上**の場合に設置が義務付けられる（消防法施行令11条1項2号）。

[H22]
答 62
○

屋内消火栓には，1号消火栓，2号消火栓および**易操作性1号消火栓**がある。1号消火栓は，火災時に**2名以上**で操作するが，2号消火栓および**易操作性1号消火栓**は，1名でも操作可能である。

[H25]
答 63
○

マンションの**11階以上の階**には，総務省令で定める部分を除き，**スプリンクラー設備**を設置しなければならない（消防法施行令12条1項12号，別表第1）。

[H23]
答 64
×

床面積（地階を除く階数が1であれば1階の床面積を，地階を除く階数が2以上であれば1階および2階の部分の床面積の合計をいう）が，**耐火建築物**では9,000㎡以上，準耐火建築物では6,000㎡以上，その他の建築物では3,000㎡以上のマンションには，**屋外消火栓設備**を設置しなければならない（消防法施行令19条1項，別表第1）。

第11章　設備・構造

問 65 閉鎖型のスプリンクラー設備には，配管内を常時充水しておく湿式と空管としておく乾式などがあり，寒冷地を除き，乾式が一般的である。

問 66 延べ面積が1,000㎡以上のマンションには，消防機関から著しく離れた場所その他総務省令で定める場所にあるものを除き，消防機関へ通報する火災報知設備を設置しなければならない。

問 67 共同住宅の地階であって，駐車の用に供する部分の存する階（駐車するすべての車両が同時に屋外に出ることができる構造の階を除く。）で，当該部分の床面積が100㎡以上のものには，自動火災報知設備を設置しなければならない。

問 68 地階のない4階建てのマンションで延べ面積が700㎡以上のものには，携帯用拡声器，手動式サイレンその他の非常警報器具を設置しなければならない。

問 69 マンションで火災が発生した場合，住戸から安全に避難できるよう計画されている必要があるため，避難経路となる全てのバルコニーには，避難器具を設けなければならない。

問 70 避難口誘導灯及び通路誘導灯は，地階及び無窓階のない，9階建ての共同住宅には設置する必要がない。

[H17]

答 65

✕

閉鎖型の**スプリンクラー設備**には，湿式と乾式とがある。湿式とは，配管内に水が充満しているものをいい，乾式とは，配管内には空気を充填しておき，ヘッドが開放されると，配管内に水が充満して散水する方式をいう。乾式は，寒冷地で配管内の水が凍結の恐れがある場所に用いられる。

[H25]

答 66

○

延べ面積が1,000㎡以上のマンションには，原則として，消防機関へ通報する**火災報知設備**を設置しなければならない（消防法施行令23条1項3号，別表第1）。

[H28]

答 67

✕

共同住宅の地階で，原則的に駐車の用に供する部分がある階のうち，当該部分の**床面積が200㎡以上**のものには，**自動火災報知設備**を設置しなければならない（消防法施行令21条1項13号）。

[H16]

答 68

✕

共同住宅（マンション等）には，**非常警報器具**（携帯用拡声器，手動式サイレン・警鐘・その他）**の設置義務**はない（消防法施行令24条1項）。

[R4]

答 69

✕

共同住宅等の地階または2階以上の階で，収容人員30人以上のものには，**避難器具**を設けなければならない（消防法施行令25条第1項2号）。そして，避難器具の個数については，収容人員100人以下は1個，以降100人を超えるごとに1個増やすこととされている（同2項1号）。したがって，全てのバルコニーに避難器具を設けなければならないわけではない。

[R4]

答 70

○

避難口誘導灯及び通路誘導灯は，共同住宅では，地階，無窓階及び11階以上の部分に設置が必要となる（消防法施行令26条1項1号・2号）。したがって，地階及び無窓階のない，9階建ての共同住宅には設置する必要がない。

第11章 設備・構造

重要度 A

問 71 連結送水管は，送水口，配管，放水口等から構成され，消防ポンプ自動車から送水口に送水し，消防隊が放水口に放水用器具を接続して消火活動を行うものである。

重要度 A

問 72 地階のない4階建てのマンションで延べ面積が1,000㎡以上のものには，連結送水管を設置しなければならない。

重要度 B

問 73 消防用設備において，設置後10年を経過した連結送水管については，原則として，2年ごとに耐圧性能試験を行わなければならない。

重要度 A

問 74 消防法上，地階のない4階建てのマンションで延べ面積が2,000㎡以上のものには，排煙設備を設置しなければならない。

重要度 A

問 75 非常コンセント設備は，地階のない，10階建ての共同住宅には設置する必要がない。

[H19]

答 71 ○

連結送水管は，専ら消防隊の消火活動上のための施設であり，送水口，配管，放水口等から構成され，消防ポンプ自動車から**送水口に送水し**，消防隊が**放水口に放水用器具を接続して消火活動を行うものである。

[H23]

答 72 ✕

地階を除く階数が5以上で，**延べ面積が6,000㎡以上**，または地階を除く階数が7以上のマンションには，**連結送水管を設置**しなければならない（消防法施行令29条1項1号・2号，別表第1）。

[H21]

答 73 ✕

消防用設備において，**設置後10年を経過した連結送水管に**ついては，原則として，**3年ごとに耐圧性能試験を**行わなければならない（消防庁告示第14号）。

[H23]

答 74 ✕

消防法上，**マンション**には，**排煙設備の設置義務**はない（消防法施行令28条1項，別表第1）。

⚠️ **ココも注意！** 建築基準法上の排煙設備との違いに注意すること。建築基準法では，共同住宅で延べ面積が500㎡を超えるものには，排煙設備を設けなければならない（ただし，階段の部分には排煙設備を設ける必要はない）。消防法上の排煙設備は，消防隊員が安全かつ迅速に消火活動を行えるようにすることを目的としているのに対し，建築基準法上の排煙設備は，建物利用者が安全に避難できることを目的にしているため，基準が異なっている。

[R4]

答 75 ○

非常コンセント設備は，共同住宅では，地階を除く階数が11階以上のものに設置が必要となる（消防法施行令29条の2第1項1号）。したがって，地階のない，10階建ての共同住宅には設置する必要がない。

重要度 S★★★

問 76

延べ面積が1,000㎡以上の共同住宅のうち，消防長又は消防署長が火災予防上必要があると認めて指定するものの関係者は，当該共同住宅における消防用設備等について，機器点検は6ヵ月に1回，総合点検は1年に1回，消防設備士免状の交付を受けている者又は総務省令で定める資格を有する者に実施させなければならない。

重要度 S★★★

問 77

延べ面積1,000㎡未満の共同住宅にあっては，その関係者が自ら消防用設備等を点検すれば足り，その結果を消防長または消防署長に報告しなければならない。

重要度 S★★★

問 78

消防用設備等は，消防設備士等の資格者により，6ヵ月に1回の機器点検および1年に1回の総合点検を行い，その都度，消防長または消防署長に報告しなければならない。

4 排水設備・浄化槽法

重要度 C

問 79

マンションの排水方式の分流式とは，「汚水」と「雑排水」とが別々の排水系統であることをいい，公共下水道の分流式とは，「汚水」と「雑排水および雨水」とが別々の下水系統であることをいう。

重要度 A

問 80

伸頂通気管は，排水横枝管の上流部分に接続し，屋上に立ち上げ，大気に開口する管で，排水横管内の流れをよくするために設けられる。

重要度 A

問 81

通気立て管は，その下端を排水立て管の下部または排水横主管に接続し，その上端を屋上またはその近辺で大気に開口する管で，排水立て管の流れを円滑にする機能を有する。

[R2]

答 76

○

延べ面積1,000㎡以上で，消防長又は消防署長が火災予防上必要と認めて指定する共同住宅は，定期に**消防設備士免状の交付を受けている者**又は総務省令で定める資格を有する者に**点検**させ，その**結果を消防長又は消防署長に報告しなければならない**（消防法17条の3の3，施行令36条2項2号，施行規則31条の6第7項）。また，**機器点検は6ヵ月に1回**，**総合点検は1年に1回**実施しなければならない（31条の6第1項，平成16年消防庁告示第9号）。

[H17]

答 77

○

延べ面積が1,000㎡未満の防火対象物の関係者は，自ら**点検**を行い，その結果を消防長または消防署長に**報告**しなければならない（消防法17条の3の3，施行令36条2項2号，別表第1（五）項ロ）。

[H19]

答 78

✕

消防用設備等は，**消防設備士等の資格者**により，6ヵ月に1回の**機器点検**を，1年に1回の**総合点検**を行う必要がある。そして，非特定防火対象物は**3年に1回**，消防長または消防署長にその点検結果を報告しなければならない（消防法施行規則31条の6第3項2号）。

[H26]

答 79

✕

マンションの排水方式の分流式とは，「汚水」と「雑排水」とが別々の排水系統であることをいう。**公共下水道の分流式**とは，「汚水および雑排水」と「雨水」とが別々の下水系統であることをいう。

[H14]

答 80

✕

伸頂通気管は，排水立て管の頂部を延長して大気中に開口したものをいう。排水横枝管の上流部分に接続するものではない。

[H14]

答 81

○

通気立て管は，その下端を排水立て管の下部または排水横主管に接続し，その上端を屋上またはその近辺で大気に開口する管で，排水立て管の流れを円滑にする機能を持つ。

重要度 A

結合通気管は，排水立て管と通気立て管を接続し，排水立て管の下層階で生じた負圧，上層階で生じた正圧を緩和するために用いる。

重要度 C

クロスコネクションとは，排水立て管と通気立て管を接続するもので，排水立て管内の圧力変動の緩和のために設置される。

重要度 A

ディスポーザ排水処理システムを採用する場合，ディスポーザからの排水を含む台所流し排水を，他の雑排水と合流させて放流するようにするのが一般的である。

重要度 S★★★

高層や超高層のマンションで採用されることが多い特殊継手排水システムは，伸頂通気管と通気立て管を設置することなく，汚水や雑排水を排水できる。

重要度 S★★★

特殊継手排水システムは，複数の排水横枝管からの排水を一つの継手に合流させて排水させる機能があり，排水立て管の数を減らすことができる。

重要度 S★★★

トラップは，排水管中の臭気の逆流や害虫の侵入を防ぐために設置されるが，二重トラップとならないように設置し，容易に掃除ができる構造とする。

答 82

✗

高層マンションで用いられる**結合通気管**とは，排水立て**管内の圧力変動を緩和**し，空気の流通を円滑にするために，排水立て管から分岐して立ち上げて通気立て管に接続した逃がし通気管のことで，排水立て管の**下層階で生じた「正圧」，上層階で生じた「負圧」を緩和する**ために用いる。

答 83

✗

クロスコネクションとは，飲料系の配管と**他の配管を直接連結**することをいう。逆流による飲料水の汚染防止のため**クロスコネクションは禁止**されている（建築基準法施行令129条の2の4第2項1号）。

答 84

✗

ディスポーザ（台所の野菜くず等を粉砕して下水道に流す装置）排水処理システムを採用する場合，ディスポーザからの排水を含む台所流し排水を，排水処理槽で処理してから放流する。他の雑排水（浴室，洗面所からの排水等）とは合流させないのが一般的である。

答 85

✗

排水用特殊継手を用いた**特殊継手排水システム**は，排水を旋回させることで，合流抵抗を緩和して，排水をスムーズに流す方式である。そして，この方式を採用すると，通気立て管は省略することができるが，伸頂通気管を省略することはできない。

答 86

○

特殊継手排水システムで採用される特殊な継手は，汚水系統や雑排水系統の複数の排水横引管を一つの継手に接続できる機能もあるので，系統別の複数の排水立て管を1本の立て管に集約することができ，排水立て管の数を減らすことができる。

答 87

○

トラップは，排水管中の臭気の逆流や害虫の侵入を防ぐために設置されるが，二重トラップとならないように設置し，容易に掃除ができる構造とする（平成12年建設省告示第1406号）。

第11章 設備・構造

重要度 S★★★

問 88 排水トラップの封水深は，トラップの形状を問わず，50mm以上100mm以下とする。

重要度 B

問 89 マンションの上層階の住戸では，台所の排水が一気に流れると，排水立て管内の圧力が高まり，トラップの封水が室内に吹き出し，破封することがある。

重要度 B

問 90 サイホン式トラップは，排水が流水路を満流状態で流下するので，自己サイホン作用を生じやすいが，排水と排水中に含まれる固形物を同時に排出できる。

重要度 B

問 91 逆わんトラップは，わん部分を取り外し清掃が容易にできるため，台所流しの排水口に設置する。

重要度 A

問 92 台所や浴室の雑排水横枝管の勾配は，便所の汚水横枝管の勾配より大きくするのが一般的である。

重要度 A

問 93 排水用硬質塩化ビニルライニング鋼管は，強靭性，耐衝撃性および耐食性に優れており，配管の接続には排水鋼管用可撓継手を用いる。

[H18]

答 88 〇

排水トラップの**封水深**は，トラップの形状を問わず，**50mm以上100mm以下**（阻集器を兼ねるものは50mm以上）である。

[H15]

答 89 ✕

トラップ部の**封水が室内側に吹き出す現象**をはね出し作用という。下層階で排水が滞留しているときに，上層階から排水立て管に大量の排水が一気に流れると，排水立て管内の空気が圧縮されて圧力が高まり，**中間階でこの現象が生じる**。「上層階の住戸」で生じるのではない。

[H27]

答 90 〇

排水終了時に排水管が排水で**満流状態**となることで流水の引張力が生じ，封水が排水に引き出されて流下してしまう現象を自己サイホン作用という。**サイホン式トラップ**は，その形状上（Sトラップ，Pトラップ，Uトラップ），自己サイホン作用が生じやすいが，排水と排水中に含まれる固形物を同時に排出できる。

[R5]

答 91 ✕

逆わんトラップとは，わんトラップの「わん（椀）」を逆さにした形状のもので，**ユニットバスの床排水**や**洗濯機からの排水を受ける防水パンに用いられる**ものである。台所の流しの排水口に設置するのは，わんトラップである。

[H16]

答 92 〇

台所・浴室の**雑排水横枝管の勾配**は，便所の**汚水横枝管の勾配**より大きくするのが一般的である。管径が大きいほど勾配は小さくてよく，マンションにおける台所・浴室の管径は，通常**65mm以下で勾配50分の1**であり，便所（大便器）の管径は，通常**75mm以下で勾配100分の1**である。

[H26]

答 93 〇

排水用硬質塩化ビニルライニング鋼管は，錆の発生を防ぐために鋼管の内面に硬質塩化ビニル管をライニングしたもので，鋼管の強靭性，耐衝撃性および硬質塩化ビニル管の耐食性とを併せ持っている。配管の接続には排水鋼管用可撓継手のMD継手が用いられる。

問 94 排水立て管に用いる排水・通気用耐火二層管は，配管用炭素鋼鋼管を繊維モルタルで被覆したものである。

重要度 A

問 95 敷地内に設置させる排水横主管の管径が125㎜の場合，円滑に排水を流すために最小勾配を150分の1とする。

重要度 A

問 96 管径75㎜の排水横引管の最小勾配は，100分の1とする。

重要度 S★★★

問 97 高層のマンションの排水立て管では，最上部及び最下部とともに，3階以内ごとまたは15m以内ごとに管内清掃用の掃除口を設置することが望ましい。

重要度 A

問 98 敷地内に埋設する排水横管の管径が125㎜の場合，汚水排水ますは，保守点検及び清掃を容易にするために延長が20mの距離間を目安に設置する。

重要度 B

問 99 敷地内において雨水排水管と生活排水用の排水横主管を接続する場合には，臭気が雨水系統へ逆流しないように，トラップ機能を有する排水ますを設置することは，適切である。

重要度 B

問 100 雨水排水ますは，直接土砂が下水道等へ流れ込まないように，ます内に泥だめを設ける構造とする。

[R2]

答 94 ✕

排水立て管に用いる**排水・通気用耐火二層管**は，硬質塩化ビニル管等を**繊維モルタルで被覆**したものである。

[H24]

答 95 ○

敷地内に設置させる**排水横主管の管径が**125mmの場合，円滑に排水を流すために**最小勾配**を150分の1とすることは適切である。

[H18]

答 96 ○

管径75mmの排水横引管の最小勾配は，100分の1とする。

[R4]

答 97 ○

排水立て管には，最上階または屋上，最下階，および3階以内おきの中間階または15m以内ごとに，**掃除口**を設けることが望ましいとされている。

[R4]

答 98 ✕

敷地内に埋設する排水横管の管径が125mmの場合，**管径（内径）の120倍までの範囲**に，保守点検及び清掃を容易にするための**排水ます**を設置する。したがって，**管径が125mmの場合は，125mm×120＝15,000mmとなるので，延長が15mの距離間を目安**に排水ますを設置する。

[H23]

答 99 ○

敷地内において雨水排水管と排水横主管を接続する場合，臭気が雨水系統へ逆流しないように，トラップ機能を有する**排水ます（トラップます）**を設置する。

[H23]

答 100 ○

雨水排水ますには泥だめを設けて，直接土砂が下水道等へ流れ込まない構造となっている。

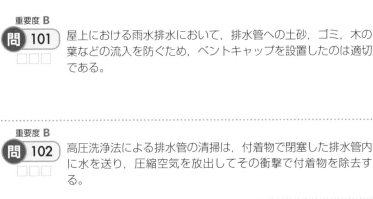

重要度 B

問 101 屋上における雨水排水において，排水管への土砂，ゴミ，木の葉などの流入を防ぐため，ベントキャップを設置したのは適切である。

重要度 B

問 102 高圧洗浄法による排水管の清掃は，付着物で閉塞した排水管内に水を送り，圧縮空気を放出してその衝撃で付着物を除去する。

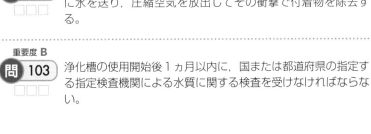

重要度 B

問 103 浄化槽の使用開始後１ヵ月以内に，国または都道府県の指定する指定検査機関による水質に関する検査を受けなければならない。

重要度 B

問 104 処理方式等の別にかかわらず，２年に１回，浄化槽の保守点検および清掃を行わなければならない。

5 電気設備

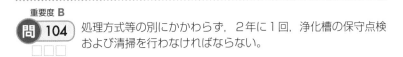

重要度 B

問 105 第二種電気工事士は，マンション内に配電盤を取り付ける一般用電気工作物の電気工事を行うことができる。

屋上における雨水排水において，排水管への土砂・ゴミ・木の葉などの流入を防ぐには，ルーフドレンにストレーナーを設置する。ベントキャップは外壁に設置する給気や排気の開口部に取り付ける蓋で，雨水の浸入や虫の侵入を防ぐ構造になっている。

[H23]

高圧洗浄法による排水管の清掃は，付着物で閉塞した排水管内に高圧の水を噴射し，噴射力で管内の汚れ，付着物を除去する。「圧縮空気を放出してその衝撃」で除去するのではない。

[H14]

新たに設置され，またはその構造もしくは規模の変更をされた浄化槽については，その**使用開始後3ヵ月を経過した日から5ヵ月間**に，浄化槽の所有者，占有者その他の者で当該浄化槽の管理について権原を有するもの（**浄化槽管理者**）は，都道府県知事が指定する者の行う**水質に関する検査**を受けなければならない（浄化槽法7条，施行規則4条1項）。

[H14]

浄化槽管理者は，環境省令で定めるところにより，原則として**毎年1回**，浄化槽の清掃をする義務がある（浄化槽法10条1項）。なお，**全ばっ気方式の浄化槽**にあっては，概ね6ヵ月に1回以上行うことが要請されている（浄化槽法施行規則7条）。処理方式によっても異なる。

[H14]

第一種電気工事士または**第二種電気工事士**免状の交付を受けている者でなければ，原則として一般用電気工作物に係る電気工事の作業に従事してはならない（電気工事士法3条2項）。

第11章　設備・構造

問 106

電気設備において，100V用の照明機器やコンセントのほか200V用の電磁誘導加熱式調理器（IHクッキングヒーター）に対応するため，住戸内配線を三相3線式としたことは，適切である。

 問 107

借室電気室は，建物内に電気を供給するための変電設備を設置したスペースで，電力会社が借り受け，設備の維持管理はすべて電力会社が行う。

 問 108

電気を低圧引込みから高圧引込みに変更する場合，100戸を超える規模のマンションに一般的に用いられるものとして，集合住宅用変圧器方式にする方法がある。

 問 109

小規模のマンションで，各住戸の契約電力と共用部分の契約電力の総量が50kW未満の場合には，低圧引込みにより電気が供給される。

6 その他の設備

 問 110

ガス設備のマイコンメーターは，計量器としての機能のほか，ガスが異常に多量または長時間流れたり，震度5弱程度以上の大きな地震があると，自動的にガスを遮断し，警報を表示する機能がある。

適切ではない。一般の住宅において100V用の照明機器やコンセント・200V用の電磁誘導加熱式調理器（IHクッキングヒーター）に対応するために使用される**住戸内配線**は，単相3線式である。**三相3線式**は，主に大型空調機やポンプ，昇降機等の**動力機器**に使用される。

[H13]

借室電気室とは，各住戸の契約電力と，共用部分の契約電力の総量が**50kW以上**のとき，受変電設備を設置するために，電力会社の要望により設置される部屋である。この場合，電力会社関係者の立会いがなければ入室できず，また，維持管理は電力会社の責任で行われる。

[H16]

最大100戸程度までの規模のマンションに一般的に用いられるものとして，**集合住宅用変圧器方式（パットマウント方式）**にする方法がある。100戸「超」ではない。なお，これは，敷地内の屋外に地上用変圧器を設置して供給する方法で，マンション1戸当たり**50A契約**である。

[H20]

小規模のマンションで，各住戸の契約電力と共用部分の契約電力の総量が**50kW未満**の場合には，低圧**引込み**により電気が供給される。

[H20]

ガス設備の**マイコンメーター**は，計量器としての機能のほか，感震器が**震度5弱程度以上**の地震を感知したときやガスが異常に長い時間流量の変動なく流れ続けたとき等に自動的にガスを遮断したり，警報を表示する機能を有する。

第11章　設備・構造

問 111 ガス配管の土中に埋設されている白ガス管（亜鉛メッキ鋼管）は，30年程度経過すると漏洩しやすくなる。

問 112 自然冷媒ヒートポンプ式給湯器は，二酸化炭素の冷媒を圧縮し高熱にして熱源としており，加熱効率が高い。

問 113 自然冷媒ヒートポンプ式給湯機は，エネルギー消費効率が高く貯湯タンクも必要としないので，省スペースが図れる。

問 114 潜熱回収型ガス給湯機を設置する場合には，潜熱回収時に熱交換器より凝縮水が発生するので，それを排出するために排水管を設置する。

問 115 給湯設備のさや管ヘッダー方式は，ヘッダーと給湯栓を1対1で接続するため，他の給湯栓が同時に使用されても吐出量の変動が少ない。

[H27]

白ガス管（亜鉛メッキ鋼管）は，**埋設後20年程度経過する**と，土壌との接触，地下を流れる自然界の微弱な電流等の影響を受けて**腐食が発生**し，ガスが漏洩しやすくなる。

⚠ **ココも注意!** ガス管の改修工事では，元の白ガス管は，腐食や地震に強いポリエチレン管・ポリエチレン被覆鋼管・硬質塩化ビニル被覆鋼管等へと交換される。

[H30]

自然冷媒ヒートポンプ式の給湯器（例えば「エコキュート」）は，熱交換機に大気中の熱を取りこみ，その熱を吸収した冷媒（二酸化炭素）を圧縮し高熱にして熱源とする。大気中の熱を使って湯を沸かすので，加熱効率が高い。

[H22]

自然冷媒ヒートポンプ式給湯機は，大気を圧縮し高熱にして，それを熱源とするのでエネルギー消費効率が高い。自然冷媒ヒートポンプ式給湯機は，貯湯タンクユニット，ヒートポンプユニット，これらを連結する配管で構成される。

[H28]

潜熱回収型ガス給湯機とは，従来のガス給湯機ではそのまま捨てていた高温の排気ガス中に含まれる**水蒸気の潜熱**を，燃焼ガス排気部に給水管を導き，**燃焼時に熱交換することで回収**し，水を一度昇温させてから，再び燃焼部にその水を送り再加熱するものである。潜熱回収時に熱交換器により**凝縮水（ドレン水）**が発生するので，それを排出するために排水管を設置する。

[H17]

さや管ヘッダー方式とは，マンションの給湯や給水の配管方式で，各種の器具への配管を途中で分岐させることなく，ヘッダーよりそれぞれの器具へ1対1で直接配管する方式である。ヘッダーで分岐するため，同時使用時の流量変動や温度変化が小さく，湯待ち時間も短い。

第11章 設備・構造

重要度 C

問 116 ガス給湯器の能力表示には「号」が一般に用いられ，１号は流量１ℓ/minの水の温度を20℃上昇させる能力をいう。

重要度 A

問 117 熱交換型換気扇は，室内から排気する空気の熱を回収し，屋外から給気する空気に熱を伝えることで熱損失を少なくさせた第二種機械換気設備である。

重要度 B

問 118 浴室等で使用する第三種換気方式は，必要換気量を確保するため，換気扇の運転時に十分に給気を確保できるように給気口を設置する必要がある。

重要度 B

問 119 １時間に室内の空気の入れ替わる回数を換気回数といい，居室に必要な換気量は，居室の容積に換気回数を乗じて計画する必要がある。

重要度 B

問 120 居室のシックハウス対策として，換気回数が，１時間当たり0.5回以上の機械換気設備を設置することは，適切である。

重要度 B

問 121 高周波点灯方式の蛍光灯は，インバータ装置により電流を高周波に変換して点灯させるため，発光効率が高い。

重要度 C

問 122 ＬＥＤ照明は，白熱灯や蛍光灯とは発光原理が異なり，電源部からの発熱はあるが，ＬＥＤ単体からの発熱はない。

[R5]

ガス瞬間式給湯器の湯を供給する**出湯能力**は,「号」で表わす。「1号」とは**流量1ℓ/minの水の温度を25℃上昇させる能力**（入水温度を25℃上昇させた湯を毎分1ℓ出湯できる能力）をいう。

[R2]

熱交換型換気扇は,室内から排気する空気の熱を回収し,屋外から給気する空気に熱を伝えることで熱損失を少なくさせた「**第一種**」**機械換気設備**である。

[H22]

浴室等で使用する**第三種換気方式**は,**給気は**自然**給気**とし,**排気は機械排気**（換気扇）とする方式である。**第三種換気方式**では,必要換気量を確保するためには,十分に給気を確保できるように給気口を設置する必要がある。

[H15]

1時間に室内の空気の入れ替わる回数を**換気回数**という。居室に必要な換気量は,居室の容積に**換気回数**を乗じて計画する必要がある（建築基準法施行令20条の2第1号）。

[H25]

居室の**シックハウス対策**として,**換気回数**が,1時間当たり**0.5回以上**の機械換気設備を設置することは,適切である。

[H18]

高周波点灯方式の蛍光灯は,インバータ装置により電流を高周波に変換して点灯（交流電源を整流平滑して点灯）させるため,ちらつきがなく**発光効率**が高い。

[H30]

ＬＥＤ照明は,白熱灯の温度放射,蛍光灯の放電発光とは発光原理が異なり,電気を直接光に変えるため,**光源自体の発熱量は非常に少ない**。もっとも,ＬＥＤ単体からの発熱はあり,ＬＥＤ周辺と電源部は高温になる。そのため,ＬＥＤ照明では,照明器具本体の**放熱板（ヒートシンク）**を通して空気中に**放熱**する。

重要度 C

問 123 普通乗用車1台当たりの駐車スペースは，直角駐車の場合，幅
2.3m×奥行5.0m程度である。

重要度 C

問 124 自動二輪車1台当たりの駐車スペースは，直角駐車の場合，幅
1.0m×奥行2.3m程度である。

重要度 C

問 125 車いすを使用している者が利用する駐車スペースは，車いすを
回転することができるようにするため，普通乗用車1台当たり
の幅を3.0m以上とする。

重要度 C

問 126 車いすを使用している者が利用する駐車スペースから建物の出
入口までの通路は，駐車スペースとの間に段を設けず，幅を
1.2m以上とする。

重要度 C

問 127 機械式立体駐車場は，機種，使用頻度等に応じて，1～3ヵ月
以内に1度を目安として，専門技術者による点検を受ける。

7 建築構造の分類等

重要度 A

問 128 鉄骨構造は，建築物を高層化することができ，超高層マンショ
ンで一般的に採用されている。

[H20]

普通乗用車１台当たりの駐車スペースは，直角駐車の場合，幅2.3m×奥行5.0m程度である。

[H20]

自動二輪車１台当たりの駐車スペースは，直角駐車の場合，幅1.0m×奥行2.3m程度である。

[H20]

車いすを使用している者が利用する駐車スペースは，車いすを回転することができるようにするため，**普通乗用車１台当たりの幅を3.5m以上**とする（バリアフリー法施行令17条２項１号）。

[H20]

車いすを使用している者が利用する駐車スペースから**建物の出入口までの通路**は，駐車スペースとの間に段を設けず，**幅を1.2m以上**とする（バリアフリー法施行令18条１項３号・２項）。

[H29]

機械式立体駐車場は，装置が正常で安全な状態を維持できるよう，機種，使用頻度等に応じて，**１～３ヵ月以内に１度**を目安として，**専門技術者による点検**を受け，必要な措置を講じる必要がある（機械式立体駐車場の安全対策に関するガイドライン）。

[H17]

鉄骨構造は，建築物を高層化することができる。しかし，超高層マンションは，鉄筋コンクリート構造や鉄骨鉄筋コンクリート構造とすることが多く，鉄骨構造が一般的だとはいえない。

第11章　設備・構造

重要度 B

問 129

鉄骨構造は，外力に対して粘り強い構造形式であるが，耐火被覆や防錆処理が必要となるだけでなく，鉄筋コンクリート構造に比べて揺れが大きくなりやすい。

重要度 A

問 130

鉄筋コンクリート構造は，引張強度は高いが圧縮強度は劣るコンクリートを圧縮強度が高い鉄筋によって補った構造形式である。

重要度 B

問 131

支持杭は，杭の先端を安定した支持層に到達させ，主に杭先端の支持力によって上部荷重を支えるものである。

重要度 S★★★

問 132

ラーメン構造は，柱と梁をしっかり固定（剛接合）して建物の骨組みを構成し，荷重や外力に対応する構造形式である。

重要度 S★★★

問 133

壁式構造は，壁や床などの平面的な構造部材を一体として構成し，荷重および外力に対応する構造形式であり，高層の建物より中低層の建物に採用されることが多い。

重要度 A

問 134

プレキャストコンクリート構造は，建設現場での作業や外部足場などの仮設資材を大幅に削減することができる。

[H29]

答 129

○

鉄骨構造は，外力に対して粘り強い構造形式であり，**超高層建築物や大スパン構造物**に適しているが，鉄は熱に弱く（500℃以上の過熱により強度の半分を失い，容易に変形する），錆びやすいことから，**耐火被覆**や**防錆処理**が不可欠である。また，鉄筋コンクリート構造に比べて**揺れが大きくなりやすいた**め，マンションでの採用例は少ない。

[H23]

答 130

✕

鉄筋コンクリート構造は，引張強度は低いが圧縮強度が高いコンクリートを，圧縮強度は低いが引張強度が高い鉄筋によって補った構造形式である。

[H30]

答 131

○

支持杭とは，杭基礎の一種で，**杭の先端を安定した支持層に到達**させ，主に**杭先端の支持力**によって**上部荷重を支える**ものである。

[H23]

答 132

○

ラーメン構造は，柱と梁をしっかり固定（剛接合）して建物の骨組みを構成し，荷重や外力に対応する構造形式である。

[H29]

答 133

○

壁式構造は，**壁や床等の平面的な構造部材を一体として構成**し，荷重や外力に対応する構造形式である。**中低層の建築物**に多く用いられる。

[H17]

答 134

○

プレキャストコンクリート構造とは，あらかじめ工場で成型したコンクリートの板状の部材（パネル）を使って建てられるものをいう。**プレキャストコンクリート構造**は，建設現場での作業や仮設資材（外部足場・木製型枠等）を大幅に削減することができる。

第11章 設備・構造

第11章 設備・構造

473

重要度 S★★★

 問 135

マンションの建物の耐震改修工法として，制震構造は，建物の骨組みにダンパー等の制震装置を設置したもので，地震による揺れを小さくする構造である。

重要度 S★★★

 問 136

マンションの建物の耐震改修工法として，免震構造は，基礎と上部構造の間などに免震装置を設置したもので，建物への地震による外力を無くする構造である。

重要度 B

 問 137

耐震改修において，免震装置を既存建築物の柱の途中に設置する工法もある。

重要度 A

 問 138

鉄筋コンクリート造のマンションの耐震性向上として，炭素繊維シートをスラブ下の梁に張る工法は，梁の靭性（粘り強さ）を高める上で有効である。

重要度 A

 問 139

マンションの建物（鉄筋コンクリート造）の一般的な耐震改修工法である枠付き鉄骨ブレースによる柱・梁の補強は，構造耐力の向上を目的とする。

重要度 A

 問 140

柱には地震力を受けた場合にせん断力によるひび割れの拡がりを防ぐための帯筋を配置するが，たれ壁と腰壁が上下についた短柱の場合はせん断破壊が生じやすくなる。

重要度 A

 問 141

鉄筋コンクリート造のマンションの耐震性向上として，柱と一体化した袖壁は，柱の耐震性を強化する上で有効である。

[H21]

制震構造は，建物の梁等の骨組みに**制震装置（ダンパー等）を**設置したもので，**地震や風による揺れを小さくし**，耐震安全性や居住性の向上が図れる構造である。建物の固有周期が長い中高層のマンションに向いているといわれている。

[H21]

免震構造は，基礎と上部構造の間などに**免震装置を**設置したもので，**建物への外力による水平方向の震動を**抑制する（建物の曲げや変形を抑える）構造である。主に中低層のマンションに採用されている。外力を直接「無くす」わけではない。

[R1]

既存建物の耐震改修において，**免震装置を柱の途中に設置する柱頭免震工法等**がある。

[H17]

**梁のせん断耐力を増強する炭素繊維シートをスラブ下の梁に張る工法は，梁の靭性（粘り強さ）を高める上で有効である。

[H19]

鉄骨ブレースとは，地震などの外力に対し，建物の**軸組みを強化**するために入れる**斜め材**（筋かい）のことである。これを設置することは，建築物の構造耐力を向上させることを目的とするものである。

[H26]

柱には地震力を受けた場合に**せん断力によるひび割れの拡がりを防ぐための帯筋**を配置する。たれ壁と腰壁が上下についた**短柱**には，地震時には応力が集中し，せん断破壊が生じやすくなる。

[H17]

袖壁（建物から少し外に突き出した短い壁のこと）**を増設して柱と一体化すると，壁として機能するため**せん断強度が増加し，柱の耐震性能を強化する上で有効である。

マンションの建物の耐震改修工法として，外付けフレームの設置は，専有面積の減少を生じないが，バルコニー面積の増減，専用庭や駐車場等の面積の減少を生じる場合がある。

１階部分に広い駐車場やピロティがある旧耐震基準により建設された鉄筋コンクリート造マンションは，構造耐力の向上を図るための耐震壁の増設・補強，柱のじん性（ねばり強さ）の向上を図るための柱の鋼板巻立て等の耐震改修を行う必要性が高い。

マンションの建物（鉄筋コンクリート造）の一般的な耐震改修工法として地震力の低減を図るため，バットレスを設置することは，適切である。

耐震改修工法については，壁やブレース，柱，梁を増設，補強する工法だけではなく，逆に柱に取り付く壁と柱の間に隙間を設けることで耐震性能を改善する工法もある。

昭和56年５月31日以前に建築確認を申請し，同年６月１日以降に確認通知を受けて着工した建築物は，現行の耐震基準が適用されていない。

震度６強から震度７程度の地震がおきても，人命に危害を及ぼすような倒壊等を生じないことを目標として，建築基準法の耐震基準は定められている。

[H21]

答 142
◯

外付けフレームの設置は，専有面積の減少を生じないが，バルコニー面積の増減，専用庭や駐車場等の面積の減少を生じる場合がある。

[H22]

答 143
◯

1階部分に広い駐車場やピロティがある旧耐震基準により建設された鉄筋コンクリート造マンションは，構造耐力の向上を図るための耐震壁の増設・補強，柱のじん（靭）性の向上を図るための柱の鋼板巻立て等の耐震改修を行う必要性が高い。

[H25]

答 144
✕

適切でない。バットレスの設置は，構造耐力（強度）の向上を図るものである。バットレスとは，壁を補強するため，その壁から直角に突出して作られる短い壁のことである。

[H28]

答 145
◯

耐震改修工法については，壁やブレース，柱，梁を増設，補強する工法がある。一方，たれ壁や腰壁によって柱が拘束されて短柱化し，せん断やき裂破壊を生ずるのを防ぐため，柱に取り付く壁と柱の間に隙間（耐震スリット）を設けることで耐震性能を改善する工法もある。

[H18]

答 146
✕

新耐震基準（現行耐震基準）が施行されたのは，昭和56年6月1日であり，この日以降に建築確認を受けた建築物に対して適用される。その基準となる日は，建築確認済証の交付年月日である。したがって，昭和56年5月31日以前に建築確認を申請したとしても，同年6月1日以降に確認通知を受けて着工した建築物は，現行耐震基準が適用されている。

[R5]

答 147
◯

現行耐震基準の設計は，「震度5弱の地震に対して，構造躯体は健全，非構造躯体の損傷は軽微」「震度6強から震度7程度の地震に対して，建物は一部破損するが，人命に危害を及ぼすような倒壊，崩壊等を生じない」ことを目標としている。

重要度 B

問 148

建築物の構造耐力上主要な部分についての耐震診断の結果，各階の保有水平耐力に係る指標が0.5未満の場合は，地震の震動および衝撃に対して倒壊し，または崩壊する危険性が高い。

重要度 A

問 149

耐力壁がバランス良く配置されていないマンションは，重心と剛心の位置が異なるため，剛心を中心にねじれが生じる。

重要度 B

問 150

中低層鉄筋コンクリート造の既存マンションに対して一般的に行われている耐震診断の評価方法には，計算のレベルが異なる第1次診断法，第2次診断法および第3次診断法があるが，第1次診断法は，簡易な診断法であるため，耐震性能があると判定するための構造耐震判定指標の値が高く設定されている。

重要度 B

問 151

固定荷重とは，建築物に常時かかる躯体，内外装の上げ，家具等の重量の合計である。

8 建築材料

重要度 B

問 152

ＡＥ剤は，コンクリートのワーカビリティーや耐久性を向上させるための混和剤として使用される。

重要度 B

問 153

コンクリートは，調合の際に水セメント比を小さくすると強度が増すが，練り混ぜや打ち込みなどの作業性は低くなる。

[H18]

答 148

耐震診断の結果，各階の「保有水平耐力」に係る指標が0.5未満の場合は，地震の震動および衝撃に対して**倒壊**し，または**崩壊する危険性が高い**とされている。

[H27]

答 149

建築物の**剛心**とは，地震の揺れ等による水平荷重によって建築物にねじれが生じる時の回転の中心をいい，耐力壁がバランス良く配置されていないマンションは，この剛心を中心にねじれが生じる。耐震計画上は，建築物の**重心**（重さの中心になる位置）と剛心をなるべく近づけるようにするのがよい。

[H30]

答 150

中低層鉄筋コンクリート造の既存マンションに対して一般的に行われている**耐震診断の評価方法**には，計算のレベルが異なる**第1次診断法，第2次診断法および第3次診断法**がある。このうち，**第1次診断法**は，簡易な診断法であるため，耐震性能があると判定するための**構造耐震判定指標の値**が**高く設定**されている。

[R1]

答 151

固定荷重とは，構造物における骨組みや間仕切り壁など（**躯体**）**の自重**，およびそれに付随する**仕上材料・設備関係**（**内外装の仕上げ**）**の自重**を合計した荷重をいう。**家具等の重量**は積載荷重である。

[H17]

答 152

ＡＥ剤は，独立した細かな気泡を多量にコンクリート内に連行して，水を増やさずに流動性を増すコンクリート混和材であり，コンクリートのワーカビリティーを向上させる。

[H30]

答 153

水セメント比とは，**セメントに対する水の重量の割合**である。したがって，コンクリートの調合の際に水セメント比を**小さく**すると**強度は増す**が，**作業性**（**ワーカビリティー**）が低くなり，練り混ぜや打ち込みなどがしにくくなる。

第11章 設備・構造

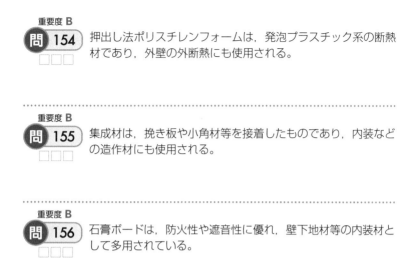

問 154 押出し法ポリスチレンフォームは，発泡プラスチック系の断熱材であり，外壁の外断熱にも使用される。

□□□

問 155 集成材は，挽き板や小角材等を接着したものであり，内装などの造作材にも使用される。

□□□

問 156 石膏ボードは，防火性や遮音性に優れ，壁下地材等の内装材として多用されている。

□□□

[H17]

押出し法ポリスチレンフォームは，ポリスチレン樹脂に発泡剤を加えて加熱して連続的に押し出して発泡形成したプラスチック系の断熱材であり，軽量で耐圧強度が大きく，外壁の外断熱にも使用される。

[H17]

集成材は，挽き板（ラミナともいう。のこぎり等で切られた一定の板）や小角材等を，繊維方向を長手にそろえて接着剤で重ね貼りして角材や厚板材にしたものであり，内装などの造作材にも使用される。

[H15]

石膏ボードは，焼石膏を芯材として両面に石膏液をしみ込ませた厚紙を貼り，圧縮形成した面材であり，防火性や遮音性に優れ，壁下地材等の内装材として多用されている。

第11章 設備・構造

第 12 章　維持・保全

1　大規模修繕

大規模修繕工事では，建物および設備の性能や機能を新築時と同等水準に維持，同復させる工事とともに，必要に応じて性能を向上させる工事も併せて実施される。

CM（コンストラクションマネジメント）方式とは，専門家が発注者の立場に立って，発注・設計・施工の各段階におけるマネジメント業務を行うことで，全体を見通して効率的に工事を進める方式をいう。

コンクリートのひび割れ長さやタイルの浮き枚数については，事前に数量を確定することが難しいので，実費精算方式を採用することがあるが，この方式は，精算後の増額高が予測できないので避けた方がよい。

設計監理方式とは，修繕設計と工事監理を設計事務所に委ね，工事施工は施工業者に委ねる方式を指すのが一般的である。

設計監理方式は，責任施工方式に比べて，工事内容と費用内訳の関係が不明瞭となりやすい。

[H28]

 1

大規模修繕工事では，一般的に，劣化損傷した建物および設備の性能や機能を**新築時と同等水準に維持，回復させる修繕工事**が主であるが，経年等に伴い必要に応じて性能や機能を向上させる改良（グレード・アップ）を含めた改修工事も，併せて実施される。

[R3]

 2

ＣＭ（コンストラクションマネジメント）方式とは，専門家が発注者の立場に立って，発注・設計・施工の各段階におけるマネジメント業務を行うことで，全体を見通して効率的に工事を進める方式をいう。

[H13]

 3

実費精算方式とは，コンクリートのひび割れや，タイルの浮きなど，事前に数量が確定しにくい場合に，修繕に要する費用が確定した時点で，その費用を精算する方式である。事前の見積もりの精度を高くすれば，精算後の増額は著しく高額になるとは限らないので，避けたほうがよいとは必ずしもいえない。

[H15]

 4

設計監理方式とは，修繕設計と工事監理を設計事務所に委託し，工事施工は施工業者に委託する方式を指すのが一般的である。この方式は，設計と施工業者が分離しているので，施工業者の選定を同一基準で適正に行うことができる。

[R3]

 5

設計監理方式は，**工事内容・工事費の透明性の確保，責任所在の明確さ**などの点で**望ましい方式**である。

第12章 維持・保全

483

問 6 大規模修繕工事を責任施工方式で行う場合は，設計者と施工者との意思疎通が図りやすいため，修繕工事の厳正なチェックが期待できる。

問 7 責任施工方式では，初期の段階から工事中の仮設計画や工事実施手順等に配慮した検討を行うことができる。

問 8 設計監理方式で実施したマンションの大規模修繕工事において，管理組合が主催者となって工事説明会を開催し，施工者と工事監理者が説明を行うことは適切である。

2 劣化症状・診断

問 9 鉄筋コンクリートの中性化が進むと，コンクリート強度の低下により躯体の耐久性の低下につながる。

問 10 コンクリート中の塩化物イオンは，鉄筋腐食に影響を与えるほどの濃度でない場合（1.2kg/㎥未満）でも，コンクリートの強度に直接影響を与えるので注意が必要である。

答 6 ✕

責任施工方式とは，調査診断，修繕設計，工事施工および工事監理を同一業者に**委ねる方式**を指すのが一般的である。この場合，設計・工事監理と施工とが分離されていないため，工事の**厳正なチェックは期待できない。**

[R3]

 答 7 ○

責任施工方式では，マンションの事情に精通した信頼できる施工会社がいる場合に採用されることがあり，**初期の段階から施工性（工事中の仮設計画や工事実施手順等）に配慮した検討を行う**ことができることから，設計・監理方式のような専門家の費用を必要としないというメリットがある。

[R1]

 答 8 ○

大規模修繕工事着工の半月から1ヵ月前までの段階で，**居住者に対する工事説明会**を開催する。**主催は管理組合であるが，説明は施工者と工事監理者**が主体となって行う。

[H13]

 答 9 ✕

中性化とは，アルカリ性であるコンクリートが，空気中の炭酸ガスと反応してアルカリ性を失っていく現象をいう。鉄筋コンクリートは，中性化により，内部の鉄筋が腐食，膨張し，コンクリートがひび割れ，剥落するため，耐久性が低下することになるが，コンクリートそのものの強度が低下するわけではない。

[H27]

 答 10 ✕

コンクリート中の塩化物イオン量が1.2kg/㎥未満の場合，現時点では，**鉄筋の発錆の危険性は**ないと評価される。この場合，鉄筋腐食に影響を与えるほどの濃度ではなく，**コンクリートの強度に直接影響を与えるものではない。**

重要度 S★★★

問 11

エフロレッセンスとは，硬化したコンクリートの表面に出た白色の物質をいい，セメント中の石灰等が水に溶けて表面に染み出し，空気中の炭酸ガスと化合してできたものが主成分であり，コンクリート中への水の浸透等が原因で発生する。

重要度 B

問 12

マンションの建物（鉄筋コンクリート造）に生じた錆汚れは，コンクリートの中性化が原因の一つと考えられる。

重要度 A

問 13

外壁に張られたタイルのひび割れは，タイル自体が原因であることがほとんどであり，その下地のモルタルやコンクリートが原因であることは少ない。

重要度 A

問 14

外壁タイルの浮きの簡易診断を行う場合には，テストハンマーで手の届く範囲を打診して調査を行う。

重要度 C

問 15

タッピングマシンを用いて，外壁タイルの浮きの調査を行ったことは適切である。

重要度 B

問 16

マンションの建物（鉄筋コンクリート造）に生じた床のたわみは，コンクリート強度の不足が原因の一つと考えられる。

重要度 B

問 17

設備配管の継手の劣化状況を調査の目的として，引張試験機を用いるのは適切である。

[H24]

エフロレッセンス（白華現象） とは，硬化したコンクリートの表面に出た白色の物質をいい，セメント中の石灰等が水に溶けて表面に染み出し，空気中の炭酸ガスと化合してできたものが主成分である。コンクリート中への水の浸透等が原因で発生する。

[H22]

錆汚れは，腐食した鉄筋の錆がひび割れ部から流出して，仕上げ材またはコンクリートの表面に付着している状態をいう。コンクリートの中性化が原因の一つと考えられる。

[H27]

外壁のタイルのひび割れは，タイル自体に起因することは少なく下地のモルタルやコンクリートの方に**乾燥収縮**や**中性化**等によりひび割れが生じたことを原因としていることが多い。

[H26]

外壁タイルの浮きの簡易診断を行う場合には，**外壁打診用ハンマー（テストハンマー）** で手の届く範囲を部分打診して，その打音により浮きの有無および程度を判断する。

[R5]

不適切である。**タッピングマシン**は，**軽量床衝撃音を発生させる**装置で，軽量床衝撃音に対する**遮音性を調査**するための調査機器である。

[H22]

床のたわみは，コンクリート強度の不足が原因の一つと考えられる。

[H30]

引張試験機は，タイルや塗装等の**付着力強度**の測定に用いるものである。**設備配管の継手の劣化状況**の診断に用いる調査機器としては，**内視鏡（ファイバースコープ）** や**X線透過装置**などがある。

第12章　維持・保全

重要度 **C**

問 18

仕上塗材の劣化状況を調査の目的として，分光測色計を用いるのは適切である。

重要度 **A**

問 19

マンションの打放しコンクリートの外壁のひび割れの調査は，ひび割れの幅だけでなくその形状や分布状態（パターン）についても調べることが必要である。

重要度 **C**

問 20

ひび割れやはく離が梁の補強筋に沿って発生していたので，コンクリートの乾燥収縮によるものと判断したことは，適切である。

重要度 **S★★★**

問 21

マンションの建物（鉄筋コンクリート造）に生じたひび割れは，建物の不同沈下が原因の一つと考えられる。

重要度 **S★★★**

問 22

外壁のコンクリートのひび割れの調査の結果，ひび割れ幅が0.2mm～0.4mmの範囲だったので，漏水の可能性があると判断したことは，適切である。

重要度 **S★★★**

問 23

コンクリートのクラックの深さの診断には，クラックスケールを用いて測定する方法がある。

重要度 **S★★★**

問 24

ポップアウトとは，コンクリート表面の小部分が円錐形のくぼみ状に破壊された状態で，凍害，アルカリ骨材反応等が原因で発生する。

[H30]

答 18
⭕

分光測色計は，仕上塗材の**色**を測定することによって，**塗装に劣化が生じているかどうか**の診断に用いられる。

[H20]

答 19
⭕

ひび割れの調査は，ひび割れの幅を調べることはもちろん，その形状や**分布状態（パターン）**についても調べる必要がある。

[H27]

答 20
✖

適切ではない。**ひび割れ**やはく離が梁の補強筋（鉄筋）に沿って発生していた場合，それは**かぶり厚さ不足**や**コンクリートの中性化**による鉄筋の腐食が原因である可能性が高い。

[H22]

答 21
⭕

耐震壁の斜めの著しいひび割れは，**建物の不同沈下**に伴って，壁のせん断変形が増大し発生する。ひび割れは，**建物の不同沈下**が原因の一つと考えられる。

[R4]

答 22
⭕

ひび割れ幅は，0.3mm以下であっても内部に雨水等が入り，漏水や**鉄筋腐食**の原因となり得るとされている。したがって，**ひび割れ幅**が0.2mm〜0.4mmの範囲であった場合に，漏水**の可能性**があると判断したことは，適切である。

[H15]

答 23
✖

クラックスケールを用いて，**深さ**の診断を測定することはできない。**クラックスケール**は，コンクリートのクラック（ひび割れ）の幅や長さの診断の際に用いられる。

[H24]

答 24
⭕

ポップアウトとは，コンクリートの内部の部分的な膨張圧によって，コンクリート表面の小部分が円錐形のくぼみ状に破壊された状態をいい，凍害やアルカリ骨材反応等が原因であることが多い。

第12章　維持・保全

重要度 C

問 25

サッシや手すり等に使用したアルミニウム合金が腐食すると，赤色又は茶褐色の薄い斑点が面的に広がる。

重要度 C

問 26

硬質塩化ビニルライニング鋼管では，継手の接合部よりも直管部に集中して，腐食が起きることがある。

重要度 C

問 27

土中埋設の鋼管では，電位差が生ずることにより，鋼管外面に腐食が起きることがある。

重要度 C

問 28

給湯管に使用される銅管では，管内の流速が速い場合，局部的に酸化皮膜が破壊されて腐食が起きることがある。

重要度 B

問 29

鉄筋露出とは，腐食した鉄筋が表面のコンクリートを押し出し，剥離させ，露出した状態をいい，新築時のかぶり厚さ不足等が原因で発生する。

重要度 S★★★

問 30

コンクリートの中性化深さの調査に当たって，コア抜きしたコンクリートにフェノールフタレイン溶液を噴霧し，赤色に変化した部分を中性化部分として測定したことは，適切である。

重要度 C

問 31

コンクリート中の塩分量が多くても中性化が進んでいなければ，鉄筋の不動態皮膜は破壊されず鉄筋が腐食することは少ないので，塩分量の調査を行う必要はない。

[H26]

答 25 ✕

アルミニウム合金が腐食すると，**孔食**（または**点食**）を生じ，白い**斑点**が表面に現れる。「赤色または茶褐色」の斑点ではない。

[H16]

答 26 ✕

硬質塩化ビニルライニング鋼管では，直管部よりも継手**の接合部**（管端部）に集中して，腐食が起きることがある。

[H16]

答 27 ◯

土中埋設の**鋼管**では，電位差が生ずることにより，**鋼管外面に腐食**が起きることがある。

[H16]

答 28 ◯

給湯管に使用される銅管では，管内の流速が速い場合，局部的に酸化皮膜が破壊されて腐食が起きることがある。

[H24]

答 29 ◯

鉄筋露出とは，錆鉄筋露出ともいい，腐食した鉄筋が表面のコンクリートを押し出し，剥離させ，露出した状態をいう。点状や線状に鉄筋が露出し，新築時のコンクリートのかぶり厚さ不足が主な原因である。

[H22]

答 30 ✕

適切でない。コンクリートの**中性化深さの調査**に当たり，コア抜きしたコンクリートにフェノールフタレイン溶液を噴霧し，スケールで中性化深さを測定する。この溶液は，**アルカリ側**で赤色に変化し，**酸性側**では無色である。無色の部分を中性化範囲としている。

[H26]

答 31 ✕

コンクリート中の**塩分量**が多いと，鉄筋の不動態皮膜（腐食作用に抵抗する酸化被膜）が破壊され，鉄筋を腐食させ，耐力の低下につながるので，できるだけ塩分量の調査・診断を行うことが望ましい。

重要度 A

問 32

マンションの外壁タイルの劣化状況を目視調査する項目としては，剥落，欠損，ひび割れ，白華現象およびはらみがある。

重要度 S★★★

問 33

外壁塗装の白亜化は，下地のコンクリート中の石灰等が水に溶けて塗装面にしみ出すことをいう。

重要度 C

問 34

アルミ製品の調査・診断に当たっては，主に目視調査により耐久性を推定するが，光沢度，塗膜付着性等について計測機器等を使用して計測する方法もある。

重要度 B

問 35

X線法は，給水管の肉厚の減少や錆こぶの状態を調査・診断することを目的としている。

重要度 B

問 36

鉄筋のかぶり厚さの調査は，建物の耐久性（鉄筋の腐食の防止），構造安全性（鉄筋とコンクリートの付着強度の確保）および耐火性（鉄筋の温度上昇の防止）の診断を行うために重要である。

重要度 S★★★

問 37

鉄筋のかぶり厚さの調査を行う場合，電磁波レーダを使用する。

重要度 A

問 38

塗膜の調査において，クロスカット試験は，塗膜表面に格子状の切込み等を行って，塗膜の付着性を調査する。

[H16]

答 32

○

タイルの劣化状況を**目視調査**する項目としては，剥落・欠損・**ひび割れ・白華現象・はらみ**がある。

[R4]

答 33

×

白亜化とは，**チョーキング**ともいい，紫外線等により**塗装面の表層樹脂**が劣化し，塗料の色成分の顔料がチョークのような粉状になる現象をいう。本肢の**下地のコンクリート中の石灰等が水に溶けて塗装面にしみ出すこと**は，白華現象（エフロレッセンス）である。

[H28]

答 34

○

アルミ製品の調査・診断に当たっては，主に**目視調査**により耐久性を推定するが，重ねて**光沢度，塗膜付着性**等については，計測機器等を使用して計測する方法もある。

[H18]

答 35

○

X線法は，非破壊診断方法の1つで，**給水管**の肉厚の減少や錆こぶの状態を調査することができる。

[H23]

答 36

○

鉄筋の**かぶり厚さの調査**は，建物の耐久性（鉄筋の腐食の防止），構造安全性（鉄筋とコンクリートの付着強度の確保），耐火性（鉄筋の温度上昇の防止）の診断を行うために重要である。

[H23]

答 37

○

鉄筋の**かぶり厚さ**等は，電磁波レーダ**を使用して調査**する。電磁波レーダは，コンクリート中の鉄筋の平面的位置とかぶり厚さを計測するために使用するものである。

[H23]

答 38

○

塗膜の調査において，**クロスカット試験**は，測定部である塗膜表面にカッターナイフで格子状の切込み等を行って，塗膜の付着性**を調査**する方法である。

重要度 A

問 39

コンクリート打放し仕上げの外壁にひび割れが生じたので，リバウンドハンマーによってひび割れの幅と深さを調査したことは，適切である。

重要度 C

問 40

調査の目的が，コンクリート強度の測定である場合，針入度試験を行う。

重要度 B

問 41

外壁の目地部分のシーリング材の劣化が心配されたので，シーリング材を部分的に切り取り，引張り試験機によって引張強度や伸びを調べたことは，適切である。

重要度 S★★★

問 42

赤外線サーモグラフィ法は，外壁タイルの浮きを調査・診断することを目的としている。

重要度 B

問 43

超音波法は，コンクリートの中性化深さを調査・診断することを目的としている。

重要度 B

問 44

調査の目的が，設備配管の腐食の程度の測定である場合，内視鏡調査を行う。

重要度 A

問 45

標準貫入試験とは，タイルの付着性を測定する試験である。

[H25]
答 39 ✕

適切ではない。**リバウンドハンマー（シュミットハンマー）**は，**コンクリートの圧縮強度を測定**する用具であり，ひび割れの幅や深さを調査するものではない。コンクリートのひび割れの幅は，クラックスケール等を使用して調査し，**ひび割れの深さ**は，超音波計測器等を使用して計測するのが一般的である。

[H24]
答 40 ✕

針入度試験は，**アスファルトの硬さを調べる試験**である。コンクリート強度は，シュミットハンマー等を使用して調査する。

[H25]
答 41 ○

シーリング材の劣化状況の調査に当たり，目視による劣化度の調査のほか，必要に応じてシーリング材の一部を切断して試験体を作り，引張り試験を行ったことは，適切である。

[H18]
答 42 ○

赤外線サーモグラフィ法は，建物の外壁タイルまたはモルタル仕上げ等の剥離部と健常部との熱伝導の違いによる温度差を赤外線映像装置によって測定し，**タイル・モルタル面の浮き等の程度を調査**するものである。画像による調査のため，剥離の形状・大きさ・位置をより正確に把握することができる。

[H18]
答 43 ✕

超音波法は，コンクリートの非破壊診断方法の一つであり，コンクリート中を伝播した超音波の伝播速度を観測し，その速度から**コンクリートの内部の状態（ひび割れ深さ）を調査**するものである。

[H24]
答 44 ○

設備配管の腐食の程度の測定は，内視鏡（ファイバースコープ）の調査で行う。

[H17]
答 45 ✕

標準貫入試験とは，**土地の硬性，締まり具合**，または**土層の構成**を判定するための基準値（地盤の地耐力）を測る試験をいう。

第12章　維持・保全

495

3 長期修繕計画

重要度 A

問 46

長期修繕計画作成ガイドラインにおいて，長期修繕計画の目的の一つに，将来見込まれる修繕工事及び改修工事の内容，概算の費用等を明確にし，実施の時期を確定することがある。

重要度 A

問 47

長期修繕計画作成ガイドラインにおいて，長期修繕計画の目的の一つに，計画修繕工事の実施のために積み立てる修繕積立金の額の根拠を明確にすることがある。

重要度 B

問 48

住宅金融支援機構の「マンション共用部分リフォーム融資」を利用できる条件として，修繕積立金が1年以上定期的に積み立てられており，管理費や組合費と区分して経理されていること，修繕積立金の滞納割合が10%以下であること等が挙げられている。

重要度 C

問 49

住宅金融支援機構の「マンションすまい・る債」（マンション修繕債券積立制度）を利用できる管理組合の条件として，長期修繕計画が作成されていることや修繕積立金の滞納割合が10%以下であること等が挙げられている。

重要度 C

問 50

「長期修繕計画作成のガイドラインおよび同コメント」によれば，想定外の工事の発生，災害や不測の事故などによる緊急の費用負担が発生した場合の一時金の徴収を避けるため，推定修繕工事項目に予備費を設定して長期修繕計画を作成する。

重要度 A

問 51

「長期修繕計画作成ガイドラインおよび同コメント」によれば，外壁塗装やシーリング材などに耐久性の高い材料が使われているので，外壁塗装等の修繕周期を14年として計画したことは，適切である。

[R5]

長期修繕計画の目的の1つに，将来見込まれる修繕工事及び改修工事の内容，おおよその時期，概算の費用等を明確にすることがある（長期修繕計画作成ガイドライン2章1節1）。

[R5]

長期修繕計画の目的の1つに，計画修繕工事の実施のために積み立てる修繕積立金の額の根拠を明確にすることがある（長期修繕計画作成ガイドライン2章1節1）。

[H22]

住宅金融支援機構の「マンション共用部分リフォーム融資」の利用条件として，修繕積立金の保全がある。具体的な内容は，①修繕積立金が1年以上定期的に積み立てられていること，②管理費や組合費と区分して経理されていること，③修繕積立金が適正に保管されており，滞納割合が10%以下であること等がある。

[H23]

本問の内容は「マンション共用部分リフォーム融資」の利用条件である。「マンションすまい・る債」（修繕積立金で住宅金融支援機構が発行する債券を毎年1回購入することにより，計画的な積立や適切な管理をサポートする制度）の利用条件ではない。

[H28]

長期修繕計画は，想定外の工事の発生・災害や不測の事故などによる緊急の費用負担が発生した場合の一時金の徴収を避けるため，推定修繕工事項目に予備費を設定して作成する。

[H25]

外壁塗装工事の修繕周期は，12年～15年とされている。

第12章　維持・保全

52 「長期修繕計画作成ガイドラインおよび同コメント」によれば，修繕積立金の積立方法における均等積立方式は，計画期間中の修繕積立金の額が均等となるように設定する方式であり，長期修繕計画の見直しによる修繕積立金の額の変更は生じない。

 53 「長期修繕計画作成ガイドラインおよび同コメント」によれば，設備配管の修繕等において共用部分の修繕に伴って生じる専有部分の修繕工事は，長期修繕計画の対象に含まれない。

 54 修繕工事を集約すると，直接仮設や共通仮設の設置費用が増加するなどの経済的なデメリットがある。

 55 長期修繕計画作成ガイドラインによれば，長期修繕計画の計画期間は，30年以上，または大規模修繕工事が2回含まれる期間以上とする。

 56 「マンションの修繕積立金ガイドライン」では，修繕積立金の均等積立方式は，安定的な積立てが可能な方式であるが，多額の資金を管理する状況が生じる点に留意が必要であるとしている。

4 防犯・断熱・改修等

問 **57** 網入り板ガラスは，火災の延焼防止を目的に使用される金網入りガラスであり，防犯性能は，フロート板ガラスと同様期待できない。

[H21]

 52

修繕積立金の積立方法における均等積立**方式**は，計画期間中の修繕積立金の額が均等となるように設定する方式である。均等積立**方式**による場合でも**5年ごとの計画の見直し**により，計画期間の推定修繕工事費の累計額の増加に伴って必要とする修繕積立金の額が増加することもある。

[H23]

 53

共用部分の修繕工事および改修工事に伴う専有部分の修繕工事は，管理組合が**費用を負担**する。したがって，設備配管の修繕等において共用部分の修繕に伴って生じる専有部分の修繕工事は，**長期修繕計画の対象**に含まれる。

[R5]

 54

修繕工事を集約すると，直接仮設や共通仮設の設置費用が「軽減」できるなどの経済的なメリットがある（長期修繕計画作成ガイドライン3章1節7コメント）。

[R4]

 55

長期修繕計画の計画期間は，30年以上で，「かつ」大規模修繕工事が2回含まれる期間以上とするものとされている。

[H27]

 56

「マンションの修繕積立金ガイドライン」では，「**均等積立方式の留意点**として，①修繕需要に関係なく均等額の積立金を徴収するため，段階増額積立方式に比べ，多額の資金を管理する状況が生じること，②均等積立方式であっても，その後の**長期修繕計画の見直し**により**増額が必要になる**場合があること」を挙げている。

[H21]

 57

網入り板ガラスは，火災の延焼**防止**を目的に使用される金網入りガラスである。したがって，防犯性能は，フロート板ガラスと同様期待できない。

重要度 A

問 58

共用玄関の存する階のエレベーターホールの照明設備は，床面においておおむね50ルクス以上を確保する。

重要度 A

問 59

エレベーターのかご内の照明設備は，床面においておおむね20ルクス以上の平均水平面照度を確保することが望ましい。

重要度 B

問 60

エレベーターのかごおよび昇降路の出入口の扉は，エレベーターホールからかご内を見通せる構造の窓が設置されたものとする。

重要度 B

問 61

改修に当たっては，監視性の確保，領域性の強化，接近の制御および被害対象の強化・回避の4つの基本原則を踏まえたうえで改修計画を検討する。

重要度 B

問 62

共用玄関扉は，扉の内外を相互に見通せる構造にするとともに，オートロックシステムを導入することが望ましい。

重要度 A

問 63

共用玄関ホールは，床面においておおむね50ルクス以上の平均水平面照度を確保する。

重要度 A

問 64

共用玄関以外の共用出入口の照明設備は，床面においておおむね10ルクス以上を確保する。

[H22]

共用玄関の存する階のエレベーターホールの照明設備は，床面においておおむね50ルクス以上の平均水平面照度を確保する。

[H20]

エレベーターのかご内の照明設備は，床面においておおむね50ルクス以上の平均水平面照度を確保することが望ましい。

[H18]

犯罪防止のためには，原則として防犯窓が必要となる。したがって，エレベーターのかごおよび昇降路の出入口の扉は，エレベーターホールからかご内を見通せる構造の窓が設置されたものとする。

[H20]

改修にあたっては，次の4つの基本原則から住宅の防犯性のあり方を検討し，企画・計画・設計を行う。①監視性の確保（周囲からの見通しを確保する），②領域性の強化（居住者の帰属意識の向上，コミュニティ形成の促進を図る），③接近の制御（犯罪企図者の動きを限定し，接近を防ぐ），④被害対象の強化・回避（部材や設備等を破壊されにくいものとする）。

[H21]

共用玄関扉は，扉の内外を相互に見通せる構造にするとともに，オートロックシステムを導入することが望ましい。

[H18]

共用玄関ホールの照明設備は，その内側の床面においておおむね50ルクス以上，その外側において概ね20ルクス以上の平均水平面照度を確保する。

[H22]

共用玄関以外の共用出入口の照明設備は，床面において概ね20ルクス以上を確保する。

重要度 S★★★

問 65

共用廊下・共用階段の照明設備は，極端な明暗が生じないよう配慮しつつ，床面において概ね20ルクス以上を確保する。

重要度 B

問 66

ゴミ置場は，他の部分と塀，施錠可能な扉等で区画されたものとするとともに，照明設備を設置したものとすることが望ましい。

重要度 A

問 67

駐車場の照明設備は，極端な明暗が生じないよう配慮しつつ，床面において概ね3ルクス以上を確保する。

重要度 A

問 68

自転車置場，オートバイ置場の照明設備は，10m先の人の挙動，姿勢等が識別できる程度以上となるよう，床面において概ね3ルクス以上の平均水平面照度を確保することができるものとする。

重要度 C

問 69

児童遊園，広場または緑地等の照明設備は，極端な明暗が生じないよう配慮しつつ，地面において概ね3ルクス以上の平均水平面照度を確保することができるものとする。

重要度 B

問 70

甲マンションの管理組合から，改修計画において，防犯性を向上させる上で留意すべきことに関する相談を受けたマンション管理士の「防犯カメラを設置すれば，共用部分の照明設備の照度不足を補完することができます」との発言は，適切である。

[H22]

共用廊下・共用階段の照明設備は，極端な明暗が生じないよう配慮しつつ，床面において概ね20ルクス以上の平均水平面照度を確保する。

[H20]

ゴミ置場は，他の部分と塀，施錠可能な扉等で区画されたものとするとともに，照明設備を設置したものとすることが望ましい。また，ゴミ置場は，道路等からの見通しが確保された位置に配置する。住棟と別棟とする場合は，住棟等への延焼のおそれのない位置に配置する。

[H22]

駐車場の照明設備は，極端な明暗が生じないよう配慮しつつ，床面において概ね3ルクス以上の水平面照度を確保する。

[H24]

自転車置場・オートバイ置場の照明設備は，4m先の人の挙動，姿勢等が識別できる程度以上となるよう，床面において概ね3ルクス以上の平均水平面照度を確保できるものとする。

[H29]

児童遊園・広場・緑地等の照明設備は，地面において概ね3ルクス以上の平均水平面照度を確保することができるものとする。

[H23]

適切でない。防犯カメラを設置する場合，見通しを補完することができる。照度不足の補完ではない。

第12章 維持・保全

重要度 C

問 71 土中に埋設されていたガス管が腐食したため，白ガス管（亜鉛めっき鋼管）に交換して再び埋設したことは，適切である。

重要度 A

問 72 コンクリート部分に発生しているひび割れの補修工事で樹脂注入工法を行う場合，注入する圧力は，樹脂を行き渡らせるために，できるだけ高圧とすることが一般的である。

重要度 S★★★

問 73 モルタル塗り仕上げ部分に発生している幅が1.0mmを超えるひび割れで，ひび割れ幅の変動がある場合の補修は，Uカットシール材充填工法とし，充填材にシーリング材を用いるのが一般的である。

重要度 A

問 74 注入口付アンカーピンニングエポキシ樹脂注入工法とは，タイルやモルタル等の仕上げ層の浮き部分に，注入口付アンカーピンによりエポキシ樹脂を注入する工法である。

重要度 C

問 75 外壁複合改修構工法（ピンネット工法）は，既存のタイルやモルタル等の仕上げ層を撤去せずに，アンカーピンによる仕上げ層の剥落防止と繊維ネットによる既存仕上げ層の一体化により安全性を確保する工法である。

重要度 B

問 76 ポリマーセメントモルタル充てん工法は，コンクリート表面の剥がれや剥落の発生している欠損部の改修工法であり，表面の軽微な欠損部に適用する。

[H19]

答 71
✕

適切でない。**白ガス管**とは，鋼管に亜鉛メッキをした旧式のガス管のことである。土中に埋設すると，次第に亜鉛メッキが溶け出して，鋼管の腐食でガス漏れが起こる危険があり，ガス事業法の技術基準によると，埋設部への新規使用が**禁止**されている。

[H29]

答 72
✕

コンクリート部分に発生している**ひび割れの補修工事でエポキシ樹脂注入工法**を行う場合，確実に樹脂を行き渡らせるためには，低速低圧で注入することが一般的である（**自動低圧注入**）。高速高圧で注入すると，ひび割れを広げてしまったり，ひび割れている部分の隅々まで樹脂が行き届かなかったりするおそれがある。

[R5]

答 73
〇

モルタル塗り仕上げ部分に発生している幅が1.0mmを超えるひび割れで，ひび割れ幅の変動がある場合の補修は，Uカットシール材充填工法とし，充填材シーリング材を用いるのが一般的である。

[H24]

答 74
〇

注入口付アンカーピンニングエポキシ樹脂注入工法とは，エポキシ樹脂を注入できる注入口をもったアンカーピンを使用し，コンクリート躯体と，浮いたタイルやモルタル等の仕上層を機械的に固定し，さらにエポキシ樹脂を注入し，剥落を防止する改修工法である。

[R5]

答 75
〇

外壁複合改修構工法（ピンネット工法）とは，既存のタイルやモルタル等の仕上げ層を撤去せずに残し，その上から，金属製のアンカーピンによる仕上げ層の剥落防止と繊維ネットによる既存仕上げ層の一体化により安全性を確保する工法である。

[H30]

答 76
〇

ポリマーセメントモルタル充てん**工法**は，コンクリート表面の**比較的軽微な剥がれや浅い欠損部**の改修工法である。

第12章　維持・保全

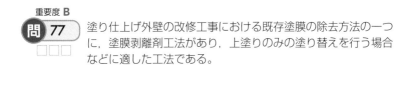

重要度 B

問 77

塗り仕上げ外壁の改修工事における既存塗膜の除去方法の一つに，塗膜剥離剤工法があり，上塗りのみの塗り替えを行う場合などに適した工法である。

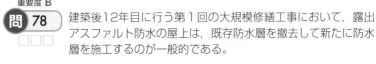

重要度 B

問 78

建築後12年目に行う第1回の大規模修繕工事において，露出アスファルト防水の屋上は，既存防水層を撤去して新たに防水層を施工するのが一般的である。

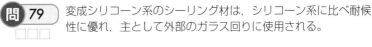

重要度 B

問 79

変成シリコーン系のシーリング材は，シリコーン系に比べ耐候性に優れ，主として外部のガラス回りに使用される。

重要度 B

問 80

ウレタン系シーリング材は，耐候性が高いので，屋外の金属と金属との接合部の目地に適したシーリング材である。

重要度 B

問 81

シリコーン系シーリング材は，耐久性および接着性が高く，目地周辺を汚染しないので，使用箇所が限定されない。

[H21]

答 77

✕

塗膜剥離剤工法とは，溶解力の強い溶剤を主成分とする物で塗膜を膨潤・溶解させ，はがす工法である。この工法は，既存塗膜を全面撤去する場合には適しているが，上塗りのみの塗り替えを行うには適した工法とはいえない。

[H17]

答 78

✕

露出アスファルト防水改修工事について，修繕周期は12年〜18年程度とされている。防水改修の方法には，**全面撤去方式**（既存保護層や旧防水層を撤去し，下地調整を行った上で新規防水を施工する）と**かぶせ方式**（旧防水層の劣化部を除去し修繕を行った上で，既存防水層の平坦部を残した上に新規防水を施工する）とがある。12年目の大規模修繕工事であってもかぶせ方式で行うこともあり，全面撤去方式が一般的とはいえない。

[H17]

答 79

✕

変成シリコーン系のシーリング材は，シリコーン系と比較すると，耐候性，耐熱性が劣る。しかし，表面に**塗装されても**，剥がれや変色等の問題がないので，使用箇所が制限されず，汎用的シーリング材として使用されている。

[R4]

答 80

✕

ウレタン系のシーリング材は，性能・価格が標準的で最も多用されているが，そのままでは，紫外線等に弱く，耐候性が高いとはいえず，外装塗装と一緒に表面塗装できる箇所に使用する。したがって，屋外の金属と金属との接合部の目地に適したシーリング材とはいえない。

[H27]

答 81

✕

本問は，変成シリコーン系シーリング材についての記述である。**シリコーン系シーリング材**は，優れた耐候性・耐熱性・耐水性等を有しているが，**周辺の壁面等を汚染**させる傾向があるので，金属とガラスの間等，**使用箇所が限定される**。なお，表面に塗装がのらないことにも注意。

問 82 シーリングの早期の剥離や破断の原因には，当初施工時のプライマー不良やシーリング厚さ不足等の施工不良がある。

問 83 外壁パネル等の目地のシーリング材の補修は，既存のシーリング材を除去して新規のシーリング材を施工するシーリング再充填工法（打替え工法）が一般的である。

問 84 屋上防水のアスファルト防水コンクリート押え工法は，防水層の上にコンクリートの保護層（縦横3m程度の間隔で，伸縮目地を設ける。）を設けるもので，耐久性が高く，屋上を歩行用に開放する場合の防水工法として適している。

問 85 露出アスファルト防水工法は，ルーフバルコニー等の日常的に歩行する場所には採用されない。

問 86 ウレタンゴム系塗膜防水材を用いた塗膜防水は，開放廊下やバルコニーに適用することができる。

問 87 JIS（日本工業規格）によると，床の遮音等級はL値で示し，値が小さいほど遮音性が高く，界壁の遮音等級はD値で示し，値が大きいほど遮音性が高い。

問 88 窓サッシの遮音性能については，JIS（日本産業規格）で定められるT値が大きいほど，遮音性能が高い。

[R2]

答 82

シーリングの早期の剥離や破断の原因には，当初施工時のプライマー不良やシーリング厚さ不足等の施工不良がある。

[H29]

答 83

外壁パネル等の目地のシーリング材の補修は，既存のシーリング材をカッター等を用いて除去し，目地を十分に清掃したうえで，新規のシーリング材を施工するシーリング**再充填工法**（打替え工法）が一般的である。

[H27]

答 84

アスファルト防水コンクリート押え工法とは，アスファルトの防水層の上に，その保護のために**押えコンクリート**を打設したもので，耐久性が高く，屋上を歩行用に開放する場合の防水工法として適している。コンクリートは伸縮するので，**縦横3m の間隔**で，幅2cm程度の伸縮目地を設ける。

[H15]

答 85

露出アスファルト防水工法は，メンテナンス等のための軽歩行には十分耐えられるが，傷つきやすく，強度も弱いので，ルーフバルコニー等の日常的に歩行する場所には採用されない。

[H30]

答 86

ウレタンゴム系塗膜防水材を用いた塗膜防水は，**開放廊下やバルコニーの改修工事に適用**できる。

[H27]

答 87

JIS（日本工業規格）によると，**床の遮音等級はL値**（L-40，L-50等）で示し，値が小さいほど遮音性が高く，**界壁の遮音等級はD値**（D-55，D-50等）で示し，値が大きいほど遮音性が高い。

[R2]

答 88

窓サッシの遮音性能については，T値で表され，その**値が大きいほど，遮音性能が高い**。

重要度 B

問 89

マンションの界壁の遮音は、空気伝搬音より固体伝搬音の対策を重視しなければならない。

重要度 A

問 90

重量床衝撃音に対する遮音性能は、コンクリート床の厚さ、密度、剛性等によって決まり、床仕上げ材による遮音効果は小さい。

重要度 A

問 91

重量床衝撃音に対する遮音性能は、同じ厚さのコンクリート床の場合、梁によって囲まれた正方形の床版においては、面積が大きいほど高くなる。

重要度 C

問 92

外部騒音による生活への影響が低減されるよう開口部の遮音性能を高めるには、2枚の建具の間隔をあけた二重サッシにする方法がある。

重要度 S★★★

問 93

熱貫流率とは、熱伝導率と熱伝達率の2要素により決まり、値が大きい外壁は熱を通しやすく、値が小さい外壁は保温性が高いことを示す。

重要度 B

問 94

低放射複層ガラス（Low-Eガラス）は、一般の複層ガラスや単板ガラスより熱貫流率が小さいので、結露が発生しにくい。

[H28]

答 89

✕

界壁の遮音においては，固体伝搬音よりも空気伝搬音の対策を重視しなければならない。

⚠️ **ココも注意!** 固体伝搬音の対策を重視すべきなのは，**床の遮音**である。

[H21]

答 90

○

重量床衝撃音（重くて硬い物体が床に落下したときに発生する音）**の大きさ**は，躯体の特性によって決定され，柱や梁によって囲まれた床版の大きさや厚さ，密度，剛性等がその要因となるが，**床仕上げ材による遮音効果は小さい**。

[R3]

答 91

✕

重量床衝撃音に対する遮音性能は，同じ厚さのコンクリート床の場合，梁によって囲まれた正方形の床版においては，**面積が大きいほど「低く」なる**。

[H27]

答 92

○

外部騒音による生活への影響が低減するためには，本問のような二重サッシに加え，**遮音サッシ**，**遮音ドア**（**玄関ドア**），**消音タイプのスリーブ**等の採用が有効である。

[R5]

答 93

○

熱貫流率とは，熱伝導率と熱伝達率の2要素により決まり，値が大きい外壁は熱を通しやすく，値が小さい外壁は保温性が高いことを示す。

[H21]

答 94

○

低放射複層ガラス（Low-Eガラス）は，室内側ガラスにコーティングした高断熱Low-E膜が波長の短い日射熱を浸透させ，波長の長い暖房熱は室内へ反射する特質を持っている。一般の複層ガラスや単板ガラスより**熱貫流率が小さい**ので，**結露が発生しにくい**。

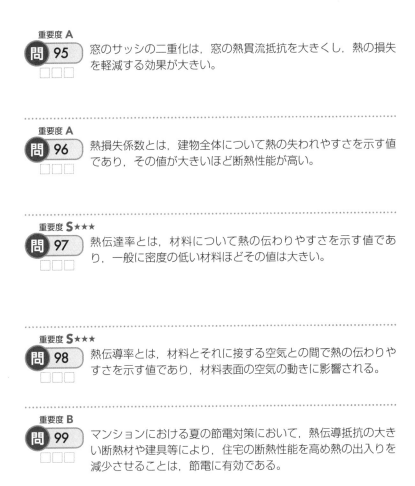

重要度 A

問 95

窓のサッシの二重化は，窓の熱貫流抵抗を大きくし，熱の損失を軽減する効果が大きい。

重要度 A

問 96

熱損失係数とは，建物全体について熱の失われやすさを示す値であり，その値が大きいほど断熱性能が高い。

重要度 S★★★

問 97

熱伝達率とは，材料について熱の伝わりやすさを示す値であり，一般に密度の低い材料ほどその値は大きい。

重要度 S★★★

問 98

熱伝導率とは，材料とそれに接する空気との間で熱の伝わりやすさを示す値であり，材料表面の空気の動きに影響される。

重要度 B

問 99

マンションにおける夏の節電対策において，熱伝導抵抗の大きい断熱材や建具等により，住宅の断熱性能を高め熱の出入りを減少させることは，節電に有効である。

重要度 C

問 100

センチュリー・ハウジング・システムは，長期間にわたり快適に住み続けられる住宅を提供するための設計・生産・維持管理にわたるトータルシステムの考え方である。

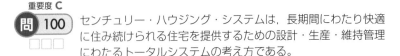

[H20]

答 95

○

熱貫流抵抗とは，熱の伝わりにくさを示す数値である。この数値が大きいほど熱を通しにくく，断熱性能が高い。窓のサッシの二重化は，窓の熱貫流抵抗を大きくするので，熱の損失を軽減する効果が大きい。

[H17]

答 96

✕

熱損失係数とは，建物全体についての熱の失われやすさを示す値である。熱損失係数が大きいほど熱が失われやすいということであり，熱損失係数の値が大きいほど断熱性能が低いことを示している。

[H17]

答 97

✕

熱伝達率とは，材料とそれに接する空気との間で熱の伝達しやすさを示す値であり，建物の内側か外側かなどの材料表面の位置や風速によってその値は変化するので，材料表面の空気の動きに影響される。密度の低い材料ほど値が大きくなるとはいえない。

[H17]

答 98

✕

熱伝導率とは，材料について熱の伝わりやすさを示す値であり，固有の値をもつ。同じ熱伝導率の材料でも，厚さが増せば，熱は伝わりにくくなる。

[H23]

答 99

○

「**熱伝導抵抗の大きい**」とは，材料について熱が伝わりにくいということである。熱伝導抵抗の大きい断熱材や建具等により，住宅の**断熱性能は**高まり，熱の出入りを減少させることができるので，節電に有効である。

[H22]

答 100

○

センチュリー・ハウジング・システムは，長期間にわたり快適に住み続けられる住宅を提供するための設計・生産・維持管理にわたるトータルシステムの考え方である。物理的にも機能的にも，耐久性の高い住宅を供給することにより，住まいの資産価値を維持し，良質な**住宅ストック**の充実を目指している。

重要度 C

問 101

□□□

環境共生住宅は，地域の特性に応じ，エネルギー，資源，廃棄物等の面で適切な配慮がなされるとともに，暖冷房設備を設置しなくても快適に生活できるように工夫された住宅をいう。

重要度 A

問 102

□□□

コーポラティブハウスは，組合を結成した人たちが共同して住宅を取得する方式のことをいう。

重要度 A

問 103

□□□

コンバージョンとは，既存のマンションにおいて居住性能の向上を目的に改修することをいう。

重要度 A

問 104

□□□

スケルトン・インフィル住宅は，建物各部の耐用年数や利用形態の違いを考慮して，スケルトンとインフィルを分離して計画する。

重要度 C

問 105

□□□

マンションの住棟型式のうち，メゾネット型は，２階おき程度にエレベーターの停止階及び共用廊下を設け，エレベーターの停止階以外の階には階段によって各住戸へ達する型式である。

重要度 C

問 106

□□□

マンションの住棟型式のうち，コア型は，２０階以上の超高層住宅で多く用いられ，エレベーター・階段室などを中央に置き，その周辺に多くの住戸を配置する型式で，方位によって居住性（採光・通風）に不利な住戸ができる。

101

×

環境共生住宅は，地球温暖化防止等の地球環境保全を促進する観点から，地域の特性に応じ，エネルギー，資源，廃棄物等の面で適切な配慮がなされるとともに，周辺環境と調和し，健康で快適に生活できるよう工夫された住宅および住環境のことをいう。暖冷房設備を設置しなくても快適に生活できるように工夫された住宅をいうのではない。

[R2]

 102

○

コーポラティブハウスは，**組合を結成**した人たちが**共同して住宅を取得**する方式のことをいう。所有者となる人が計画当初から参加するので，自由な設計ができるという特徴がある。

[R2]

 103

×

コンバージョンとは，一般的に，**用途を変更**することをいう。

[R2]

 104

○

スケルトン・インフィル住宅は，建物各部の耐用年数や利用形態の違いを考慮して，**スケルトン（構造躯体）とインフィル（内装や設備等）を分離して計画**する。

[H27]

 105

×

本問は**スキップフロア型**についての記述である。**メゾネット型**とは，各住戸が2つの階にまたがって構成され，共用廊下が1階または2階おきになるので，共用廊下のない階の住戸では，両面に開口を設けることができ，居住性（採光・通風）の点で有利である。

[H27]

 106

○

コア型は，エレベーター・階段室の周囲に住戸を配置する住棟形式である。20階以上の超高層住宅で多く用いられる。日照が不均一で方位によって居住性（採光・通風）に不利な住戸ができるというデメリットがあるものの，コア部分に動線や設備を集中でき，建設費や設備の面で有利である。

問 107

センターコア型は，住棟中央部に吹き抜けがあり，その吹き抜けに面した共用廊下より各住戸にアプローチできる。

 問 108

タウンハウス型は，戸建て住宅の独立性と集合化することによる経済性を併せ持つ。

 問 109

中廊下型のマンションは，片廊下型のマンションに比べ，日照や通風などの居住性が劣っている。

[R1]

答 107
✕

センターコア型は，**住棟中央部に共用廊下や階段室，エレベーターホール**等が設置された型式である。

- -

[R1]

答 108
○

タウンハウス型は，**低層の集合住宅**で，上下に他の住戸が重ならない**棟割長屋型式**となっており，**一戸建住宅の独立性**と**集合化することによる経済性**を有する。

- -

[R4]

答 109
○

中廊下型のマンションは，**片廊下型**のマンションに比べ，共用廊下側には窓を設けることができないため，**採光や通風**などの**居住性**で劣る。

- -

第12章 維持・保全

2024年度版　マンション管理士　一問一答セレクト1000

（2013年度版　2013年5月23日　初　版　第1刷発行）

2024年4月20日　初　版　第1刷発行

編 著 者	Ｔ Ａ Ｃ 株 式 会 社	
	（マンション管理士講座）	
発 行 者	多　　田　　敏　　男	
発 行 所	ＴＡＣ株式会社　出版事業部	
	（ＴＡＣ出版）	

〒101-8383 東京都千代田区神田三崎町3-2-18
電　話　03（5276）9492（営業）
FAX　03（5276）9674
https://shuppan.tac-school.co.jp

組	版	朝日メディアインターナショナル株式会社
印	刷	日 新 印 刷 株 式 会 社
製	本	株 式 会 社 常 川 製 本

© TAC 2024　　Printed in Japan

ISBN 978-4-300-10956-4
N.D.C. 673

「TAC情報会員」登録用パスワード：025-2024-0943-25

1 「らくらくわかる! マンション管理士速習テキスト」を読み「マンション管理士 項目別過去8年問題集」を解く

つぎに!

試験に必要な知識を身につける

2 「速攻マスターWeb講義」と「過去問攻略Web講義」を視聴する

講義トータル約20時間(予定)

短期学習を可能に!

独学専用カリキュラム

POINT!!

著者のWeb講義で合格ポイントを効率的に吸収

4 マンション管理士講座「全国公開模試」で総仕上げ

さらに!

学習効果をさらに引き上げる!

3 「ラストスパート マンション管理士 直前予想模試」「法律改正点レジュメ」で直前対策!

独学では不足しがちな法律改正情報や最新試験対策もフォロー!

知識が実戦力に!

「独学で合格」のポイント 利用中のサポート 法律改正点レジュメ・質問カード

独学では、「正しく理解しているだろうか」「問題の解き方がわからない」、「最新の法改正が手に入らない」といった不安がつきものです。
そこで独学道場では、「法律改正点レジュメ」と「質問カード」(5回分)をご用意!学習を阻害する不安から解放され、安心して学習できます。

コンテンツPickup!

マンション管理士講座「全国公開模試」

「全国公開模試」は、多数の受験生が受験する全国規模の公開模擬試験です。独学道場をお申込の方は、この全国公開模試を自宅受験または、期日内に手続きを済ませれば、会場受験も選択できます。詳細な個人成績表はご自身が受験生の中でどの位置にいるかも確認でき、ライバルの存在を意識できるので、モチベーションが一気にアップします!

※会場受験は【定員制】となり、会場によっては満席となる場合がございます。あらかじめご了承ください。
※状況により、会場受験を見合わせる場合がございます。

お申込み・最新内容の確認

インターネットで

TAC出版書籍販売サイト「サイバーブックストア」にて

| TAC 出版 | 検索 |

https://bookstore.tac-school.co.jp/

詳細は必ず、TAC出版書籍販売サイト「サイバーブックストア」でご確認ください。

● 管理業務主任者独学道場もご用意しています!

マンション管理士・管理業務主任者

2月・3月・4月・5月開講　初学者・再受験者対象

マン管・管理業両試験対応	**W合格本科生S**（全42回：講義ペース週1〜2回）	マン管試験対応	**マンション管理士本科生S**（全36回：講義ペース週1〜2回）	管理業試験対応	**管理業務主任者本科生S**（全35回：講義ペース週1〜2回）

合格するには、「皆が正解できる基本的な問題をいかに得点するか」、つまり基礎をしっかり
おさえ、その基礎をどうやって本試験レベルの実力へと繋げるかが鍵となります。
各コースには「過去問攻略講義」をカリキュラムに組み込み、
基礎から応用までを完全マスターできるように工夫を凝らしています。
じっくりと徹底的に学習をし、本試験に立ち向かいましょう。

5月・6月・7月開講　初学者・再受験者対象

マン管・管理業両試験対応	**W合格本科生**（全36回：講義ペース週1〜2回）	マン管試験対応	**マンション管理士本科生**（全33回：講義ペース週1〜2回）	管理業試験対応	**管理業務主任者本科生**（全32回：講義ペース週1〜2回）

毎年多くの受験生から支持されるスタンダードコースです。
基本講義、基礎答練で本試験に必要な基本知識を徹底的にマスターしていきます。
また、過去20年間の本試験傾向にあわせた項目分類により、
個別的・横断的な知識を問う問題への対策も行っていきます。
基本を徹底的に学習して、本試験に立ち向かいましょう。

8月・9月開講　初学者・再受験者対象

管理業務主任者速修本科生
（全21回：講義ペース週1〜3回）

管理業務主任者試験の短期合格を目指すコースです。
講義では難問・奇問には深入りせず、基本論点の確実な定着に主眼をおいていきます。
週2回のペースで無理なく無駄のない受講が可能です。

9月・10月開講　初学者・再受験者・宅建士試験受験者対象

管理業務主任者速修本科生（宅建士受験生用）
（全14回：講義ペース週1〜3回）

宅建士試験後から約2ヵ月弱で管理業務主任者試験の合格を目指すコースです。
宅建士と管理業務主任者の試験科目は重複する部分が多くあります。
その宅建士試験のために学習した知識に加えて、
管理業務主任者試験特有の科目を短期間でマスターすることにより、
宅建士試験とのW合格を狙えます。

TACの学習メディア

📖 教室講座 | Web講義フォロー標準装備

- 学習のペースがつかみやすい、日程表に従った通学受講スタイル。
- 疑問点は直接講師へ即質問、即解決で学習時間の節約になる。
- Web講義フォローが標準装備されており、忙しい人にも安心の充実したフォロー制度がある。
- 受講生同士のネットワーク形成ができるだけでなく、受講生同士で切磋琢磨しながら、学習のモチベーションを持続できる。

🎧 ビデオブース講座 | Web講義フォロー標準装備

- 都合に合わせて好きな日程・好きな校舎で受講できる。
- 不明点のリプレイなど、教室講座にはない融通性がある。
- 講義録(板書)の活用でノートをとる手間が省け、講義に集中できる。
- 静かな専用の個別ブースで、ひとりで集中して学習できる。
- 全国公開模試は、ご登録地区の教室受験(水道橋校クラス登録の方は渋谷校)となります。

📺 Web通信講座

- いつでも好きな時間に何度でも繰り返し受講できる。
- パソコンだけではなく、スマートフォンやタブレット、その他端末を利用して外出先でも受講できる。
- Windows®PCだけでなくMac®でも受講できる。
- 講義録をダウンロードできるので、ノートに写す手間が省け講義に集中できる。

Mac®でも！Windows®でも！ スマートフォンでも！

💿 DVD通信講座 | Web講義フォロー標準装備

- いつでも好きな時間に何度でも繰り返し受講することができる。
- ポータブルDVDプレーヤーがあれば外出先での映像学習も可能。
- 教材送付日程が決められているので独学ではつかみにくい学習のペースメーカーに最適。
- スリムでコンパクトなDVDなら、場所をとらずに収納できる。

● DVD通信講座は、DVD-Rメディア対応のDVDプレーヤーでのみ受講が可能です。パソコン、ゲーム機等での動作保証はしておりませんので予めご了承ください。

マンション管理士・管理業務主任者

2024年合格目標　初学者・再受験者対象　2月 3月 4月 5月開講 ▶ (W合格本科生S 2月開講のみ)

注目 「過去問攻略講義」で、過去問対策も万全！

マン管・管理業 両試験に対応 W合格本科生S

マン管試験 に対応 マンション管理士本科生S

管理業試験 に対応 管理業務主任者本科生S

ムリなく両試験の合格を目指せるコース [学習期間] 6〜11ヶ月　講義ペース 週1〜2回

合格するには、「皆が正解できる基本的な問題をいかに得点するか」、つまり基礎をしっかりおさえ、その基礎をどうやって本試験レベルの実力へと繋げるかが鍵となります。
各コースには**「過去問攻略講義」**をカリキュラムに組み込み、基礎から応用までを完全マスターできるように工夫を凝らしています。じっくりと徹底的に学習をし、本試験に立ち向かいましょう。

カリキュラム〈W合格本科生S(全42回)・マンション管理士本科生S(全36回)・管理業務主任者本科生S(全35回)〉

INPUT[講義]	OUTPUT[答練]

基本講義　全22回 各回2.5時間

マンション管理士・管理業務主任者本試験合格に必要な基本知識を、じっくり学習していきます。試験傾向を毎年分析し、その最新情報を反映させたTACオリジナルテキストは、合格の必須アイテムです。

民法／区分所有法等	9回
規約／契約書／会計等	6回
維持・保全等／マンション管理適正化法等	7回

基礎答練　全3回 70〜80分解説

基本事項を各科目別に本試験同様の四肢択一形式で問題演習を行います。早い時期から本試験の形式に慣れること、基本講義で学習した各科目の全体像がつかめているかをこの基礎答練でチェックします。

民法／区分所有法等	1回(70分答練)
規約／契約書／会計等	1回(60分答練)
維持・保全等	1回(60分答練)

マン管過去問攻略講義　全3回(※1) 各回2.5時間
管理業過去問攻略講義　全3回(※2) 各回2.5時間

過去の問題を題材に本試験レベルに対応できる実力を身につけていきます。マンション管理士試験・管理業務主任者試験の過去問題を使って、テーマ別に解説を行っていきます。

マン管直前答練(※1)　全3回 各回2時間答練・50分解説
管理業直前答練(※2)　全2回 各回2時間答練・50分解説

マンション管理士・管理業務主任者の本試験問題を徹底的に分析。その出題傾向を反映させ、さらに今年出題が予想される論点などを盛り込んだ予想問題で問題演習を行います。

総まとめ講義　全4回 各回2.5時間

本試験直前に行う最後の総整理講義です。各科目の重要論点をもう一度復習するとともに、横断的に知識を総整理していきます。

マンション管理士全国公開模試(※1)　全1回

管理業務主任者全国公開模試(※2)　全1回

マンション管理士本試験

管理業務主任者本試験

※5問免除科目であるマンション管理適正化法の基礎答練は、自宅学習用の配付のみとなります(解説講義はありません)。
(※1)W合格本科生S・マンション管理士本科生Sのカリキュラムに含まれます。
(※2)W合格本科生S・管理業務主任者本科生Sのカリキュラムに含まれます。

資格の学校 **TAC**

受講料一覧 （教材費・消費税10%込）

> 教材費は全て受講料に含まれています！別途書籍等を購入いただく必要はございません。

W合格本科生S

学習メディア	通常受講料	宅建割引制度	再受講割引制度	受験経験者割引制度
教室講座 ※				
ビデオブース講座 ※	¥143,000	¥110,000	¥ 96,800	¥110,000
Web通信講座				
DVD通信講座	¥154,000	¥121,000	¥107,800	¥121,000

※一般教育訓練給付制度は、2月開講クラスが対象となります。予めご了承ください。

マンション管理士本科生S

学習メディア	通常受講料	宅建割引制度	再受講割引制度	受験経験者割引制度
教室講座				
ビデオブース講座	¥132,000	¥ 99,000	¥ 86,900	¥ 99,000
Web通信講座				
DVD通信講座	¥143,000	¥110,000	¥97,900	¥110,000

管理業務主任者本科生S

学習メディア	通常受講料	宅建割引制度	再受講割引制度	受験経験者割引制度
教室講座				
ビデオブース講座	¥126,500	¥ 95,700	¥ 83,600	¥ 95,700
Web通信講座				
DVD通信講座	¥137,500	¥106,700	¥94,600	¥106,700

2022年マンション管理士／管理業務主任者　合格者の声

笹木 裕史 さん　

W合格本科生S
マンション管理士
管理業務主任者
W合格

マンション管理士と管理業務主任者の試験範囲の多くが被っており、勉強するうえで、両者の試験を分けて考えたことはありませんでした。両方の過去問を解くことで、問題演習量も充実するため、結果的に合格への近道になると思います。ですので、ぜひ、ダブル受験・合格を目指して頑張ってください！

近藤 勇真 さん　

W合格本科生
マンション管理士
管理業務主任者
W合格

私は運よくW合格することができましたが、両試験には片方の資格を持っているともう片方の受験の際に5問免除される制度があります。マンション管理士試験の受験者は、4割の方が管理業務主任者資格者という情報もあり、W合格を目指す方はそこで差がつかないように力を入れるべきだと思います。日々取れる学習時間を考えて、管理業務主任者に集中されるのも良いと思います。

お申込みにあたってのご注意

※0から始まる会員番号をお持ちでない方は、受講料のほかに別途入会金（¥10,000・10%税込）が必要です。会員番号につきましては、TAC各校またはカスタマーセンター（0120-509-117）までお問い合わせください。

※上記受講料は、教材費・消費税10%が含まれます。

※コースで使用する教材の中で、TAC出版より刊行されている書籍をすでにお持ちの方は、TAC出版刊行書籍を受講料に含まないコースもございます。

※各種割引制度の詳細はTACマンション管理士・管理業務主任者講座パンフレットをご参照ください。

全国公開模試

マンション管理士
管理業務主任者

11/9(土)実施(予定)   **11/16**(土)実施(予定)

詳細は2024年8月刊行予定の「全国公開模試専用案内書」をご覧ください。

全国規模
本試験直前に実施される公開模試は全国18会場(予定)で実施。実質的な合格予備軍が結集し、本試験同様の緊張感と臨場感であなたの「真」の実力が試されます。

高精度の成績判定
TACの分析システムによる個人成績表に加え正答率や全受験生の得点分布データを集計。「全国公開模試」の成績は、本試験での合否を高い精度で判定します。

本試験を擬似体験
合格のためには知識はもちろん、精神力と体力が重要となってきます。本試験と同一形式で実施される全国公開模試を受験することは、本試験環境を体験する大きなチャンスです。

オプションコース ポイント整理、最後の追い込みにピッタリ！

全4回(各回2.5時間講義) 10月開講 **マンション管理士/管理業務主任者試験対策**

総まとめ講義

今まで必要な知識を身につけてきたはずなのに、問題を解いてもなかなか得点に結びつかない、そんな方に最適です。よく似た紛らわしい表現や知識の混同を体系的に整理し、ポイントをズバリ指摘していきます。まるで「ジグソーパズルがピッタリはまるような感覚」で頭をスッキリ整理します。使用教材の「総まとめレジュメ」は、本試験最後の知識確認の教材としても好評です。

日程等の詳細はTACマンション管理士・管理業務主任者講座パンフレットをご参照ください。

各2回 11月・12月開講(予定) **マンション管理士/管理業務主任者試験対策**

ヤマかけ講義 問題演習＋解説講義

TAC講師陣が、2024年の本試験を完全予想する最終講義です。本年度の"ヤマ"をまとめた「ヤマかけレジュメ」を使用し、論点別の一問一答式で本試験予想問題を解きながら、重要部分の解説をしていきます。問題チェックと最終ポイント講義で合格への階段を登りつめます。

詳細は8月上旬刊行予定の全国公開模試リーフレット又はTACホームページをご覧ください。

●オプションコースのみをお申込みの場合に限り、入会金はいただいておりません。オプションコース以外のコースをお申込みの場合には、受講料の他に入会金が必要となる場合があります。予めご了承ください。
●オプションコースの受講料には、教材費及び消費税10%の金額が含まれています。
●各日程の詳細につきましては、TACマンション管理士・管理業務主任者講座パンフレット又はTACホームページをご覧ください。

無料公開イベント&個別相談会のご案内

参加無料

無料公開セミナーはテーマに沿って、TACマンション管理士・管理業務主任者講座の講師が担当いたします。

※無料公開セミナーのテーマは都合により変更となる場合がございます。予めご了承ください。
※TAC動画チャンネルでも各セミナーを配信いたします。視聴無料ですのでぜひご利用ください。

無料公開イベント出席者特典 ¥10,000入会金免除券プレゼント!!

無料公開イベント&講座説明会 参加者全員にプレゼント!!
◆マンション管理士・管理業務主任者講座案内一式
◆月刊TACNEWS 他

無料イベント日程

1〜7は、マンション管理士・管理業務主任者を目指される方対象の無料公開セミナーです。
（セミナー40〜50分+講座説明会20〜30分）
★は、開講前無料講座説明会です。

個別受講相談も実施しております!!

	新宿校	池袋校	渋谷校	八重洲校
2024年 1月	19 (金) 19:00〜 **1**	—	27 (土) 10:00〜 **1**	24 (水) 19:00〜 **1**
2月	9 (金) 19:00〜 **2**	—	17 (土) 10:00〜 **2**	14 (水) 19:00〜 **2**
3月	5 (火) 19:00〜 **3**		2 (土) 10:00〜 **3**	27 (水) 19:00〜 **4**
	31 (日) 10:30〜 **4**		16 (土) 10:00〜 **4**	
4月	28 (日) 10:30〜 **1**		20 (土) 10:00〜 **3**	10 (水) 19:00〜 **4**
5月	12 (日) 10:30〜 **3**		18 (土) 10:00〜 **4**	
6月			1 (土) 12:30〜 ★	5 (水) 18:00〜 ★
7月				
8月		15 (木) 19:00〜 **5**		17 (土) 13:00〜 **5**
				31 (土) 13:00〜 ★
9月	8 (日) 10:30〜 **5**	5 (木) 18:30〜 ★		22 (日) 11:00〜 **5**
		16 (祝) 11:00〜 **7**		29 (日) 10:30〜 **7**

無料公開セミナー&講座説明会 テーマ一覧

マンション管理士・管理業務主任者を目指される方《セミナー40分〜50分+講座説明会20分》　●初学者向け　●学習経験者向け

	テーマ	内容
1	早期学習でW合格を掴む！ ●「マン管・管理業 W合格のすすめ！」	マンション管理士試験と管理業務主任者試験は試験範囲が似通っており、試験日程も近いため、効率的に2つの資格を勉強できます。当セミナーではW合格にスポットを当てて、W受験のメリットや合格の秘訣についてお伝えいたします。
2	2023年度の本試験を徹底解説！ ●「マン管・管理業 本試験解答解説セミナー」	2023年マンション管理士試験・管理業務主任者試験を徹底分析し、合否の分かれ目・難易度・出題傾向など最新の情報をお伝えします。第1回本試験から培ってきたTACの合格ノウハウ・分析力を体感してください！
3	合格の秘訣を伝授！ ●「マン管・管理業 本試験合格に向けた正しい学習法」	マンション管理士試験・管理業務主任者試験で合格を掴み取るには、どのような学習方法が効果的なのでしょうか。誰もが悩むその疑問をTACの講師陣がズバリ解決！2024年度の両本試験合格のための正しい学習法をお伝えします。
4	過去の本試験から出題傾向を知る！ ●「マン管・管理業 2024年本試験の傾向と対策」	当セミナーでは、近年の本試験の出題傾向を丸裸にし、今年の試験に合格するための対策をお伝えいたします。これから合格を目指される方はもちろん、学習経験者にも必見のセミナーです。
5	直前期の過ごし方が合否を左右する！ ●「マン管・管理業 直前期の正しい過ごし方」	直前期から本試験までに取り組むべきことや押さえておきたいポイントなど、残された時間で最大の学習効果を得るために「今すべきこと」についてお伝えいたします。当セミナーでライバルに差をつけましょう！

管理業務主任者を目指される方《セミナー40分〜50分+講座説明会20分》　●初学者向け　●学習経験者向け

	テーマ	内容
6	効率よく短期合格へ ●「管理業務主任者試験の分野別学習法」	分野ごとの特徴を押さえ、対策を立てることは短期合格を目指す方こそ重要です。当セミナーでは管理業務主任者試験の分野別学習法をお伝えします。
7	宅建士試験の学習が活きる ●「宅建士×管理業 W合格のすすめ！」	宅建士試験と管理業務主任者試験は出題内容が重なる部分があり、宅建士の学習経験が非常に役立ちます。当セミナーでは宅建士学習経験者を対象に、管理業務主任者試験合格に向けた効果的な学習法をお伝えします。

書籍の正誤に関するご確認とお問合せについて

書籍の記載内容に誤りではないかと思われる箇所がございましたら、以下の手順にてご確認とお問合せを してくださいますよう、お願い申し上げます。

なお、正誤のお問合せ以外の**書籍内容に関する解説および受験指導などは、一切行っておりません。** そのようなお問合せにつきましては、お答えいたしかねますので、あらかじめご了承ください。

1 「Cyber Book Store」にて正誤表を確認する

TAC出版書籍販売サイト「Cyber Book Store」の トップページ内「正誤表」コーナーにて、正誤表をご確認ください。

CYBER TAC出版書籍販売サイト
BOOK STORE

URL：https://bookstore.tac-school.co.jp/

2 1の正誤表がない、あるいは正誤表に該当箇所の記載がない ⇒ 下記①、②のどちらかの方法で文書にて問合せをする

★ご注意ください★

お電話でのお問合せは、お受けいたしません。

①、②のどちらの方法でも、お問合せの際には、「お名前」とともに、

「対象の書籍名（○級・第○回対策も含む）およびその版数（第○版・○○年度版など）」
「お問合せ該当箇所の頁数と行数」
「誤りと思われる記載」
「正しいとお考えになる記載とその根拠」

を明記してください。

なお、回答までに1週間前後を要する場合もございます。あらかじめご了承ください。

① ウェブページ「Cyber Book Store」内の「お問合せフォーム」より問合せをする

【お問合せフォームアドレス】

https://bookstore.tac-school.co.jp/inquiry/

② メールにより問合せをする

【メール宛先　TAC出版】

syuppan-h@tac-school.co.jp

※土日祝日はお問合せ対応をおこなっておりません。
※正誤のお問合せ対応は、該当書籍の改訂版刊行月末日までといたします。

乱丁・落丁による交換は、該当書籍の改訂版刊行月末日までといたします。なお、書籍の在庫状況等 により、お受けできない場合もございます。

また、各種本試験の実施の延期、中止を理由とした本書の返品はお受けいたしません。返金もいたし かねますので、あらかじめご了承くださいますようお願い申し上げます。

（2022年7月現在）